学校会計入門

改訂第  版　公認会計士・税理士　齋藤力夫【編著】

中央経済社

〈執筆者〉

編著　公認会計士・税理士　齋藤　力夫

共著　公認会計士　　　　　佐藤　弘章

改訂第7版の刊行にあたって
～学校法人会計の大改正を受けて～

　本書は昭和62年初版より，読者の方にわかりやすく，私学経営の指針として役立つよう執筆してきました。

　平成25年4月22日に文部科学省令第15号「学校法人会計基準」が公布され，40年ぶりに大改正されました。その後，同年9月2日文部科学省参事官通知，相次いで，同年11月27日文部科学省より財務諸表の公開に関する通知，大学附属病院の計算書類記載方法に関する通知が発せられ，また日本公認会計士協会より「改正に伴う実務指針」が公表されました。

　また，教育改革の推進のため，学校教育法の改正（平成26年6月27日公布，平成27年4月1日施行），教授会と理事会との職務の明確化による改革とガバナンス機能の改革とともに，私立学校法の改正（平成26年4月2日公布・施行）に伴う所轄庁の権限充実なども公布されました。これに関して，同年8月29日付で文部科学省事務連絡「内部規則等の総点検と見直し」，さらに，平成27年12月24日「学校法人における会計処理等の適正確保」などの通知が発信されました。

　新会計基準は，文部科学大臣所轄学校法人（大学や直轄中学高校以下の学校も含む）においては，平成27年4月1日から適用されており，高等学校以下の学校および専修学校設立法人等の知事所轄学校法人は平成28年4月1日より適用されます。

　今回の改正の趣旨は，従前の計算書類では消費収支計算，基本金会計が理解困難という批判から，新しい事業活動計算書と貸借対照表により一般にわかりやすくすることが目的です。これらの改正業務に対処するため，私共としては汎用パッケージソフトの導入指導により会計処理の負担を軽減する作業を行っています。

　大学をはじめ，短期大学，高等学校，中学校の入学生は，少子高齢化により

激減し，定員充足率が低下しており，学校経営は大きな転換期にきています。その一例として，平成17年の高校卒業者は120万人，大学学部進学率は47.3％でしたが，平成27年の高校卒業者は106万人，大学学部進学率は54.6％と大きく変化しています。高等教育機関は大学のみでなく，短期大学，高等専門学校，専修学校専門学校もあり，それぞれの私立高等機関は懸命に教育イノベーションに努力していますが，高校，中学から幼稚園に至るまでその影響は甚大です。一方，先進各国でも少子高齢化の現象が生じていますが，25歳以上の社会人の大学入学率について主要国平均は21.1％で，アメリカ22.0％，イギリス19.5％と比してわが国は2％と最も低くなっており，今後は社会人入学の手法，雇用環境の改善が叫ばれています。

　急速な少子高齢化は，政府，地方公共団体の財政や家計に多大な影響をもたらしています。政府統計予想では，2015年のわが国の総人口1億2,600万人が，約40年後の2060年では8,670万人と30％減少すると公表されました。このうち，15〜64歳の労働人口7,000万人が，約40年後には4,400万人と40％低下します。

　このような急速な少子化と社会構造の変革は，学校経営に重大な危機をもたらしてきます。今こそ自らの学校経営の現状を踏まえて，これからの生存をかけた将来計画を策定すべきです。

　本書が私学経営の基本たる財政の指針として，学校法人会計を理解していただくために参考とされれば幸いです。

　本書の刊行にご協力下さいました中央経済社ホールディングスの山本時男最高顧問，中央経済社の坂部秀治氏および当法人の公認会計士佐藤弘章氏の労に深く感謝します。

平成28年6月

齋　藤　力　夫

まえがき

　私立学校は、国公立校とともに大学から幼稚園、専修学校に至る分野まで、わが国の重要な教育という基本的役割を負担しています。昭和50年に制定された「私立学校振興助成法」は、国または地方公共団体が私立学校の占める重要性を認識して、融資および助成などの制度の充実をはかるために設けられたものとして画期的な法律といえます。

　私立学校は、将来の世代を育成する機関として益々重要な役割を果す責務があり、したがって、その運営は適正でなければなりません。前記の「私立学校振興助成法」の適用によって年々私学に対する補助が拡大されました。このような補助は国民の税負担によって賄われているのですから、私立学校は国民の負託にこたえ、経営の安定化をはかる義務があります。一方、国公立校と私立学校との公費負担（助成および予算措置）は、依然として数倍の格差があり、義務教育機関を除いて、国公立校と私立学校との受益者負担は平等に取り扱われることが今後の課題といえましょう。

　私立学校は、管理・運営を適正に行い、将来の存立基盤をはかることが急務であります。管理・運営の基盤は、役員の適正な業務執行を柱として、第1に教育研究の質的向上、第2に財政基盤の強化をはかることにあります。本書は、財政基盤を充実させる基礎となる会計の指針について述べ、これによって作成された計算書類をもとに将来計画の策定に役立つよう企画しました。

　私立学校の会計は、企業会計と異なり教育研究活動の過程を示す資金収支計算書を中心として、消費収支計算書および貸借対照表を示すこととされております。したがって、初めて私学会計に携わろうとする人にとっては、一般の簿記入門書だけでは理解しにくい構造となっています。従来、この種の入門的参

考書が少なかったため，今回，初心者のための学校会計入門書を発刊するに至りました。

本書は，初めて学校法人の事務局に配属または採用された方，学校会計を新たに勉強しようとする方，または学校法人の初級者研修用のために，できるだけ理解しやすいように解説したつもりです。

私立学校の事務管理の充実は，学校会計を十分に理解しなければ不可能です。校納金管理，予算管理，固定資産管理，財務諸規程の作成，経営分析などは，すべて「学校法人会計基準」とこれによって作成される諸帳簿および計算書類をもとにして実行可能となります。

本書が以上の趣旨によって私立学校の経営管理のためのいとぐちとして役立つことができれば幸いです。ただし，本書において，省略した部分，意をつくせなかった部分についてはご了承下さい。最後に，本書の発刊のために多大なご協力を下さいました中央経済社の河野正道氏，小坂井和重氏の労に感謝します。

昭和62年6月

齋 藤 力 夫

目　　次

第1章　学校会計はなぜ必要か

1. わが国の私立学校と財政補助 …………………………………… 1
2. 「学校法人会計基準」ができるまで …………………………… 3
   - （1）　制定までの経過　3
   - （2）　「学校法人会計基準」の誕生　3
   - （3）　私立学校振興助成法の成立　4
   - （4）　専修学校制度の誕生　4
   - （5）　「学校法人会計基準」の昭和63年度改正　4
   - （6）　平成17年度以降の「学校法人会計基準」の改正　5
   - （7）　平成27年度の「学校法人会計基準」の改正　6
   - （8）　学校法人会計基準制定の流れ　8
3. 私立学校のガバナンスと情報公開 ………………………………12
   - （1）　私立学校法の概要　13
   - （2）　大学等の教育情報の公表　16

第2章　学校会計のあらまし

1. 学校会計のしくみ …………………………………………………19
   - （1）　「学校法人会計基準」の適用　19
   - （2）　学校会計の計算書類　20
2. 学校法人の決算書の体系 …………………………………………23
3. 学校会計の原則 ……………………………………………………26
4. 学校法人の会計年度と計算書類の提出 …………………………27

（1）会計年度　27
　　（2）計算書類の提出　28
　5．都道府県知事所轄学校法人の特例 ……………………29
　　（1）すべての知事所轄学校法人の特例　29
　　（2）高等学校を設置しない知事所轄学校法人の特例　31

第3章　学校会計の手ほどき

　1．学校会計の基礎と帳簿体系 ……………………33
　　（1）学校会計の複式簿記　33
　　（2）帳簿の種類と体系　34
　　（3）勘定科目の設定　38
　　（4）認可保育所と幼稚園の併設について　51
　　（5）認定こども園制度　52
　　（6）子ども・子育て支援新制度等の会計処理　53
　　（7）寄付金，教材費等，在学生・保護者等負担金の周辺会計の取扱い　54
　2．資金収支の仕訳から記帳まで ……………………56
　　（1）取引とは　57
　　（2）仕訳のポイント　59
　　（3）仕訳から帳簿記入へ　65
　　（4）資金取引を主とした帳簿記入　70
　　（5）試算表の作成　74
　　（6）支払資金残高の処理　76
　　（7）資金収支精算表の作成　78
　　（8）活動区分資金収支計算書の作成　79
　3．事業活動収支計算と財産計算のしかた ……………………79

（1）事業活動収支とは　　79
　　（2）財産計算とバランス・シート　　85
　　（3）事業活動収支計算と複式簿記　　88
　　（4）総勘定元帳の必要性　　90
　4．資金収支と事業活動収支とのつながり …………………………94
　　（1）資金収支と事業活動収支の違い　　94
　　（2）帳簿記録の省略方法　　96
　5．仕訳から記帳までのまとめ ……………………………………99
　　（1）2系統方式の場合　　99
　　（2）1系統方式の場合　　101
　　（3）学校会計ソフト利用の場合　　102

第4章　資金収支計算のすすめ方

　1．資金収支計算とは ……………………………………………… 103
　　（1）資金収支計算の目的　　103
　　（2）資金収支調整勘定　　104
　2．資金収入科目 ……………………………………………………… 110
　　（1）学生生徒等納付金収入　　110
　　（2）手数料収入　　116
　　（3）寄付金収入　　117
　　（4）補助金収入　　119
　　（5）資産売却収入　　122
　　（6）付随事業・収益事業収入　　124
　　（7）受取利息・配当金収入　　127
　　（8）雑収入　　128
　　（9）借入金等収入　　129

（10）　前受金収入　　130
　　　（11）　その他の収入　　132
　　　（12）　資金収入調整勘定　　135
　3．資金支出科目 …………………………………………… 135
　　　（1）　人件費支出　　136
　　　（2）　教育研究経費支出と管理経費支出　　139
　　　（3）　借入金等利息支出と借入金等返済支出　　149
　　　（4）　施設関係支出　　150
　　　（5）　設備関係支出　　152
　　　（6）　資産運用支出　　154
　　　（7）　その他の支出　　157
　　　（8）　資金支出調整勘定　　158
　4．資金収支計算書と内訳表のつくり方 ……………………… 158
　　　（1）　資金収支計算書のつくり方　　158
　　　（2）　資金収支内訳表のつくり方　　159
　　　（3）　人件費支出内訳表のつくり方　　160
　　　（4）　決算整理と精算表のつくり方　　161
　　　（5）　資金収支計算書，資金収支内訳表および人件費支出内訳表の作成例　　161

第5章　活動区分資金収支計算のすすめ方

　1．活動区分資金収支計算書の導入の背景 ………………… 167
　2．3つの活動区分 …………………………………………… 168
　　　（1）　教育活動による資金収支とは　　169
　　　（2）　施設整備等活動による資金収支とは　　170
　　　（3）　その他の活動による資金収支とは　　171

（4）調整勘定等　172
　3．活動区分資金収支計算書のつくり方 …………………… 174
　　（1）教育活動による資金収支　177
　　（2）施設整備等活動による資金収支　177
　　（3）その他の活動による資金収支　177
　　（4）3つの活動以下の記載事項　178
　　（5）留意点　179
　4．区分のしかた ………………………………………………… 179
　　（1）寄付金の区分　179
　　（2）補助金の区分　180
　　（3）付随事業・収益事業の区分　182
　　（4）特定資産の区分　183
　　（5）過年度修正額の区分　184
　5．資金収支計算書から活動区分資金収支計算書への組替例… 185

第6章　事業活動収支計算と貸借対照表計算のすすめ方

　1．事業活動収支固有の取引の処理 …………………………… 187
　　（1）現物寄付の計上　188
　　（2）減価償却の計上　189
　　（3）固定資産の売却および除却　200
　　（4）固定資産の評価　202
　　（5）販売用品，貯蔵品の処理　205
　　（6）徴収不能引当金と徴収不能額の処理　207
　　（7）退職給与引当金の設定　208
　　（8）消費支出準備金の廃止　213
　2．事業活動収支計算書と事業活動収支内訳表のつくり方…… 214

　　　　（1）　事業活動収支計算書のつくり方　　214
　　　　（2）　事業活動収支内訳表のつくり方　　223
　　　　（3）　精算表作成のポイントと決算書の作成例　　223
　　3．貸借対照表のつくり方……………………………………………234
　　　　（1）　貸借対照表のしくみと財産目録の例示　　234
　　　　（2）　貸借対照表のつくり方　　235
　　　　（3）　資産および負債の計上基準　　238
　　　　（4）　資産，負債等の個別科目の内容　　240
　　4．附属明細表のつくり方……………………………………………252
　　　　（1）　固定資産明細表のつくり方　　252
　　　　（2）　借入金明細表のつくり方　　255
　　　　（3）　基本金明細表のつくり方　　257
　　5．注記事項の記載のしかた…………………………………………257
　　　　（1）　会計基準第34条および文部科学省参事官通知　　258
　　　　（2）　注記の記載内容　　259
　　　　（3）　注記の記載例　　265

第7章　基本金会計のしくみ

　　1．基本金とは…………………………………………………………275
　　2．基本金制度の改正…………………………………………………277
　　　　（1）　平成17年の改正　　277
　　　　（2）　平成25年の改正　　280
　　3．基本金対象資産とは………………………………………………282
　　　　（1）　基本金の組入れ　　283
　　　　（2）　基本金の未組入れ　　297
　　　　（3）　基本金の繰延べ　　299

4．基本金の取崩しと修正……………………………………… 300
　　　　（1）　基本金の取崩し　300
　　　　（2）　基本金の修正　308
　　5．基本金明細表のつくり方…………………………………… 310
　　　　（1）　様　式　310
　　　　（2）　組入れ，取崩しの事実の記載　311
　　　　（3）　第2号基本金および第3号基本金　311
　　　　（4）　基本金明細表の記載例　311

第8章　予算の編成と執行のしくみ

　　1．予算の必要性と予算原則…………………………………… 321
　　　　（1）　予算の重要性とその役割　321
　　　　（2）　予算の原則　323
　　2．予算の種類と提出…………………………………………… 325
　　　　（1）　作成すべき予算書と提出時期　325
　　　　（2）　予算の種類　328
　　3．予算の編成…………………………………………………… 328
　　4．予備費使用と科目間流用…………………………………… 329
　　　　（1）　予備費の処理　329
　　　　（2）　科目間流用等の処理　330
　　　　（3）　計算書類上の表示　331
　　　　（4）　予備費等流用申請書　333

第9章　部門別会計のしくみ

　　1．部門別会計とは……………………………………………… 335

2．部門別区分とは ……………………………………………… 336
　　（1）部門別区分の方法　336
　　（2）専門職大学院の部門計上について　339
　　（3）保育事業について　340
　3．部門別計上および配分の取扱い ……………………………… 341
　　（1）部門別の計上と配分のポイント　341
　　（2）「学校法人」部門の業務の範囲と計上収支　342
　　（3）人件費支出の部門別計上の方法　343
　　（4）職員の配属　345
　　（5）部門共通収支の配分方法　346
　　（6）知事所轄学校法人の簡略化　349

第10章　計算書類の作成例

　　資金収支計算書　355
　　資金収支内訳表　357
　　人件費支出内訳表　359
　　活動区分資金収支計算書　360
　　事業活動収支計算書　362
　　事業活動収支内訳表　365
　　貸借対照表　368
　　固定資産明細表　370
　　借入金明細表　371
　　基本金明細表　372

資　　料／375

―― **略語一覧** ――

旧文部省………文部省

文部科学省………文科省

日本私立学校振興・共済事業団………事業団

私立学校法………私学法

私立学校振興助成法………振興助成法

学校法人会計基準………会計基準

日本公認会計士協会………JICPA

第1章

学校会計はなぜ必要か

1．わが国の私立学校と財政補助

　わが国の教育機関のうち，私立学校が担う役割は重要です。学校数では，大学で77.5％，短期大学で94.7％，高等学校で26.7％，中学校で7.3％，幼稚園で62.5％（いずれも平成27年5月，文部科学省基本調査）となっています。

　私立学校に対する国や地方公共団体の財政的援助は，教育の基本です。しかし，その前提として私立学校の財政のあり方および財務の基準などが確立されていなければなりません。

　昭和42年6月30日，臨時私立学校振興方策調査会は，文部大臣に対して「私立学校振興方策の改善について」という答申を行いました。その答申において，「私立学校に対する助成の拡充を図るについて国民の理解と支持を得るためにも，学校の経理の合理化，適正化が重要であり，このため財政基準の制定，公認会計士による監査等，経理の合理化，適正化を確保するための適切な措置を講ずる必要がある」と述べています。この答申に端を発し，今日の学校法人会計が誕生するに至りました。

　学校会計について述べるまえに，私立学校についてふれてみます。私立学校法では，①私立学校と，②私立学校を設置する学校法人について，それぞれ所

轄庁が定められています。私立学校とは，学校教育法第1条に定める学校（第1条校という），第1条校の学校とは，小学校，中学校，高等学校，中等教育学校，大学（短期大学も含む），高等専門学校，特別支援学校および幼稚園をいい，国や地方公共団体以外のものが設置するもののほか，私立学校法第3条で定める学校法人が設置できるとしています。さらに私立専修学校（学校教育法124条）および私立各種学校（同法134条）も広義の私立学校に含まれます。

私立学校のうち，学校教育法第1条に定める学校は「学校法人」に限って設置することが原則ですが，幼稚園については，当分の間学校法人立以外でも設置することが認められ，これを学校教育法附則第6条校と呼んでいます。

専修学校，各種学校の設立は学校法人以外でも認められますが，学校法人によることもできます（私学法64条4項）。これを「準学校法人」と呼んでいます。

これらを監督する所轄庁は，①教務面では，大学，短大，高専は文部科学大臣，高校以下は都道府県知事とされています。また，②学校法人の管理運営面は，大学，短大，高専を設置する法人は文部科学大臣の所轄，高校以下を設置する法人は都道府県知事の所轄とされています。たとえば，高校を併設する大学は，法人運営面では，すべて文部科学大臣所轄となります。学則等教学の届出は，高等学校以下は都道府県知事の所轄です。

専修学校制度は，昭和50年7月11日の学校教育法の一部改正によって新たに誕生し，翌51年1月11日から施行されて以来，急速に発展しました。この制度は，従来の各種学校（1年間680時間以上の授業時間数）を引き上げて1年間800時間以上，生徒数40名以上の基準を設け，そのうち，高校卒業を入学資格とするものは専門課程（専門学校の名称を付することができる），中学卒業を入学資格とするものは高等課程（高等専修学校の名称を付することができる），学歴不問は一般課程と区分しています。平成27年5月現在，専門課程在学数は58万人を超えており，大学，短大よりも柔軟な役割を果たす高等教育の重要な位置づけを有しています。

2.「学校法人会計基準」ができるまで

(1) 制定までの経過

　私学の経理を適正化するための第一歩として，財務基準の作成が必要です。昭和45年までの私学経理は統一した基準がなく，わずかに私立学校振興会で融資等を受ける場合の様式が示されている程度でした。

　そのため，文部省では，昭和43年7月，学識経験者や私学団体の推せん者からなる「学校法人財務基準の調査研究委員会」（以下「委員会」という）を発足させました。昭和44年7月に中間報告を発表し，これに対する意見を踏まえて，昭和45年5月，ようやく「学校法人会計基準」（委員会報告）の成案を得て報告しました。さらに，その実施方法として，昭和45年，文部大臣所轄学校法人（大学，短大等を設置する法人）に関する移行措置および昭和46年2月に知事所轄学校法人（高等学校以下を設置する法人）に関する移行措置を発表しました。

　相前後して私学に対する助成と融資を法的に制度化する措置として，昭和45年5月18日，日本私学振興財団法を制定して従来の私立学校振興会を発展的に解消，日本私学振興財団（現「日本私立学校振興・共済事業団」）が発足しました。

　また，同日，私立学校法の一部を改正し，第59条第8項を設け，経常費助成を受ける学校法人は，文部大臣の定める基準に従い，会計処理を行い，貸借対照表，収支計算書その他の財務基準に関する書類を作成しなければならないとし，委員会報告に基づいた会計基準を政令で交付する必要に迫られました。

(2)「学校法人会計基準」の誕生

　委員会報告の「学校法人会計基準」を土台にして政令化の作業がすすめられ，

昭和46年4月1日，わが国で初めての「学校法人会計基準」（文部省令第18号）の誕生を得るに至りました。その適用の方法は，段階的に移行することとし，大学を設置する学校法人は，昭和46年度は資金収支計算書のみ適用（ただし，沖縄県に所在する法人は，昭和48年度より適用），昭和47年度から全面適用となりました。高等学校以下を設置する知事所轄学校法人は，昭和48年度は資金収支計算書のみ適用，昭和49年度から全面適用としました。

（3） 私立学校振興助成法の成立

前記の私立学校法の一部改正のみでは十分な私学振興の期待に沿えないため，国や地方公共団体の補助金の交付義務等を法律上明らかにすべきであるという私学側の多年にわたる要望によって，昭和50年7月11日，私学に対する融資および助成等の法令化を趣旨とする「私立学校振興助成法」（昭和50年，法律第61号，以下「振興助成法」という）が成立するに至りました。この法律制定によって，従来，私立学校法第59条に定められていた会計基準の適用および公認会計士の監査の取扱いを同法に移行しました（同法から振興助成法第14条に移管）。

（4） 専修学校制度の誕生

昭和50年7月11日，学校教育法の改正により，従前の各種学校のほか，新たに専修学校制度が誕生しました。その概要は2ページで述べたとおりです。

なお，平成25年8月30日，「専修学校の専門課程における職業実践専門課程の認定に関する規程（平成25年文部科学大臣告示第133号）」が施行されました。この実施は，都道府県知事の審査により適確と認められた課程を経て，文部科学大臣に申請して認可を受ければ，文部科学大臣所轄になります。

（5） 「学校法人会計基準」の昭和63年度改正

従来の会計基準は，私学財政の指針として多大な貢献を果たしてきましたが，

そのうち，主として基本金に関する部分について，運用面で計画的組入れが不明瞭な点も多く，改正の必要性が叫ばれていました。昭和62年3月17日，「協力者会議」において，「学校法人会計基準の改善について」基本金の会計処理に係る最終報告が合意決定されました。その後の作業は，文部省高等教育局に委ねられ，本改善骨子をもとにして，昭和62年8月31日，文部省令「学校法人会計基準の一部改正について」，文部大臣裁定および文部省通知等一連の措置が決定され，昭和63年度以降の会計年度から適用することとされました。

(6) 平成17年度以降の「学校法人会計基準」の改正

平成17年3月31日，私立学校振興助成法（昭和50年，法律第61号）第14条第1項の規定に基づいて，学校法人会計基準の一部が改正されました。その施行は，私立学校法の改正施行に合わせて平成17年4月1日以降の事業年度から適用しています。

平成17年度以降の改正のポイントは，大略して次の①，②，③，④の4つの事項です。

① 基本金の取崩し要件の緩和

旧会計基準では，基本金の取崩しは学校，学部，学科の廃止または定員の減少など量的規模の縮小の場合のみ可能とされてきましたが，運営方針や教育計画，将来計画などの見直しにより，資産を継続的に保持する必要がなくなった場合など教育水準の低下をきたすものを除いて取崩しを認めることとしました。

② 貸借対照表の注記事項の充実

学校法人会計基準の改正は，各法人の財政状態および経営状況を一層明らかにする必要から，他の公共法人と同様に，引当金の計上基準など重要な会計方針，法人の経営や財政に影響を与える事項などを貸借対照表の脚注に記載させ

注記事項を充実することとしました。

③ 平成21年度からの改正
平成21年4月1日以降の年度からリース会計，ソフトウェア会計の改正のほか，付随事業と収益事業の改正が行われました。

④ 平成23年度からの改正
平成23年度の計算書類の作成から，退職給与引当金の計上基準および有価証券の評価方法ならびにデリバティブ取引等に係る損失の処理科目が改正されました。

(7) 平成27年度の「学校法人会計基準」の改正
平成25年4月22日，私立学校振興助成法（昭和50年法律第61号）第14条第1項の規定に基づいて，学校法人会計基準の一部を改正する省令（以下，「平成25年会計基準」という）が公布されました。

施行は平成27年4月1日からとされ，改正後の学校法人会計基準は平成27年度より適用されています。ただし，都道府県知事所轄の学校法人については，1年間の猶予期間を置いて，平成28年度からの適用になります。

① 改正の経緯
文部科学省では，平成20年より「学校法人会計基準の諸課題に関する検討会」において議論を重ね，その後，平成24年より「学校法人会計基準の在り方に関する検討会」を開催して，平成25年1月に「学校法人会計基準の在り方について　報告書」の公表に至りました。平成27年度の改正は，この報告書に基づいて行われており，40年ぶりの大改正といわれています。

② 改正の目的とポイント

　改正の目的は，(ⅰ)計算書類等の内容がより一般にわかりやすく，社会から一層求められている説明責任を的確に果たすことと，(ⅱ)計算書類等が適切な経営判断に一層資するものにすることです。

　改正の最大のポイントは，(ⅰ)現行の資金収支計算書を今後も継続して作成するとともに，新たに「教育活動」，「施設整備等活動」，「その他の活動」の3つの活動ごとの資金の流れがわかる「活動区分資金収支計算書」の導入と，(ⅱ)従来の「消費収支計算書」を廃止して，経常収支と非経常収支に分けて，「教育活動収支」，「教育活動外収支」，「特別収支」の3区分で表示する「事業活動収支計算書」の導入にあります。他に貸借対照表の表示方法や注記事項等の変更がありますが，詳細は後述します。

③ 改正の原点

　今回の改正の原点は，アメリカのパブリックセクターであるFASB（Financial Accounting Standards Board，財務会計基準審議会）の研究成果がもとになっています。FASBはAICPA（米国公認会計士協会）の会員である実務者や会計学者等からなる独立した財団です。FASBは，検討課題の1つとして非営利事業体等の会計基準の研究を進め，1978年5月に「非営利事業体の財務会計に関する調査報告書」として16項目の問題提起をしています。

　その中で，計算書類の体系として，(ⅰ)運営収支計算書（operating statement，いわゆる活動計算書），(ⅱ)資金収支計算書（Financial Statement），(ⅲ)貸借対照表（balance sheet）の3つの計算書類を提言しています。これを受けてAICPAでは，(ⅰ)貸借対照表，(ⅱ)事業活動計算書，(ⅲ)財政状態変動表としました。

　わが国では，すでに厚生労働省が社会福祉法人において従前の会計基準のほかにさまざまな会計ルールが併存していたのを平成23年7月に新基準に統一し，平成24年4月1日から適用しています（ただし，事務処理上困難な場合に配慮

し，平成27年3月31日までは旧基準によることができます）。この内容は，FASB第117号をもとに検討されたものですが，今回の学校法人会計基準の改正も結果的には概略でFASBの考え方を踏襲し，新社会福祉法人会計基準に類似したものになっています。

（8） 学校法人会計基準制定の流れ

学校法人会計基準の発足から，その適用および改正の流れを一覧すると次のようになります。

年月日	経　過	説　明
43. 6.30	「私立学校振興方策の改善について」の答申が文部大臣になされる（臨時私学方策調査会）。	私学経理の合理化，適正化のための財務基準の制定と公認会計士の監査導入の措置を講ずる意見が答申された。
43. 7.22	文部省内に学校法人財務基準調査研究のための委員会が組織される。	学識経験者，私学団体からの推せん者をもって構成（古川栄一座長）。
44. 7.10	学校法人会計基準案の中間報告を発表（前記委員会報告，以下「財研報告」という）。	中間案により各私学団体，公認会計士協会等より意見を徴した。
45. 5. 2	「学校法人会計基準の設定について」（財研報告）。	文部省財研委員会の会計基準を公表。
45. 5.18	私立学校法改正（法律第69号）により第59条第8項（会計基準の適用）および同条第9項（予算書の提出，公認会計士の監査）の新設。	同法第59条第8項，第9項の適用について，日本私学振興財団法附則第14条で具体的に定めた。
45. 5.18	日本私学振興財団法（法律第69号）を制定し，私学助成および融資等の一元化を図る。	従前の私立学校振興会を発展的に解消。
45.12. 1	文部大臣所轄学校法人における会計基準実施についての移行措置を発表（財研報告）。	昭和46年度からの段階的適用と財産評価に関する措置を定める。

年月日	経　　過	説　　明
45.12.17	文部大臣所轄学校法人に対する昭和45年度の公認会計士監査に関する監査事項の告示（文部省告示第300号）。	監査事項は会計制度の整備運用状況に限定した。本格的監査がはじまる。
46. 2.25	知事所轄学校法人における会計基準実施に関する移行措置の報告（財研報告）。	昭和46年12月1日財研報告に準拠。
46. 2.25	学校法人計算書類記載要領を報告（財研報告）。	計算書類の様式および勘定科目を報告。
46. 4. 1	「学校法人会計基準」（文部省令第18号）制定。	財研報告を基礎にした省令制定により法的整備を図る。
46. 4. 1	文部大臣所轄学校法人に対する昭和46年度からの会計基準の適用（前記私立学校法の改正および文部省令第18号に基づく）。	昭和46年度は資金収支計算のみとし、昭和47年度から会計基準の全面適用とした（ただし，沖縄県は昭和48年度から適用）。
46.11.26	文部大臣所轄学校法人に対する昭和46年度監査事項の告示（文部省告示第207号）。	監査事項は会計制度の整備運用状況及び資金収支計算とする。
46.12.28	東京都所轄学校法人に対する昭和47年度からの会計基準の適用（東京都規則第277号）。	昭和47年度は資金収支計算のみとし、昭和48年度から会計基準の全面適用とした。
47. 4.26	「資金収支内訳表について（通知）」（文管振第93号）により資金収支内訳表の作成趣旨を通知。	
47. 7.26	文部大臣所轄学校法人に対する昭和47年度以降の監査事項の告示（文部省告示第114号）。	昭和47年度以降より全面監査に入る（ただし，沖縄県は47年度より会計制度の整備運用状況）。
48. 4. 1	知事所轄学校法人に対する昭和48年度からの会計基準の適用（日本私学振興財団法附則第14条第1項に規定する会計年度等を定める政令，昭和46年政令第45号）。	昭和48年度は資金収支計算のみとし、昭和49年度から会計基準の全面適用とした（ただし，沖縄県は昭和50年度から適用）。
50. 7.11	「私立学校振興助成法」成立（法律第61号）。	昭和51年4月1日から施行。

年月日	経　　過	説　　明
50. 7.11	学校教育法（法律第59号），私立学校法（法律第61号）の一部改正。	専修学校制度新設，学則変更の認可基準などの改正。
51. 4. 1	私学振興助成法の施行に伴い，同法第14条第1項（会計基準の適用），第2項（収支予算書の届出），第3項（公認会計士監査）が，すべての学校法人に適用。	国または地方公共団体から経常費補助を受ける学校法人にすべて適用。ただし，補助金が寡少な場合は会計士監査を受けないことができる。
51. 7.28	私学振興助成法の施行により文部大臣所轄学校法人に関する昭和51年以降の監査事項の告示（第135号）を行い，監査事項の指定を通知。	監査の適用を受けない場合の補助金が寡少ということは，1,000万円未満を意味する（昭和51年4月文管振第153号，昭和51年7月文管振第210号）。
51年度中	知事所轄学校法人に対しても，知事の監査事項を告示する。	監査適用免除は前記を準用。
53.11.30	昭和51年度以降の監査事項の指定一部改正（文管振第255号）。	入学に関する寄付金，学校債の収受等の禁止に係る通知。
55.11. 4	「資金収支内訳表等の部門別計上及び配分について（通知）」（文管企第250号）により内訳表の作成方法を統一化。	
57. 8.31	私立学校振興助成法の一部を改正（法律第86号）。	幼稚園の学校法人化を昭和60年3月31日まで延長すること，専修学校，各種学校を設置する学校法人に対する一般助成（経常費除く）等を行うことができる。
58.11.17	文部省内に「学校法人財務基準調査研究協力者会議」を設置。	昭和59年10月23日，検討作業の小委員会を設置。
62. 3.17	前記「協力者会議」において「学校法人会計基準の改善について」を決定報告。	昭和61年12月12日，前記小委員会の作成原案を「協力者会議」に報告。
62. 8.31	学校法人会計基準の一部を改正する省令（文部省令第25号）公布。	同日付で「学校法人会計基準の一部改正」（文高法第232号）を通知。
62. 8.31	「恒常的に保持すべき資金の額」（文高法第224号，文部大臣裁定）を公布。	前記と関連して公布。

年月日	経　　過	説　　明
63. 4. 1	昭和62年8月公布の改正「学校法人会計基準」を適用。	昭和63年4月1日開始年度から適用。
平成 6. 7. 4 (以下, 平成とする)	資金収支内訳表の記載方法の改正, 独立大学院等の研究科については, 学部と区分して記載することとした(文部省令第31号)。	
12.10. 1	省庁再編に伴う改正で, 文部省(文部大臣所管)を文部科学省(文部科学大臣所管)とした。	
15. 8.21	文部科学省内に「学校法人会計基準の在り方検討会協力者会議」を設置。	検討会11回を行い, 基本金制度, 財務情報公開制度, 注記事項を検討。
16. 3.31	前記「協力会議」において「今後の学校法人会計基準の在り方について」検討のまとめを報告。	
16. 5.12	私立学校法の一部を改正（法律第42号）。	学校法人のガバナンス制度の抜本的改正と情報公開制度の見直し等。
17. 3.31	学校法人会計基準の一部を改正する省令（文部科学省令第17号）公布。	
17. 4. 1	前記平成17年3月公布の改正「学校法人会計基準」を施行。	平成17年4月1日開始年度から適用。
17. 4. 1	平成16年5月12日の私立学校法の一部改正を施行。	同上。
17. 5.13	文部科学省高等教育局より私学部長, 参事官通知。	同上。
20. 9. 8	文部科学大臣の所轄に属する学校法人の行う収益事業の種類の定め（文科高433号）。	都道府県所轄学校法人はそれぞれの都道府県告示による。
21. 4. 1	学校法人会計基準の一部改正(21.4.1より適用)。	・リース取引に関する会計処理 　（20.9.11　20高私参第2号）。 ・ソフトウェアに関する会計処理 　（20.9.11　20高私参第3号）。 （平成21年4月1日から適用）

年月日	経　　過	説　　明
22. 6. 15	学校教育法施行規則等の一部改正 （22文科高第236号）	大学が公的な教育機関であり，社会に対する説明責任を果たすという観点から，9項目の情報公開を義務付けた。 　　（平成23年4月1日施行）
23. 2. 17	学校法人会計基準の一部改正 （22高私参第11号）	・退職給与引当金の計上基準の改正 　　（平成23年度から適用） ・有価証券の評価方法の改正 　　（平成23年度から適用） ・デリバティブ取引に係る損失の処理科目および表示の改正 　　（平成22年度から適用）
25. 4. 22	学校法人会計基準の一部改正 （文部科学省令第15号）	計算書類等の大規模な改正。活動区分資金収支計算書，事業活動収支計算書の導入。貸借対照表等の表示方法の変更。 （文部科学大臣所轄法人は平成27年4月1日から施行，都道府県知事所轄法人は平成28年度から適用）

（注）　平成10年1月1日，(旧)日本私学振興財団と(旧)私立学校教職員共済組合とが統合し，日本私立学校振興・共済事業団（以下「事業団」と略称）として発足。

3．私立学校のガバナンスと情報公開

　昭和25年，わが国で初めて制定された私立学校法は，教育環境の変革によって学校法人制度の見直しの機運が叫ばれ，数度の改正が行われています。平成16年5月12日の一部改正は，55年ぶりに法人の機関制度などガバナンスの在り方について基本的な大改正を行ったもので，この施行は平成17年4月1日から

とされました。

　この改正と同時に平成17年3月31日に学校法人会計基準も改正され（同年4月1日以降適用），昭和62年8月以来の改正となりました。以下では，会計基準について解説する前に，私学法改正のポイントと情報公開について述べることにします。

（1）　私立学校法の概要

①　理事制度の改善

(ⅰ)　学校法人の業務に関する決定機関として理事会を置く（私学法36条）。

(ⅱ)　代表権は原則として理事長が有することとし，寄附行為の定めにより他の理事にも代表権を付与することができることとする（私学法37条）。

(ⅲ)　理事の任期，選任・解任手続等について各学校法人の寄附行為により定めることとする（私学法30条）。

(ⅳ)　理事のうち少なくとも1名は，選任の際現に当該学校法人の役員または職員でない者を選任することとする（再任の際は外部理事とみなす）（私学法38条）。

　　（注）　同族関係者は2名まで役員になれる（例えば，理事に親と子の2名）。

②　監事制度の改善

(ⅰ)　監事の職務に監査報告書の作成ならびに理事会および評議員会への提出を加える（私学法37条）。

(ⅱ)　監事のうち少なくとも1名は，選任の際現に当該学校法人の役員または職員でない者を選任することとする（再任の際は外部監事とみなす）（私学法38条）。

(ⅲ)　監事は評議員の同意を得て理事長が選任することとするとともに，解任手続，任期については各学校法人の寄附行為により定めることとする（私学法30条，38条）。

(ⅳ) 監事は,評議員と兼職してはならないこととする（私学法39条）。
③ 評議員会制度の改善
理事長は,毎年度,事業計画および事業の実績を評議員会に報告することとする（私学法42条,46条）。
④ 利害関係者に対する財務諸表等の閲覧
(ⅰ) 学校法人が公益性を有する法人としての説明責任を果たし,関係者の理解と協力を得られるようにしていく観点から,財産目録,計算書類,事業報告書,監事による監査報告書を作成し,閲覧に供することを義務づけた（私学法47条）。

(ⅱ) 私学法第47条にいう利害関係者（ステークホルダー）とは,学校法人の在学生とその保護者,学校法人雇用関係にある者,学校法人の債権者等が該当する。

(注) 1. 記載例については,以下の通知等を参照してください。
① 私立学校法の一部を改正する法律等の施行に伴う財務情報の公開等について（通知）（平成16年7月23日,16文科高第304号）
なお,平成25年会計基準の適用に伴い,様式参考例が改正されています。詳細は,「学校法人会計基準の一部改正に伴う私立学校法第47条の規定に基づく財務情報の公開に係る書類の様式参考例等の変更について（通知）」（平成25年11月27日,25文科高第616号）の参考様式例を参照に作成してください。
② 私立学校法の一部を改正する法律等の施行について（通知）（平成16年7月23日,16文科高第305号）
③ 学校法人における事業報告書の記載例について（平成21年2月17日,JICPA学校法人委員会研究報告第12号）
2. 私立学校法の一部改正（平成26年法律第15号）により,所轄庁に立入調査権限が与えられました。また,学校教育法が改正され,ガバナンス改革が図られています（平成27年4月1日施行）。

⑤ 私立学校審議会の構成の見直し

平成17年改正の概要について

	旧制度（平成16年）	改正後（平成17年）
理事	○理事5人以上（寄附行為で決定）。 ○理事のうち1名が理事長になる。 ○学校法人の業務は理事の過半数で決する。 ○原則としてすべての理事が代表権を付与することができる（寄附行為で制限可能）。	○同左 ○同左 ○学校法人の業務は理事会で決する。 ○代表権は原則として理事長が有し，寄附行為の定めにより他の理事にも代表権を付与することができる。 ○理事のうち少なくとも1名は，選任の際現に当該学校法人の役員または職員でない者を選任する（再任は可）。
監事	○監事2名以上。 ○理事の業務執行の状況および法人の財産の状況を監査する。 ○理事および職員との兼職禁止。	○同左。 ○学校法人の業務および財産の状況を監査する（ただし，監事の監査がカリキュラム編成やシラバスなどの個々の教育研究の内容についてまでは及ばない）。 ○監査報告書の作成，理事会および評議員会への提出，外部への閲覧を行う。 ○監事のうち少なくとも1名は，選任の際現に当該学校法人の役員または職員でない者を選任する（再任は可）。 ○理事，評議員および職員との兼職禁止。
評議員会	○評議員は理事の定数の2倍以上の数で構成。 ○原則として学校法人の業務の重要事項に関する諮問機関。	○同左。 ○同左。 ○理事長は，毎年度，事業計画および事業の状況を評議員会に報告する。 ○監事は評議員会の同意を得て理事長が選任する。

情報公開	○財産目録,貸借対照表,収支計算書を作成,各事務所に備え付ける。	○財産目録,貸借対照表,収支計算書,事業報告書を作成し,各事務所に備え付け,利害関係者に閲覧させる。
私学審議会	○私立学校の設置認可その他の重要事項について審議。 ○委員の3/4は私学関係者。 ○委員候補者の推薦について詳細な手続きを規定。	○同左。 ○教育に関し学識経験を有する者から都道府県知事が任命。教育委員会の体制の充実。

(注) 評議員会の審議事項である予算,借入行為,寄附行為の改正などについては,まず評議員会を開催し,次に理事会審議とすることに留意。

(2) 大学等の教育情報の公表

　平成22年,国公私立の大学,高等専門学校,大学院,短期大学等については,公的な教育機関として社会に対する説明責任を果たし,教育の質を向上させる観点から,公表すべき必要な教育情報を法令上明確にする改正が行われました。公布は平成22年6月15日,施行は平成23年4月1日です(22文科高第236号)。

(ア) 大学が公的な教育機関であり,社会に対する説明責任を果たすという観点から,次に掲げる教育研究活動等の状況についての情報を公表するものとして(学校教育法施行規則第172条の2を新設),情報の公表は,適切な体制を整えた上で,広く周知を図ることができる方法によって行うものとする(同条3項)。

　(i) 大学の教育研究上の目的に関すること
　(ii) 教育研究上の基本組織に関すること
　(iii) 教員組織,教員の数ならびに各教員が有する学位および業績に関すること
　(iv) 入学者に関する受入方針および入学者の数,収容定員および在学する学生の数,卒業または修了した者の数ならびに進学者数および就職者数

その他進学および就職等の状況に関すること
(ⅴ) 授業科目，授業の方法および内容ならびに年間の授業の計画に関すること
(ⅵ) 学修の成果に係る評価および卒業または修了の認定にあたっての基準に関すること
(ⅶ) 校地，校舎等の施設および設備その他の学生の教育研究環境に関すること
(ⅷ) 授業料，入学料その他の大学が徴収する費用に関すること
(ⅸ) 大学が行う学生の修学，進路選択および心身の健康等に係る支援に関すること

(イ) 教育の質の向上を図り，学位を与える課程（プログラム）の情報を積極的に公表する観点から，教育上の目的に応じ学生が修得すべき知識および能力に関する情報の公表を，努力義務として定めた（同条2項）。

※ (ア)および(イ)の規定は大学院，短期大学，高等専門学校にも適用する。

(ウ) 認証評価において，上記の情報の公表の取組状況が確認されるよう，必要な規定を追加（学校教育法第110条第2項に規定する基準を適用するに際して必要な細目を定める省令第1条の改正）。

第2章

学校会計のあらまし

1．学校会計のしくみ

(1)　「学校法人会計基準」の適用

　私立学校法では，学校法人は，毎会計年度終了後2カ月以内に財産目録，貸借対照表および収支計算書を作り，常にこれを事務所内に備えておかなければならないことになっています。学校法人の会計年度は，3月末,年に1回となっていますから，毎年5月末日までに決算を終了させることが必要です。

　この決算は，会計年度終了後2カ月以内に理事会で承認の決議をうけ，評議員会に報告しなければなりません。ただし，寄附行為によっては，評議員会も議決機関とされている場合があります。なお，国や地方公共団体から経常費の補助をうける学校法人は，私立学校振興助成法（14条）の規定で，文部科学大臣が定める基準（学校法人会計基準をいう）に従って決算書を作成し，これを提出することが義務づけられています。したがって，幼稚園，小学校，中学校，高等学校，中等教育学校，特別支援学校，大学（短大を含む），高等専門学校（学校教育法第1条校）を設置する学校法人は，経常費助成をうけているのが通常ですから，私立学校振興助成法によって決算書を提出する義務があるわけです。専修学校（学校教育法124条）や各種学校（学校教育法134条）のみを設置している，

いわゆる「準学校法人」は、振興助成法に直接関係がなくても、私立学校法（47条）により会計基準に基づく決算書（計算書類という）を作成しなければならないのは当然です。各都道府県では、専修学校に補助金を交付している場合もあり、それぞれの条例、告示などで、会計監査人の監査証明を義務づけています。

この場合、計算書類作成基準は、「学校法人会計基準」（文部省令18号、昭和46年4月1日制定）によることになっています（最新、平成27年3月30日一部改正）。

なお、文部科学省所轄法人とは、大学・短大はもちろんのこと、その法人に直轄している高等学校、中学校、幼稚園などの学校教育法第1条校および専修学校・各種学校も含みます。知事所轄法人は、高等学校以下のみを設置している学校をいいます。計算書類の提出期限は、次年度の予算報告書を含めて6月末日までとなっています。

（2） 学校会計の計算書類

前述のとおり、学校法人会計は昭和42年6月の臨時私学振興方策調査会の答申のなかの「私学に対する助成などの拡充をはかるために、財務基準の制定など、経理の合理化、適正化を確保するため適切な措置を講ずる必要がある……（略）……」という文部大臣あての勧告によって設けられたものです。従来、学校経理は不統一で会計制度も十分に整備されていなかったため、この答申によって経理基準を統一することに踏み切ったのです。

学校法人会計の計算書類は、次のように3つの柱をもとにして成り立っています。なお、財産目録の作成は会計基準で規定していませんが、私立学校法の規定により別に作成しなければなりません。

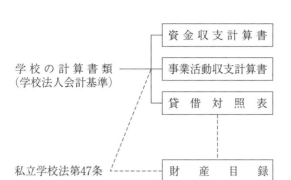

　企業会計は，営業活動の成果を損益計算で表わし，その年度の収益と費用とを正しくとらえることを目的としています。この計算によって経営成績を知ることができます。

　他方，学校法人では，学校を運営し，教育研究を遂行することを目的としており，営利を目的とすることは許されません。したがって，学校会計では教育研究活動が円滑に遂行されたかどうかを計算書類によって財務面から知ることが大切です。しかも，これらの諸活動は計画（予算）に基づいて運営されなければなりません。学校会計では，教育活動の流れを主として資金の収入と支出でみることが有効です。資金の流れを示すものとして，資金収支計算がまずクローズアップされます。その点，一般企業の損益計算の考えかたと異なります。

　また，学校会計では，一般企業のように利益金を処分するということはできません。学校法人は，寄附行為によって設立されたものですから，法人の資産は，なにびとも所有権は認められないからです。解散したときは，国，地方公共団体または他の学校法人に帰属するのが原則です。

① **資金収支計算書**

　年度の諸活動に対応するすべての資金の収入と資金の支出を明らかにして，

しかも支払資金のてん末も表わすものです。

② 事業活動収支計算書

3つの活動別の収支（教育活動収支，教育活動外収支，特別収支）の内容を明らかにして，かつ，各年度の収支バランスの状態を明らかにするものです。従来の会計基準では，消費収支計算書と呼ばれていました。

③ 貸借対照表

年度末における資産，負債，純資産（基本金，繰越収支差額）の状態，つまり財政状態を表わすものです。

以上の3つの計算体系は，おそらく今まで簿記を一通り身につけた人でも多分にとまどいが生じるでしょう。たとえば，資金の収支と損益や財産の動きをどのように区別して表わしたらよいかということです。借入金の返済を例にとると，資金収支面で「借入金返済支出」という資金の支出形態，つまり資金の使い途を記録することと，反面「借入金」という負債の減少も記録しなければならないという2つの違った計算を行うからです。このように2つの系統の会計処理を行うことに学校会計の難かしさがあります。

その計算構造を示すと次の図のようになります。

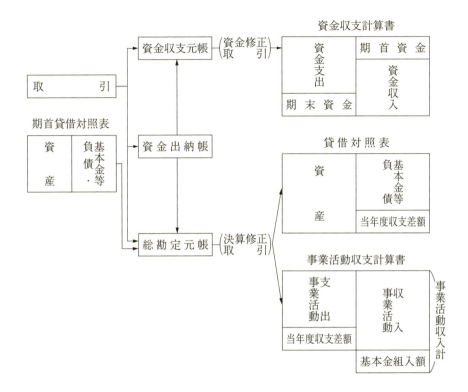

2. 学校法人の決算書の体系

　学校法人の会計について説明するまえに，まず，学校法人の決算書の体系を知っておく必要があります。決算書のことを**「計算書類」**といい，「学校法人会計基準」（文科省令13号）では，第一号様式から第十号様式までを定めています。その大要を述べると次のとおりです。

〔届出の方法等〕
　　a．届け出の際には，送付状（別添様式第一号）を添付することになっています。

b．貸借対照表，収支計算書その他の財務計算に関する書類は，次に定める順序に並べ，袋綴じとし，理事長が割印をすることになっています。
　　①表紙，②監査報告書（公認会計士または監査法人が自署および押印したもの），③監事の監査報告書（写でよい），④資金収支計算書，⑤資金収支内訳表，⑥人件費支出内訳表，⑦活動区分資金収支計算書，⑧事業活動収支計算書，⑨事業活動収支内訳表，⑩貸借対照表，⑪固定資産明細表，⑫借入金明細表，⑬基本金明細表，⑭収益事業に係る貸借対照表，損益計算および附属明細表，⑮後記の第２号，第３号基本金の組入れに係る計画表，⑯寄附行為で収益事業を定めた場合は，貸借対照表および損益計算書，⑰裏表紙。
　c．収支予算書は，bとは別にし，次に定める順序に並べ，袋綴じとし，理事長が割印することになっています。
　　①資金収支予算書，②資金収支内訳表，③人件費支出内訳表，④事業活動収支予算書，⑤事業活動収支内訳表。

〔収支予算書等の様式について〕
　a．収支予算書の様式は，法令で定められていませんが，学校法人会計基準に定める第一号様式から第六号様式を準用することが一般的です。
　　ただし，第一号様式については，「資金収支計算書」を「資金収支予算書」に，「予算」を「本年度予算額」に，「決算」を「前年度予算額」に，「差異」を「増減（△）」に書き替え，また，第五号様式についても，これに準ずることもできます。
　b．補正予算書の様式は，学校法人会計基準に定める第一号様式から第六号様式を準用することもできます。
　　ただし，第一号様式については，「資金収支計算書」を「第何回資金収支補正予算書」に，「予算」を「既定予算額」に，「決算」を「補正予算額」に，「差異」を「合計額」に書き替え，また，第五号様式についても，こ

れに準ずることとします。
c．貸借対照表，収支計算書その他の財務計算に関する書類および収支予算書の用紙は，日本工業規格Ａ４判に統一し，各様式については原則として横書きすることになっています（第８章参照）。

　　ただし，多数の学校を有している場合の資金収支内訳表，人件費支出内訳表および事業活動収支内訳表については，この限りではありません。

〔留意事項〕
① 寄附行為に収益事業を行う条項を設けている場合には，私立学校法により収益事業に係る経理を区分し，貸借対照表および損益計算書（これらに関する附属明細表を含む）を計算書類の末尾に綴じ込むことになります。
② 学校法人の出資による会社があり，学校法人の出資割合が２分の１以上である場合には，当該会社の概要，貸借対照表および損益計算書またはそれらの要旨を添付資料として計算書類に綴じ込まずに届出時に添付することになっています（13高私参第１号，平成14年１月７日）。
③ 予算書を２期比較で作成している学校法人では，平成27年度予算書の作成にあたり，比較対象にあたる前年度（平成26年度）の予算書を平成25年会計基準に組み替える必要があるのか問題となります。新旧の会計基準では様式が異なり，前年度と比較できないからです。

　　この点，収支予算書の様式を前年度対比とするかについては，省令などで明確に規定されているわけではないため，所轄庁から様式について指定がない限り，前年度対比で作成する必要はありません。そのため，あえて比較対象にあたる前年度（平成26年度）の予算書を平成25年会計基準に組み替えることは求められておらず，作成方法としては，平成27年度予算は単年度だけの予算としてもよいですし，平成26年度を組み替えた旨を注記して対比型でもよいと考えます（「学校法人会計基準の改正に関する説明会」への質問回答集Q＆A11，平成26年２月）。

なお，都道府県知事所轄法人における平成25年会計基準の適用については，平成28年度からとなります。

(注) 寄附行為に収益事業を行う定めをしておらず，法人税法上の収益事業が多少含まれていて寄附行為を改正するほどではない場合，区分経理が困難なので，収益事業のみを抽出して損益計算書を作成することも可能であると考えられます。なお，寄附行為に収益事業を定めた場合は別会計となります。

3．学校会計の原則

学校法人は，次の原則に従って，会計処理を行い，計算書類を作成しなければなりません。基本的な考えかたは企業会計の会計原則と変わりありませんが，「学校法人会計基準」では第2条と第5条に次の5つの原則をあげています。

① 真実性の原則
② 複式簿記の原則
③ 明瞭性の原則
④ 継続性の原則
⑤ 総額表示の原則

計算書類に記載する金額は，総額をもって表示することが原則です（会計基準5条）。たとえば，資金収支計算書において，収入の部の「学校債収入」，支出の部の「学校債返済支出」は収入，支出をそれぞれ両建て（総額）で記載すべきです。したがって，ある収入とある支出とを相殺してその差額を純額で表示することは認められません。

ただし，次のような収支は教育研究活動に直接関係なく，重要性の原則により総額で表示しても本来の収支計算からみて意味がない場合もあるので，例外的に収入と支出とを相殺した純額で表示することが認められています。

〔純額表示の認められる収支〕

(ア) 預り金に係る収入支出など経過的な収支（仮払金，仮受金，立替金などの収支も含む）。

(イ) 食堂に係る収入支出など教育活動に付随する収支（売店，学生生徒寮など補助活動収支も含む）。

たとえば，校内売店のように売上と仕入との関係についてみると，売上を「補助活動収入」，仕入を「補助活動仕入支出」として，それぞれ収入の部と支出の部に総額で表示しても差し支えありませんが，両者を相殺して収入のほうが多ければ，その差額を「補助活動事業収入」とし，仮に支出のほうが多ければ「補助活動事業支出」とし，いずれかを純額で表示することができます。純額で表示した場合，計算書類の注記対象となります。

なお，借入金の収支は，予算計画や寄附行為などで当初から予定されるべきものですから，借入額と返済額との差額を表示することはできません。

⑥ その他の原則

会計基準には，上記の5原則しか定められていませんが，第1条の第2項では，「この省令に定めのない事項については，一般に公正妥当と認められる学校法人会計の原則に従い，会計処理を行ない，計算書類を作成しなければならない。」としています。以上の原則を補充する原則として，保守主義の原則（企業会計では過度な保守主義は認められない）と重要性の原則をあげておきます。

4. 学校法人の会計年度と計算書類の提出

(1) 会計年度

学校法人の会計年度は4月1日に始まり，翌年3月31日に終わるものとされています（私学法48条）。

(2) 計算書類の提出

　計算書類，収支予算書は私学振興助成法（14条2項）により所轄庁に提出することになっています。この計算書類には，前にふれたように原則として公認会計士または監査法人の監査報告書を添付しなければなりません。ただし，補助金の額が寡少な場合（1千万円未満）で監査免除申請をしたときは監査報告書の添付を必要としません。専修学校では，都道府県で監査を義務づけている場合があるので留意してください。補助金を受けていない専修学校または各種学校のみを設置する準学校法人で，所轄庁から提出を義務づけられていない場合でも，私学法第47条によって計算書類の作成と備付けが規定されている関係上，学校教育法第1条校と同様に計算書類と予算書の整備が必要です。

　財産目録は提出義務がありませんが，私学法によりすべての学校法人は作成し備え付けておかなければなりません（私学法47条）。

　私学法第26条の収益事業がある場合，計算書類の末尾に収益事業の損益計算書，貸借対照表を添付することを忘れないでください。

　以下，届け出について文部省通知（文管振第158号，昭和51年4月8日）を述べると次のとおりです。知事所轄法人もおおむねこれに準じています。平成27年3月30日，「平成27年度以後の監査事項の指定について（通知）」（26文科高第1120号，1121号）が公表されましたが，計算書類の提出方法に変更はありません。

① 計算書類の用紙

　計算書類の用紙は，日本工業規格Ａ4判に統一します。ただし，資金収支内訳表，人件費支出内訳表および事業活動収支内訳表で，多くの学校・学部・学科等を有している大学法人などのように部門別の区分が多い場合にはこの限りではありません。

② 編綴方法

　計算書類は学校法人会計基準第一号様式から第十号様式（付表があれば添付）の順序に並べ，公認会計士または監査法人の監査報告書（自署押印）を必要とします。次に，監事の監査報告書と計算書類を綴じ込むことになっています（収益事業があれば，その計算書類も添付）。また，収支予算書は計算書類とは別に綴ることになります（文部省通知，文高法第91号，平成11年1月11日）。なお，計算書類，収支予算書の表紙の様式は，特別に定めていませんので，適宜作成してください（第10章参照）。

③ 届け出の方法および期日

　計算書類の届け出の際には，学校法人の理事長名を記入し，職印を押印した文部科学大臣宛（または都道府県知事宛）の送付状を添付し，決算終了後6月30日までに届け出ることになっています。また送付状には，財務担当理事および計算書類の作成責任者（会計課長等）の氏名を付記しなければなりません。

　なお，専修学校，各種学校のみを設置する準学校法人については各都道府県により提出方法が異なるため，留意しなければなりません。

④ 予算制度

　予算書の様式は特に定められていません。第8章の「予算の編成と執行のしくみ」を参照してください。

5．都道府県知事所轄学校法人の特例

（1）すべての知事所轄学校法人の特例

　都道府県知事を所轄庁とする学校法人，つまり高等学校以下のみを設置する法人に対しては，各種の特例があります。

① **資金収支内訳表等の簡略化**

高等学校以下のみを設置する学校法人は，次の事項に係る特例があります（文部省通知，文管振第53号，昭和48年2月28日）。

(ア) 都道府県知事を所轄庁とする学校法人（準学校法人を含む）で単数の学校（各種学校を含み，2以上の課程を置く高等学校を除く）のみを設置するものについては，資金収支内訳表，人件費支出内訳表，事業活動収支内訳表について，それぞれ会計基準第13条第1項第1号と同項第2号以下の各号との区分（第9章の「部門別会計のしくみ」を参照）を省略することができるものとしています。

(イ) 単一の学校の資金収支内訳表および事業活動収支内訳表は，それぞれ資金収支計算書および事業活動収支計算書と同様の内容となるので，この収支計算書をもって内訳表に代えることができるものとし，同上の内訳表の作成を省略できます。ただし，人件費支出内訳表はいかなる場合でも作成しなければなりません。

(ウ) 平成25年会計基準で導入された活動区分資金収支計算書については，都道府県知事所轄学校法人は作成しないことができますが，特例の適用については各都道府県の指示に従ってください。

② **小規模法人における会計処理等の簡略化**（文管振第87号，昭和49年3月29日）

(ア) 一定の契約に基づいて継続的に受ける用役に対する支出（電気，ガス，水道，電話，保険等の料金）の処理については，会計年度末における前払金や未払金の計上を省略し，当該用役に対する支払資金の支出をした会計年度の事業活動支出として処理することができます。また，一定の契約に基づいて継続的に受ける収入（受取利息等）についても同様に収入時に処理することができます。

(イ) 販売用文房具，制服等の購入支出については，当該物品を購入した会計年度の事業活動支出として処理することができます。ただし，会計年度末において当該物品の有高が多額である場合には，当該有高を事業活動支出とすることなく流動資産として貸借対照表に計上しなければなりません。
(ウ) 幼稚園のみを設置する学校法人にあっては，運動会，学芸会等日常の教育活動の一環としての諸行事に係る経費ならびに保育研修会，楽器指導講習会等，教職員の資質向上のための研修会，講習会等への参加に係る経費については，それぞれ形態分類によらない小科目を設定することができます。ただし，これらの小科目の金額が多額となる場合，たとえば，記念事業や大規模修繕などについてはその内訳を形態分類により表示することが適当です。

③ **経費支出と機器・備品支出の簡略化**（都道府県知事所轄学校法人における学校法人会計基準の実施について（報告），学校法人財務基準調査研究会，昭和46年2月25日）
(ア) 経費支出について「教育研究経費支出」と「管理経費支出」を区分しないことができます（会計基準別表第一注4）。
(イ) 機器・備品支出について「教育研究用」と「管理用」を区分しないことができます（会計基準別表第一注5）。
　(注) 以上の通知であっても，都道府県が別に定めている場合は，これに従うこととされています。

(2) 高等学校を設置しない知事所轄学校法人の特例

　高等学校を設置しない知事所轄学校法人，たとえば幼稚園のみを設置している法人（認定こども園を含む），中学校および小学校のみを設置している法人，準学校法人（専修学校，各種学校のみを設置しているもの）などが該当し，上

述の特例のほか，次の特例も適用できます。

① **徴収不能引当金の特例**

　ここでいう知事所轄学校法人では，徴収不能引当金の繰入額を計上しないことができます。要するに徴収不能が生じた場合は，直接「徴収不能額」を計上すれば足ります。

② **基本金に関する特例**

(ア)　会計基準第30条第1項第4号に掲げる「恒常的に保持すべき資金の額」を基本金に組み入れないことができます。

(イ)　基本金明細表の作成を省略することができます。ただし，都道府県で作成を義務づけている場合はその限りではありません。

第3章

学校会計の手ほどき

1. 学校会計の基礎と帳簿体系

(1) 学校会計の複式簿記

　第2章で述べたように，学校会計の計算書類は資金収支計算，事業活動収支計算，財産計算（貸借対照表計算）の3つの柱から成り立っています。借入金の返済を例にとると，資金収支計算書では「借入金返済支出」という科目で表示することになり，一方，財産計算では「借入金」という負債が減少したことを記録しなければならないという2つの計算目的がついてまわってきます。この点が通常の企業会計と違うところです。企業の会計では，資金の流れ（キャッシュ・フロー）を表示する場合もありますが，一般企業では経営の成績と決算日の財政状態がわかればよいからです。

　そこで，学校会計では資金の流れを記録表示する計算を行う一方で，一般企業と同じように経営成績と財政状態を記録表示する計算を行うという異なった2つの系統を記録するため，複雑にみえます。しかし，これから述べるステップを踏んで実行するならば，それほど難しいことではありません。まずは体系をしっかり理解することが大切です。

（２）　帳簿の種類と体系

　帳簿は学校会計のための特別のものを用意する必要はありません。一般に市販されているもので十分です。帳簿には，綴込帳簿，ルーズリーフ式帳簿，カード式帳簿などがありますが，近年は会計システムを導入して帳簿を用意するのが一般的です。システムについては，齋藤力夫監修「レーザー学校会計・Version9.0」（グレープシティ株式会社・TEL048(222)1200）が最も普及しています。

　帳簿には，主要簿と補助簿があり，主要簿は，法人全体の計算を総括する帳簿で，仕訳を記録する「仕訳帳」とすべての勘定口座を設ける「元帳」とがあります。仕訳帳は，取引の発生順に仕訳を記入する帳簿ですが，現在ではほとんど利用されず，伝票の綴り込みをもって代用されています。

　元帳は，すべての勘定口座を設ける帳簿ですが，前に述べたように，学校会計は企業会計と異なり，資金の流れを示す系列と財産と損益（ここでは損益としているが，学校会計では事業活動収入と事業活動支出との関係をいう）の状況を示す系列との２系列となっていることが特徴です。そこで，学校会計では，この２系列元帳の設定について，各学校の規模や会計組織の流れによって最も適した方式を選ぶ必要があります。

　補助簿は，元帳の科目をさらに詳しく補助的に記録するものです。補助簿の代表的なものとして，現金出納帳，預金出納帳などがあります。

①　帳簿組織の合理化

　現金や預金の受払いなどの事実が生じたときは，これを取引と呼びますが，取引を伝票に仕訳記入し，その伝票から元帳や各種補助簿に転記し，その集計を行う一連の流れを「帳簿組織」と呼んでいます。学校会計では，前述の２系列体系が基本になっているので，帳簿組織を合理的に計画することが重大なキーポイントになります。次に帳簿組織の事例のいくつかをあげてみることに

します。

〔事例A〕

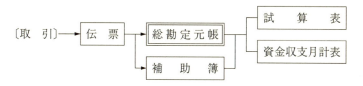

　事例Aは1系列元帳といい，企業会計と同じ仕組みです。この方式では資金収支の流れを把握するのは困難で，「資金収支月計表」の作成に労力を要します。ただし，前頁のグレープシティのシステム利用で可能となります。

〔事例B〕

　事例Bも1系列元帳といい，資金の流れだけを示す資金収支元帳のみを中心に記録しますが，財産の状態および事業活動収支（事業活動収入と事業活動支出との関係）の計算を行うことが不便で，一種の組替えをしないと決算ができません。文部省では，「小規模法人における会計処理等の簡略化について（報告）」について（通知）（文管振第87号，昭和49年3月29日）として，資金収支元帳のみを作成し，決算時に組替えを行う方式を示していますが，かえって混乱するのみで現在はあまり使用されていません。

〔事例C〕

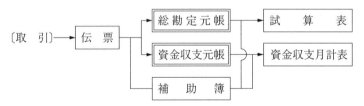

　事例Cは，2種類の元帳を用意する完全な2系列方式ですが，伝票から2種類の元帳に2回以上の二重記録を行うため，事務負担が増大して不効率といえます。また，複写伝票（5枚方式……仕訳票，資金収支借方票および貸方票，事業活動収支借方票および貸方票）で同時に記録する方式も過去にはありましたが，現在ではあまり利用されていません。なお，規模の大きな法人で，伝票を「日計表」に集計し，そのうえで2系列元帳に記録しているものもあります。
　下記の方法は，コンピュータの導入によって容易となります。

〔事例D〕

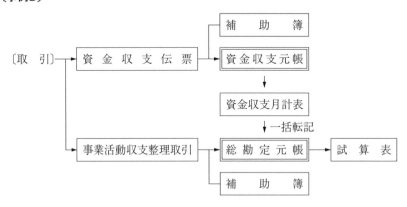

　事例Dも2系列元帳方式ですが，総勘定元帳には，資金収支月計表より月末一括転記（または年度末一括転記）を行い，事業活動収支の整理に係る伝票のみを総勘定元帳に転記する方式です。

この事例Dの2系列簡便方式は，筆者が当初考案し全国的に広めたものですが，現在，中規模法人の大部分がこの方式によっています。コンピュータソフトにおいても，事例Dの方式によることが可能です。

② 帳簿の形式

主要簿は，仕訳伝票とともに中心となるものとして前記の「資金収支元帳」および「総勘定元帳」があります。この元帳用紙は市販のもので，ルーズリーフ式が適しています。コンピュータ化の場合，元帳の右欄に予算残高欄を設けることが便利です。

〔元帳例〕

勘定科目 × × ×

月	日	摘　要	丁数	借　方	貸　方	借/貸	残　高

資金収支元帳，総勘定元帳とも，それぞれバインダーにセットし，各ページは文科省令または都道府県などで示した勘定科目の順序で編綴します。

補助簿は，現金出納帳，預金出納帳のほか，それぞれの法人の内部管理制度および会計組織によって各種の帳簿を用意します。この様式は，下記の出納帳以外は特に標準化したものはありません。一般的には，校納金台帳，固定資産台帳，予算管理簿，経費元帳，預り金元帳などがあります。

現　金　出　納　帳

月	日	摘　要	伝番	収　入	支　出	残　高

預 金 出 納 帳

普通預金　　　　　　　　　　　　　　　　　××銀行××支店

月	日	摘　　要	伝番	預入れ	引出し	残　高

（3）勘定科目の設定

勘定科目とは，多数の取引項目を同一種類に取りまとめ，それぞれの項目の記録と結果を集計するためのもので，大別して次のように区分されます。

（資金収支科目）
- 資金収入科目
- 資金支出科目
- 支払資金科目

（事業活動収支および財産科目）

平成25年会計基準の適用により，消費収支計算書は廃止されて事業活動収支計算書へ変更となりました。詳細は後述します。

- 資産科目
- 負債科目
- 純資産科目（基本金および繰越収支差額科目）
- 事業活動収入科目（企業会計の収益科目に類似）
- 事業活動支出科目（企業会計の費用科目に類似）

① 勘定科目設定の原則

学校法人会計基準では，勘定科目といわず記載科目と呼んでいます。両者とも同一のように考えられますが，会計基準は会計処理もさることながら，むしろ計算書類表示の基準に重点を置いているため，計算書類の記載科目と称して

います。これに対して勘定科目は記載科目（文科省政令）より若干広義に解釈され，日常の帳簿記録のための科目とも解されています。したがって，最終決算においては記載科目によって表示することになります。

(ア)　形態別分類が原則

　科目は，原則として収入，支出の形態別に設けるのが原則です。たとえば，交通費，通信費，印刷費などは形態別科目ですが，研究費，行事費などは目的別または機能別科目で複合科目と呼んでいます。会計基準では，小科目は形態別分類によるが，その金額が僅少なら形態別分類の科目によらないことができるとされています。「僅少」について具体的な基準はありませんが，大科目のおおむね100分の1以下（『学校法人会計基準詳説』野崎　弘編著）が妥当と考えます。複合科目たる研究費が，たとえば大科目たる教育研究経費の100分の1以下の場合は，そのまま使用しても差し支えありません。たとえば「創立50周年記念事業費」という複合科目を用いた場合で，しかも金額が比較的大きいときは，中科目として設定し，その内訳たる形態別科目を小科目で表示することになっています。しかし，中科目が計算書類の表示上困難な場合は，私見として次のように表示することが考えられます。

　　　　　　創立記念事業費　　　×××　→（小　科　目）
　　　　　（会　　場　　費）　（×××）→（細分科目）
　　　　　（通　　信　　費）　（×××）
　　　　　（渉　　外　　費）　（×××）

(イ)　大科目は追加・省略不可

　計算書類の大科目は，会計基準で定められており，該当する大科目の金額がない場合であっても省略できません。大科目の追加は認められていませんが，大学の附属病院における医療に係る収入については，「医療収入」の大科目を設けることができます。詳細は後述します。また，幼稚園においても，大科目は「学生生徒等納付金」と統一し，小科目としては，たとえば「入園料収入」，

「保育料収入」など幼稚園の実態に即した科目で示すことができます。

(ウ) 資金収支科目は収入，支出をつける

科目のうち資金収支計算に属する科目は，すべて収入，支出を付します。たとえば授業料収入，寄付金収入，交通費支出などのようにします。一方，事業活動収支計算では，たとえば「雑収入」などといった科目を除けば，原則として収入，支出という用語を使いません。

② 記載科目の例示

具体的な記載科目の例として，以下に学校法人会計基準別表第一から別表第三を記載しています。

別表第一　資金収支計算書記載科目（第10条関係）

収入の部		
科　　目		備　　考
大　科　目	小　科　目	
学生生徒等納付金収入		
	授業料収入	聴講料，補講料等を含む。
	入学金収入	
	実験実習料収入	教員資格その他の資格を取得するための実習料を含む。
	施設設備資金収入	施設拡充費その他施設・設備の拡充等のための資金として徴収する収入をいう。
手数料収入		
	入学検定料収入	その会計年度に実施する入学試験のために徴収する収入をいう。
	試験料収入	編入学，追試験等のために徴収する収入をいう。
	証明手数料収入	在学証明，成績証明等の証明のために徴収する収入をいう。

寄付金収入		土地，建物等の現物寄付金を除く。
	特別寄付金収入	用途指定のある寄付金をいう。
	一般寄付金収入	用途指定のない寄付金をいう。
補助金収入		
	国庫補助金収入	日本私立学校振興・共済事業団からの補助金を含む。
	地方公共団体補助金収入	
資産売却収入		固定資産に含まれない物品の売却収入を除く。
	施設売却収入	
	設備売却収入	
	有価証券売却収入	
付随事業・収益事業収入		
	補助活動収入	食堂，売店，寄宿舎等教育活動に付随する活動に係る事業の収入をいう。
	附属事業収入	附属機関（病院，農場，研究所等）の事業の収入をいう。
	受託事業収入	外部から委託を受けた試験，研究等による収入をいう。
	収益事業収入	収益事業会計からの繰入収入をいう。
受取利息・配当金収入		
	第3号基本金引当特定資産運用収入	第3号基本金引当特定資産の運用により生ずる収入をいう。
	その他の受取利息・配当金収入	預金，貸付金等の利息，株式の配当金等をいい，第3号基本金引当特定資産運用収入を除く。
雑収入		施設設備利用料収入，廃品売却収入その他学校法人の負債とならない上記の各収入以外の収入をいう。
	施設設備利用料収入	
	廃品売却収入	

借入金等収入		
	長期借入金収入	その期限が貸借対照表日後1年を超えて到来するものをいう。
	短期借入金収入	その期限が貸借対照表日後1年以内に到来するものをいう。
	学校債収入	
前受金収入		翌年度入学の学生,生徒等に係る学生生徒等納付金収入その他の前受金収入をいう。
	授業料前受金収入	
	入学金前受金収入	
	実験実習料前受金収入	
	施設設備資金前受金収入	
その他の収入		上記の各収入以外の収入をいう。
	第2号基本金引当特定資産取崩収入	
	第3号基本金引当特定資産取崩収入	
	(何)引当特定資産取崩収入	
	前期末未収入金収入	前会計年度末における未収入金の当該会計年度における収入をいう。
	貸付金回収収入	
	預り金受入収入	

支出の部

科目		備考
大科目	小科目	
人件費支出		
	教員人件費支出	教員(学長,校長又は園長を含む。以下同じ。)に支給する本俸,期末手当及びその他の手当並びに所定福利費をいう。

	職員人件費支出	教員以外の職員に支給する本俸，期末手当及びその他の手当並びに所定福利費をいう。
	役員報酬支出	理事及び監事に支払う報酬をいう。
	退職金支出	
教育研究経費支出		教育研究のために支出する経費（学生，生徒等を募集するために支出する経費を除く。）をいう。
	消耗品費支出	
	光熱水費支出	電気，ガス又は水の供給を受けるために支出する経費をいう。
	旅費交通費支出	
	奨学費支出	貸与の奨学金を除く。
管理経費支出		
	消耗品費支出	
	光熱水費支出	
	旅費交通費支出	
借入金等利息支出		
	借入金利息支出	
	学校債利息支出	
借入金等返済支出		
	借入金返済支出	
	学校債返済支出	
施設関係支出		整地費，周旋料等の施設の取得に伴う支出を含む。
	土地支出	
	建物支出	建物に附属する電気，給排水，暖房等の設備のための支出を含む。
	構築物支出	プール，競技場，庭園等の土木設備又は工作物のための支出をいう。
	建設仮勘定支出	建物及び構築物等が完成するまでの支出をいう。
設備関係支出		
	教育研究用機器備品支出	標本及び模型の取得のための支出を含む。

資産運用支出	管理用機器備品支出	
	図書支出	
	車両支出	
	ソフトウエア支出	ソフトウエアに係る支出のうち資産計上されるものをいう。
	有価証券購入支出	
	第2号基本金引当特定資産繰入支出	
	第3号基本金引当特定資産繰入支出	
	(何)引当特定資産繰入支出	
その他の支出	収益事業元入金支出	収益事業に対する元入額の支出をいう。
	貸付金支払支出	収益事業に対する貸付金の支出を含む。
	手形債務支払支出	
	前期末未払金支払支出	
	預り金支払支出	
	前払金支払支出	

(注) 1．小科目については，適当な科目を追加し，又は細分することができる。
   2．小科目に追加する科目は，形態分類による科目でなければならない。ただし，形態分類によることが困難であり，かつ，金額が僅少なものについては，この限りでない。
   3．大科目と小科目の間に適当な中科目を設けることができる。
   4．都道府県知事を所轄庁とする学校法人にあつては，教育研究経費支出の科目及び管理経費支出の科目に代えて，経費支出の科目を設けることができる。
   5．都道府県知事を所轄庁とする学校法人にあつては，教育研究用機器備品支出の科目及び管理用機器備品支出の科目に代えて，機器備品支出の科目を設けることができる。

別表第二　事業活動収支計算書記載科目（第19条関係）

	科　　目		備　　考
	大　科　目	小　科　目	
事業活動収入の部	学生生徒等納付金	授業料	聴講料，補講料等を含む。
		入学金	
		実験実習料	教員資格その他の資格を取得するための実習料を含む。
		施設設備資金	施設拡充費その他施設・設備の拡充等のための資金として徴収する収入をいう。
	手数料	入学検定料	その会計年度に実施する入学試験のために徴収する収入をいう。
		試験料	編入学，追試験等のために徴収する収入をいう。
		証明手数料	在学証明，成績証明等の証明のために徴収する収入をいう。
	寄付金	特別寄付金	施設設備寄付金以外の寄付金をいう。
		一般寄付金	用途指定のない寄付金をいう。
		現物寄付	施設設備以外の現物資産等の受贈額をいう。
	経常費等補助金		施設設備補助金以外の補助金をいう。
		国庫補助金	日本私立学校振興・共済事業団からの補助金を含む。
		地方公共団体補助金	
	付随事業収入	補助活動収入	食堂，売店，寄宿舎等教育活動に付随する活動に係る事業の収入をいう。
		附属事業収入	附属機関（病院，農場，研究所等）の事業の収入をいう。
		受託事業収入	外部から委託を受けた試験，研究等による収入をいう。

	科　　目		備　　考
教育活動収支	雑収入		施設設備利用料，廃品売却収入その他学校法人の負債とならない上記の各収入以外の収入をいう。
		施設設備利用料 廃品売却収入	売却する物品に帳簿残高がある場合には，売却収入が帳簿残高を超える額をいう。

	科　　目		備　　考
	大　科　目	小　科　目	
事業活動支出の部	人件費		
		教員人件費	教員（学長，校長又は園長を含む。以下同じ。）に支給する本俸，期末手当及びその他の手当並びに所定福利費をいう。
		職員人件費	教員以外の職員に支給する本俸，期末手当及びその他の手当並びに所定福利費をいう。
		役員報酬	理事及び監事に支払う報酬をいう。
		退職給与引当金繰入額	
		退職金	退職給与引当金への繰入れが不足していた場合には，当該会計年度における退職金支払額と退職給与引当金計上額との差額を退職金として記載するものとする。
	教育研究経費		教育研究のために支出する経費（学生，生徒等を募集するために支出する経費を除く。）をいう。
		消耗品費	
		光熱水費	電気，ガス又は水の供給を受けるために支出する経費をいう。
		旅費交通費	
		奨学費	貸与の奨学金を除く。
		減価償却額	教育研究用減価償却資産に係る当該会計年度分の減価償却額をいう。

	管理経費	消耗品費 光熱水費 旅費交通費 減価償却額	管理用減価償却資産に係る当該会計年度分の減価償却額をいう。
	徴収不能額等	徴収不能引当金繰入額 徴収不能額	徴収不能引当金への繰入れが不足していた場合には，当該会計年度において徴収不能となつた金額と徴収不能引当金計上額との差額を徴収不能額として記載するものとする。

	科　　目		備　　考
	大　科　目	小　科　目	
教育活動外収支 事業活動収入の部	受取利息・配当金	第3号基本金引当特定資産運用収入	第3号基本金引当特定資産の運用により生ずる収入をいう。
		その他の受取利息・配当金	預金，貸付金等の利息，株式の配当金等をいい，第3号基本金引当特定資産運用収入を除く。
	その他の教育活動外収入	収益事業収入	収益事業会計からの繰入収入をいう。

	科　　目		備　　考
	大　科　目	小　科　目	
事業活動支出の部	借入金等利息	借入金利息 学校債利息	
	その他の教育活動外支出		

	科目		備考
	大科目	小科目	
特別収支 事業活動収入の部	資産売却差額		資産売却収入が当該資産の帳簿残高を超える場合のその超過額をいう。
	その他の特別収入	施設設備寄付金	施設設備の拡充等のための寄付金をいう。
		現物寄付	施設設備の受贈額をいう。
		施設設備補助金	施設設備の拡充等のための補助金をいう。
		過年度修正額	前年度以前に計上した収入又は支出の修正額で当年度の収入となるもの。

	科目		備考
	大科目	小科目	
特別収支 事業活動支出の部	資産処分差額		資産の帳簿残高が当該資産の売却収入金額を超える場合のその超過額をいい、除却損又は廃棄損を含む。
	その他の特別支出	災害損失	
		過年度修正額	前年度以前に計上した収入又は支出の修正額で当年度の支出となるもの。

(注) 1. 小科目については、適当な科目を追加し、又は細分することができる。
   2. 小科目に追加する科目は、形態分類による科目でなければならない。ただし、形態分類によることが困難であり、かつ、金額が僅少なものについては、この限りでない。
   3. 大科目と小科目の間に適当な科目を設けることができる。
   4. 都道府県知事を所轄庁とする学校法人にあつては、教育研究経費の科目及び管理経費の科目に代えて、経費の科目を設けることができる。

別表第三　貸借対照表記載科目（第33条関係）

科目			備考
大科目	中科目	小科目	
固定資産	有形固定資産		貸借対照表日後1年を超えて使用される資産をいう。耐用年数が1年未満になつているものであつても使用中のものを含む。
		土地	
		建物	建物に附属する電気，給排水，暖房等の設備を含む。
		構築物	プール，競技場，庭園等の土木設備又は工作物をいう。
		教育研究用機器備品	標本及び模型を含む。
		管理用機器備品	
		図書	
		車両	
		建設仮勘定	建設中又は製作中の有形固定資産をいい，工事前払金，手付金等を含む。
	特定資産		使途が特定された預金等をいう。
		第2号基本金引当特定資産	
		第3号基本金引当特定資産	
		（何）引当特定資産	
	その他の固定資産		
		借地権	地上権を含む。
		電話加入権	専用電話，加入電話等の設備に要する負担金額をいう。
		施設利用権	
		ソフトウエア	

大科目	小科目	備考
流動資産	有価証券	長期に保有する有価証券をいう。
	収益事業元入金	収益事業に対する元入額をいう。
	長期貸付金	その期限が貸借対照表日後1年を超えて到来するものをいう。
	現金預金	
	未収入金	学生生徒等納付金，補助金等の貸借対照表日における未収額をいう。
	貯蔵品	減価償却の対象となる長期的な使用資産を除く。
	短期貸付金	その期限が貸借対照表日後1年以内に到来するものをいう。
	有価証券	一時的に保有する有価証券をいう。

負債の部

科目		備考
大科目	小科目	
固定負債	長期借入金	その期限が貸借対照表日後1年を超えて到来するものをいう。
	学校債	同上
	長期未払金	同上
	退職給与引当金	退職給与規程等による計算に基づく退職給与引当額をいう。
流動負債	短期借入金	その期限が貸借対照表日後1年以内に到来するものをいい，資金借入れのために振り出した手形上の債務を含む。
	1年以内償還予定学校債	その期限が貸借対照表日後1年以内に到来するものをいう。
	手形債務	物品の購入のために振り出した手形上の債務に限る。
	未払金	
	前受金	

	預り金	教職員の源泉所得税，社会保険料等の預り金をいう。

純資産の部

科　　目		備　　考
大　科　目	小　科　目	
基本金		
	第1号基本金	第30条第1項第1号に掲げる額に係る基本金をいう。
	第2号基本金	第30条第1項第2号に掲げる額に係る基本金をいう。
	第3号基本金	第30条第1項第3号に掲げる額に係る基本金をいう。
	第4号基本金	第30条第1項第4号に掲げる額に係る基本金をいう。
繰越収支差額		
	翌年度繰越収支差額	

(注) 1．小科目については，適当な科目を追加し，又は細分することができる。
　　 2．都道府県知事を所轄庁とする学校法人にあつては，教育研究用機器備品の科目及び管理用機器備品の科目に代えて，機器備品の科目を設けることができる。

（4） 認可保育所と幼稚園の併設について

　認可保育所の設置については，平成12年3月30日付け厚生省（現・厚生労働省）児童家庭局長通知（児発第295号）で，都道府県および市区町村ならびに社会福祉法人に限らず，これら以外の者にも設置が認められ，学校法人においても認可保育所を設置することができます。

　平成14年7月29日，「学校法人の設置する認可保育所の取扱いについて（通知）（14文科高第330号）」が文部科学省より公表されました。学校法人が設置する認可保育所については，教育研究事業と密接な関連性を有することが求められる

ところであり，また，営利性の高い「収益事業」とは位置づけられないことから，「附帯事業」であることが妥当です。そのため，認可保育所に係る収支は，資金収支計算書および事業活動収支計算書の教育研究に関連する科目としては計上せず，付随事業・収益事業収入の保育料収入などに計上することが望ましいと考えます。人件費は，職員人件費に含め，各費用等の科目は管理経費の各科目で処理することが望ましいです。施設設備等の支出は，原則として基本金組入対象資産になります。部門については，内訳表において，学校法人，○○大学，○○幼稚園などと並んで○○保育所として表示するのが一般的です（「学校法人の設置する認可保育所に係る会計処理に関するQ&A」JICPA研究報告第21号，平成24年1月12日）。

認可保育所の補助金収入は，「地方公共団体補助金収入」に計上します。これに伴う資金支出は，幼稚園，認可保育所ごとに区分して計上します。幼稚園にかかる補助金は，その補助目的に対応して各都道府県補助金または市区町村補助金として計上します。

学校法人が行う保育事業は付随事業と位置づけられますが，付随事業の規模の範囲外（補助活動収入）で行えるとされています（平成21年2月26日「文部科学大臣所轄学校法人が行う付随事業と収益事業の扱いについて（通知）」(20文科高第855号)）。

なお，認可外の預かり保育事業については，保育所事業とは性質が異なりますので，補助活動（収入外として「その他の収入」のうち預かり保育収入，支出は補助金対象外であるので「管理経費」とします）として収支を計上することが望ましいです。

（5） 認定こども園制度

平成18年10月1日，「就学前の子どもに関する教育，保育等の総合的な提供の推進に関する法律（平成18年6月15日，法律第77号）」が施行され，認定こど

も園制度が始まりました。認定こども園は，都道府県知事から認定を受けた施設をいい，地域の実情に応じて多様なタイプが認められています。平成27年4月1日現在，認定こども園数は全国で2,836件（公立554件，私立2,282件），類型別の内訳は，幼保連携型1,931件，幼稚園型524件，保育所型328件，地方裁量型53件となっています（内閣府ホームページ参照）。

（6） 子ども・子育て支援新制度等の会計処理

　従来，学校法人が保育所を運営する場合または社会福祉法人が幼稚園を運営する場合，双方の会計基準による会計処理および計算書類の作成が求められていました。幼稚園は私立学校振興助成法が適用されるため，学校法人会計基準に基づいて計算書類を作成する必要があったのです。これが新制度の普及を妨げる要因の1つであると指摘されていました。そこで会計基準を変更して，認定こども園である幼稚園および保育所を設置する社会福祉法人については，社会福祉法人会計基準に基づいて作成することができます（会計基準40条）。保育所を設置する学校法人については，社会福祉法人会計基準に定める資金収支計算書等の作成に代えて，資金収支計算分析表の作成によることができますが，市区町村の提出様式に従って作成する必要があります。資金収支計算分析表については，児発第295号の別紙1を参照してください。

　また，平成27年3月10日，内閣府より「子ども・子育て支援新制度における学校法人立の幼稚園，認定こども園に係る会計処理」が公表されました。費用の性質や教育目的に応じて会計処理が異なりますので，内閣府の「自治体向けFAQ」を参考に会計処理の科目を考える必要があります。詳細は内閣府ホームページを参照してください。

(7) 寄付金，教材費等，在学生・保護者等負担金の周辺会計の取扱い

① 寄付金等および教材料等の取扱いの適正確保

平成27年3月31日，「学校法人における寄付金等及び教材料等の取扱いの適正確保について（通知）」（26高私参第10号）が公表されました。近年，一部の学校法人で教育研究経費に充てられるべき寄付金および保護者等から徴収している教材料等について，不適切な取扱いが行われている事例がありました。文部科学省では，平成14年10月1日付けの「私立大学における入学者選抜の公正確保等について（通知）」（14文科高第454号）の以下の6項目の趣旨について再度見直すことを求めています。

- (ア) 入学者選抜の公正確保
- (イ) 入学に関する寄附金，学校債の収受等の禁止
- (ウ) 学生の負担軽減
- (エ) 経営の健全化等
- (オ) 経理の適正処理と財務状況の公開
- (カ) 任意の寄附金，学校債の取扱い

この通知の理解を深めて，学校法人が保護者等関係者から教育研究に直接必要な経費に充てるために受け入れた寄付金等は，すべて学校法人が直接処理し，学校法人会計の外（周辺会計）で経理しないように留意してください。また，下記の通知（27高私参第13号）の内容も考慮して，内部統制強化などによる経理機能の見直しを図る必要があると考えます。

② 会計処理等の適正確保

文部科学省においては，文部科学大臣所轄学校法人（666法人）について，在学生，保護者等関係者に対して負担を求めている場合の会計処理の実態調査を行い，平成27年12月24日（27高私参第13号）において「学校法人の会計処理等の適正確保について（通知）」が公表されました。

その内容は次のとおりです。
- (ア) 学校法人に対して在学生保護者等関係者から支払われる金銭等については，学校法人会計基準の趣旨に基づき，学校法人が管理する会計帳簿に適切に記載すること。
- (イ) 教職員等が実費や経過的な金銭を徴収する場合であっても，学校法人が収受した金銭として学校法人の責任において適切な会計処理を行うこと。
- (ウ) 学校法人において不適切な取扱いが生じることがないように管理体制を確立すること。

調査結果においては，在学生・保護者等関係者から支払われる金銭や在学生等に負担を求めているもののうち授業料，入学金等はおおむね学校法人の帳簿に記載されています。一方，寮費，スクールバス代等の実費を業者へ直接支払う場合や資格試験，検定試験の受験料を経過的に受払いする場合，在学生が制服等の指定物品を業者から直接に購入する場合などにおいては，実務上は学校法人の帳簿に記載されないケースがあると報告されています。

帳簿に記載すべきかどうかについては，収納される金銭の徴収根拠や契約の実態について個別に精査した上で判断すべきです。帳簿に記載されていないことをもって直ちに不適切な会計処理とはなりませんが，会計基準の趣旨に基づく適切な判断が求められます。

上記の取扱いに関して，学校法人本体は会計基準に準拠して会計処理されるのに対して，学友会，後援会，部活動，保護者会，PTAなど関連諸団体の周辺会計はそうではありません。そのため，これらの団体はそれぞれの規約に基づく自主的な会計処理を行うことにより，周辺会計の適正確保を図る必要があります。そして，決算内容については，定時にそれぞれの団体が会計報告を行う必要があります。

大学の関連団体には学生が自主的に管理運用されるもの，たとえば学友会等がありますが，このような団体であっても原則として定時に決算書を提出する

べきです。

　監事，会計監査人も同様の観点から，学校法人の周辺会計に対して学校法人本体とともに監査チェック体制を充実することが求められています。

　さらに学校法人は，関連諸団体からの学校法人の教育活動を支援するための学校法人への寄付金についても，特別寄付金，一般寄付金にかかわらず，それぞれの団体の代表者等，役員および役員会の承認の有無を確認するとともに，資金拠出実態を把握する必要があります。また，収納の際に学校法人に一元的に納入される資金については，法人経理からPTA，学友会，部活動等の諸団体に資金拠出されますので，適正な管理・監督が必要となります。

2．資金収支の仕訳から記帳まで

　前述のとおり，これから説明する学校簿記は，すべて「事例D方式」，つまり日常業務の資金収支の取引は「資金収支元帳」に記載し，資金収支月計表により月末（年末その他の一括転記を含む）に「総勘定元帳」に記録する方式によります。資金に関係のない取引，たとえば減価償却額の計上，退職給与引当金繰入額の計上などの取引は，仕訳伝票により「総勘定元帳」に直接記入します。これを筆者の考えた簡略式2系列元帳方式と呼びます（本章1．(2)参照）。

　学校の取引は，企業のように商品を掛で仕入れたり，掛で売ったりするような取引はあまり生じません。また，手形取引などもめったになく，日常の取引の大部分は資金の収入および支出で占めます。経費や備品購入などの請求書が到着した場合，未払金を計上する場合も多いと思われますが，ここでは，初学者のために，資金の受払いを中心にして複式簿記の構造を説明します。

　まず，資金収支取引から資金収支月計表および決算書の中心である資金収支計算書の作りかたを理解してください。

(1) 取引とは
① 取引の定義
　学校法人の会計諸帳簿に記録しなければならない事項を「取引」(Transaction) と呼んでいます。たとえば，授業料として現金を収納したとき，教員の給料を現金で支払ったときは「取引」として記録しなければなりません。簿記では，取引のことを資産，負債および正味財産に増減を及ぼしたり変化をもたらす事項と定義しています。

② 取引の二重性
　いま授業料5,000円を現金で収納したと仮定しましょう。この取引を分解すると次の2つの事柄に分けられます。第1に現金が5,000円増加したこと，第2に授業料という収入が5,000円発生したことです。また，給料50,000円を現金で支払ったときは現金50,000円減少したことと，一方，人件費が同額だけ発生したことになります。
　このように1つの取引は，必ず2つの事柄に分解できます。言い換えると，ある品物を表と裏からみるように，1つの経済活動を二面からとらえることができるわけです。これは取引の二重性または二面性と呼ばれるもので，簿記の仕訳を行う上での重要なポイントとなります。以下，具体的な例で分解してみましょう。

【設例1】　資金収入取引
　　授業料4,000円を現金で収納したときは，現金（支払資金）4,000円が増加し，授業料（資金収入科目）4,000円が増加したことになる。

　　　　　　　　　　　　取　引
現金4,000円増加　←　授業料4,000円現金入金　→　授業料収入4,000円増加

【設例2】 資金支出取引

給料50,000円を現金で支払ったときは、人件費（支出項目）50,000円が増加し、一方で現金（支払資金）50,000円が減少したことになる。

取　引

人件費支出50,000円増加 ← 給料50,000円現金支出 → 現金50,000円減少

【設例3】 資金支出取引

土地2,000,000円および建物3,000,000円を取得し、代金として小切手を振り出して支払ったときは、土地支出2,000,000円、建物支出3,000,000円が増加し、一方、当座預金5,000,000円が減少したことになる。

取　引

土地支出2,000,000円増加 ← 土地，建物 5,000,000円 当座払い → 当座預金5,000,000円減少
建物支出3,000,000円増加 ←

③ 取引の分類

取引の分類方法はいろいろありますが、大別して、(ア)資金の収入および支出に関する取引と、(イ)資金収支を伴わない取引とに分けられます。また別の区分方法としては、(a)資金収支計算に関する取引と、(b)事業活動収支計算（財産計算も含む）に関する取引とに分ける方法があります。

問題をわかりやすくするために、ここでは資金収支計算の取引だけについて述べてみましょう。まず、資金収支計算上では、(i)資金収入取引、(ii)資金支出取引、(iii)資金間の移動取引、(iv)資金修正取引（資金調整取引ともいう）に分類され、次のようになります。

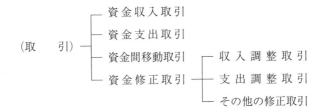

（2） 仕訳のポイント

　取引について，そのあらましの説明が終わったので，次に仕訳という手続について述べてみましょう。

　次の現金出納帳は，同じ入出金取引について2通りの様式で示したものです。上の出納帳のことを残高式，下の出納帳のことを勘定式または標準式と呼んでいます。この帳簿の様式をみると，どちらが使いやすいかは別として，必ず収入欄と支出欄とが左右に分かれていることがわかります。

　現金出納帳以外のあらゆる帳簿も原則として，必ず左側と右側に分けて記載するという基本的なルールがあります。このような，ある金額の増減について左側か右側に記入する手続を決める最初の出発点が「仕訳」です。

　仕訳は，1つひとつの取引について「使用する勘定科目を決め，この科目および金額を左右に振り分ける」ことをいうのです。左右に振り分けることは取引を2つ以上の事柄に分解することから始まるのですから，前に述べた「取引の二重性」が基本となります。

現金出納帳（残高式）

月	年日	摘要	収入	支出	残高
4	1	前期繰越	55,000		55,000
	10	授業料収入	120,000		175,000
	12	図書購入費		4,500	170,500
	15	銀行借入	200,000		370,500
	18	当座預金へ		300,000	70,500

現金出納帳（勘定式）

月	年日	摘要	収入	月	年日	摘要	支出
4	1	前期繰越	55,000	4	12	図書購入費	4,500
	10	授業料収入	120,000		18	当座預金へ	300,000
	15	銀行借入	200,000				

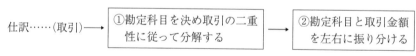

仕訳……(取引)→ ①勘定科目を決め取引の二重性に従って分解する → ②勘定科目と取引金額を左右に振り分ける

① 現金が入ったら左，出たら右

　仕訳については，仕訳法則などの原理から説明に入るのが常道ですが，そのような原則を先に説明するとかえって混乱が生ずるので，最もわかりやすい覚え方を紹介しましょう。

　上記にあげた現金出納帳の記帳法は，経理知識のない人でも常識的に知っていることです。この帳簿をみてわかるように，現金収入は必ず左側に，現金支出は必ず右側に欄が設けてあります。これが仕訳の基本であり，この左側のことを「借方」（Debitor，略してDr），右側のことを「貸方」（Creditor，略してCr）と呼んでいます。なぜ左側を借方と呼び，右側を貸方と呼ぶかということは考える必要はありません。単なる符号にすぎないのでそう覚えておけばよいのです。この関係は次の図で示されます。

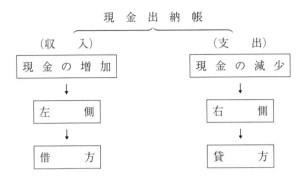

　以上の考え方は現金出納帳だけでなく，当座預金出納帳など諸預金出納帳にもすべて適合します。つまり，預金の預入れは増加であるから左側に借方として表示され，引出しは減少であるから右側に貸方として表示されます。

　さて，1つの現金収支取引をこのように増加または減少のつど現金出納帳に記帳するのですが，これだけで記帳が終了するわけではありません。その収入なり支出なりの内容を科目別に記録して計算する帳簿が用意されていなければ，期間の収支を項目ごとに集計することができません。そこで，仕訳によって資金増減の生じた原因の相手方である収入や支出の科目をも明らかにしようとするのです。

　次に，具体的な仕訳の方法を説明します。まず，現金の入金取引を考えると，仕訳では「現金」という勘定科目をまず左側に配置し，右側はその収入の源泉となる科目を記入します。反対に現金支出の場合には，現金を右側に配置し，次に支出科目は左側に記入します。要するに，現金や預金など支払資金の増減のつど貸借（右左）いずれに属するかを決め，次にその相手方の反対科目を考えるのです。それでは，具体的に仕訳を行ってみましょう。

　授業料10,000円を収納したときは，まず取引の二重性によってこれを分解し，それぞれの科目を左右に振り分ければ仕訳となります。その場合の仕訳のコツは，現金入金であれば現金は左側に，出金は右側に現金とすればよく，後は反対側に相手側の科目を記入することによって仕訳完了となります。

　次に具体的な仕訳例をあげておきましょう。

【設例1】 図書費2,000円現金支払い。

　現金支出のため，まず現金科目を右側に記入し，次に図書支出は左側に記入する。

　　仕　訳……　| （借　方） | （貸　方） |
　　　　　　　　| 図　書　支　出　　2,000 | 現　　　　　金　　2,000 |

【設例2】 銀行から100,000円現金にて借り入れる。

　　仕　訳……　| （借　方） | （貸　方） |
　　　　　　　　| 現　　　　　金　100,000 | 借　入　金　収　入　100,000 |

【設例3】 借入金50,000円を現金で返済。

　　仕　訳……　| （借　方） | （貸　方） |
　　　　　　　　| 借入金返済支出　　50,000 | 現　　　　　金　　50,000 |

【設例4】 備品15,000円を現金にて購入。

　　仕　訳……　| （借　方） | （貸　方） |
　　　　　　　　| 備　品　支　出　15,000 | 現　　　　　金　　15,000 |

【設例５】 翌年度分の入学金30,000円を現金にて収納。

仕　訳……

（借　方）		（貸　方）	
現　　　　金	30,000	入学金前受金収入	30,000

② その他の資金取引

　現金以外のその他の支払資金の収支取引についても，上記とまったく同様の処理方法によります。その他の支払資金として，当座預金，普通預金，通知預金などが主なるものとしてあげられます。これらの諸預金については，出納帳ではその増加は左側，減少は右側に記録されますから，仕訳も同様に，これらの資金の増加があった場合には，その資金科目（当座預金など）は左側，つまり借方に記入し，その貸方は資金収入の源泉である収入科目を記入すればよいのです。

　次に具体的な仕訳例をあげておきましょう。

【設例１】　現金35,000円を当座預金に預け入れる。現金が減少したので現金科目は右側に，反対に当座預金が増加したので当座預金科目は左側に記入する。

仕　訳……

（借　方）		（貸　方）	
当　座　預　金	35,000	現　　　　金	35,000

【設例２】　授業料8,000円が普通預金に振り込まれる。

仕　訳……

（借　方）		（貸　方）	
普　通　預　金	8,000	授　業　料　収　入	8,000

【設例３】　電灯料60,000円を当座預金より自動振替により支払う。

仕　訳……

（借　方）		（貸　方）	
光　熱　水　費　支　出	60,000	当　座　預　金	60,000

③ 取引のつりあい

　すべての取引は取引の二重性によって分解され，これを仕訳によって左右に

振り分けることにより，左側（借方）の金額と右側（貸方）の金額は必ず等しくなります。このことを貸借一致の原理，または取引のつりあいと呼んでいます。貸借の平均は単一仕訳（借方，貸方がそれぞれ1科目のとき）の場合はもちろんのこと，次の例のような複合仕訳の場合でも，左右の金額は一致しなければなりません。

〔例〕 借入金100,000円を返済するために利息5,000円を含めて，小切手を振り出して支払った。

（借　方）		（貸　方）	
借入金返済支出	100,000	当 座 預 金	105,000
借入金利息支出	5,000		

仕　訳……

（借方計105,000円）＝（貸方計105,000円）

④ 仕訳の法則

以上の仕訳例によって，一定の仕訳法則があることに気づかれたと思います。ただし，ここでは資金収支に関する取引だけを扱っているので，いわゆる資産，負債，正味財産の変動についてはふれていません。これについては後述します。

まず，現金や預金などの資金科目については，その増加は左側（借方）に，減少は右側（貸方）に仕訳することがわかります。また，資金収入の源泉である収入科目は発生（増加）は右側に，資金の使い途である支出科目の発生（増加）は必ず左側に記入されることが理解できます。

したがって，次のような一定の仕訳法則が働くことがわかります。

a．現金，預金などの支払資金は，

　　増加したとき → 左側（借方）……①

　　減少したとき → 右側（貸方）……②

b．授業料収入などの収入源泉項目は，

　　増加したとき → 右側（貸方）……③

c．人件費や設備などの支出項目は，

増加したとき → 左側（借方）……④

これを図によって結びつけると次のようになります。

(イ) 支払資金の増加

(ロ) 支払資金の減少

（借　　方）　　　　（貸　　方）

支払資金の増加 ─┐
支出項目の増加 ─┼─ 支払資金の減少
収入項目の減少 ─┘

(ハ) 上記(イ)と(ロ)をまとめて組み合わせる。

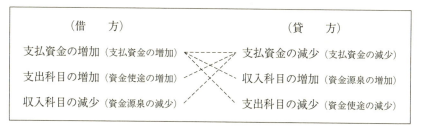

結局，収入科目の増加というのは，支払資金の増加原因となった資金源泉を意味し，支出科目の増加というのは，支払資金の減少原因となる資金の使途を表わすものです。

(3) 仕訳から帳簿記入へ
① 仕訳は帳簿転記への指令室

複式簿記において仕訳がなぜ出発点であるかというと，仕訳によって取引が要約されていることと，この仕訳が帳簿記入，つまり転記に対する指示を与え

るものになるからです。

　次の例は図書2,000円を現金で購入した取引の仕訳ですが，この仕訳から帳簿に転記する要領は，図書支出を記入する帳簿（資金収支元帳）の頁と，現金の増減を記入する帳簿（現金出納帳など）に転記するための指令を表わし，まず図書支出は左側（借方）なので，元帳（資金収支元帳）の図書支出の頁（口座）の左側（借方）へ転記し，次に現金の頁には出納帳の右側（貸方）に転記するのです。このように，仕訳とは帳簿転記を行うための一種の指令室といえます。

```
                    （仕　　訳）
       （借　方）        （貸　方）
(4/20)  図 書 支 出  2,000  現　　　　金  2,000
```

現　金

月	年日	摘　　　要	伝番	借　方	貸　方	残　高
4	1	前月繰越				50,000
	20	図書購入費			2,000	48,000

図　書　支　出

月	年日	摘　　　要	伝番	借　方	貸　方	残　高
4	20	現金にて購入		2,000		2,000

　上記の記帳例は実際上の帳簿記入例ですが，簿記の練習上ではそのつど帳簿形式によって転記例を示すことは煩雑であるため，次のような略式のT字形式（Tフォームという）によって表わされます。上の例をもう一度略式に置きかえて示してみましょう。

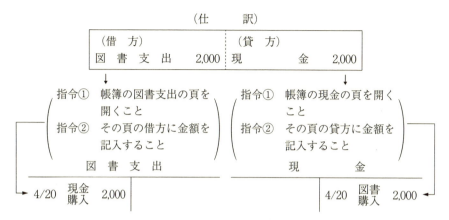

② 仕訳は伝票で

　取引を仕訳する帳簿として，簿記の教科書では「仕訳帳」というものを利用することとされています。しかし，実務面でこの仕訳帳を使用しているケースは皆無に等しいといってよいです。本来，仕訳帳は簿記の学習には効果がありますが，実務面で取引を1冊の仕訳帳で行うことは，転記にあたって相当な手間がかかるものです。まして事務が数人以上の担当者によって分担されている場合に，仕訳帳が転々と移動し，しかも仕訳帳がないと仕事が進行しないという難点があります。そこで，仕訳帳に代わるものとして，一般に「伝票」がその役割を果たしています。

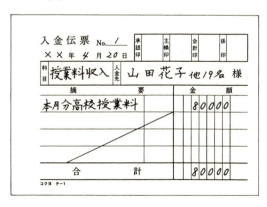

伝票の種類および記入要件などは、経営の規模や形態によりさまざまですが、基本となる伝票は、入金伝票、出金伝票、振替伝票の3種類です。次に、一般に市販されている伝票を利用した記載例を示してみましょう。

(ア) 入金伝票作成例（現金入金取引）（前頁参照）

複合仕訳を行うのに便利な振替伝票を入金伝票として利用することも考えられます。つまり、入金伝票、出金伝票を利用しないで振替伝票だけでもよいわけです。

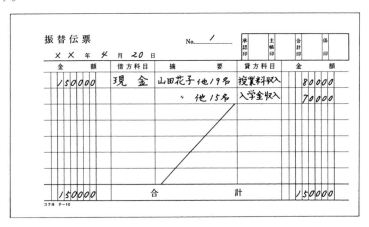

(イ) 出金伝票作成例（現金出金取引）

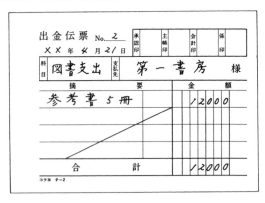

入金伝票と同様に、出金伝票を振替伝票に置きかえると次のとおりです。

(ウ) 振替伝票作成例

一般的に現金の入出金に関係ない取引に利用されます。

以上の伝票を利用した場合の帳簿転記の要領は、前に述べた方法と同様です。たとえば、授業料80,000円を現金で収納した場合には、入金伝票そのものは借方「現金」と定めているのですから、その伝票に設けられている科目欄は、すべて貸方科目を意味しています。反対に出金伝票は、貸方を現金と定めているから、記入される反対科目、すなわち資金の使途は、すべて借方を表示します。

伝票から帳簿記入の例を次のように示してみましょう。

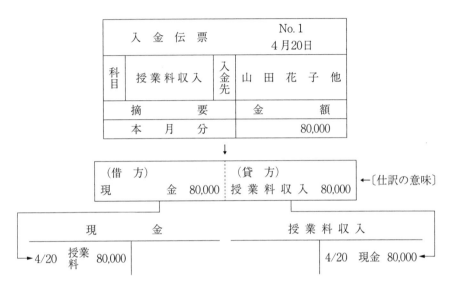

(4) 資金取引を主とした帳簿記入

　資金収支会計においては，支払資金の受払いを記録する帳簿と，すべての収入項目および支出項目を勘定科目別に口座を設けた総勘定元帳（ここでは資金収支元帳を総勘定元帳と置きかえて理解してください。総勘定元帳については後で述べます）によって構成されます。

　帳簿の様式や種類を経営の規模などに応じて組み合わせ，それぞれの帳簿に対する記帳の流れを統一化させることを帳簿組織（System Structure of Books）と呼んでいます。したがって，帳簿組織というものはすべて画一的なものでなく，上手に組み合せることによって記帳も能率的となり，むだな努力を省くこともできます。次に，簡単な設例に基づいて仕訳と帳簿記入の流れを解説します。

【取引例】

① 期首現金残高50,000円，期首当座預金残高100,000円
② 授業料35,000円を現金にて収納する。
③ 教材費8,000円を小切手を振り出して支払う。
④ 図書3,500円を現金にて購入する。
⑤ 当座預金より現金50,000円を引き出す。
⑥ 本月分給料80,000円を現金にて支払う。
⑦ 実験実習料40,000円を現金にて収納する。
⑧ 銀行より100,000円を借り入れ，当座預金に預け入れる。なお，借入金利息2,000円を差し引かれる。
⑨ 備品75,000円を小切手を振り出して支払う。
⑩ 電灯および水道料12,000円を現金にて支払う（教育用）。
⑪ 事務用消耗品6,000円を小切手を振り出して支払う。

〔仕 訳〕

	（借　　方）		（貸　　方）	
①	現　　　　　金	50,000	期首支払資金	50,000
	当　座　預　金	100,000	期首支払資金	100,000
②	現　　　　　金	35,000	授業料収入	35,000
③	教育用消耗品費支出	8,000	当　座　預　金	8,000
④	図　書　支　出	3,500	現　　　　　金	3,500
⑤	現　　　　　金	50,000	当　座　預　金	50,000
⑥	人　件　費　支　出	80,000	現　　　　　金	80,000
⑦	現　　　　　金	40,000	実験実習料収入	40,000
⑧	当　座　預　金	100,000	借入金収入	100,000
	借入金利息支出	2,000	当　座　預　金	2,000
⑨	機器備品支出	75,000	当　座　預　金	75,000
⑩	教育用光熱水費支出	12,000	現　　　　　金	12,000
⑪	管理用消耗品費支出	6,000	当　座　預　金	6,000

〔記帳例示〕

以下，略式で示します。なお，現金および当座預金についてはそれぞれ出納帳に直接記入し，その他の科目はすべて資金収支勘定元帳の口座に転記する方法によっています。

a．現金出納帳

現　　　金

①	期 首 残 高	50,000	④	図 書 支 出		3,500
②	授 業 料 収 入	35,000	⑥	人 件 費 支 出		80,000
⑤	当 座 引 出	50,000	⑩	教育用光熱水費支出		12,000
⑦	実験実習料収入	40,000				

b．当座預金出納帳

当　座　預　金

①	期 首 残 高	100,000	③	教育用消耗品費支出		8,000
⑧	借 入 金 収 入	100,000	⑤	現 金 引 出		50,000
			⑧	借入金利息支出		2,000
			⑨	機 器 備 品 支 出		75,000
			⑪	管理用消耗品費支出		6,000

c．資金収支元帳（資金収支総勘定元帳ともいえます）

授　業　料　収　入			1*
	② 現　　　　　金		35,000

実験実習料収入			2
	⑦ 現　　　　　金		40,000

借　入　金　収　入			3
	⑧ 当　座　預　金		100,000

			期首支払資金	4
			① 現 金 預 金　50,000	
			① 当座預金残高　100,000	
			人 件 費 支 出	5
⑥	現　　　金	80,000		
			教育用消耗品費支出	6
③	当 座 預 金	8,000		
			管理用消耗品費支出	7
⑪	当 座 預 金	6,000		
			教育用光熱水費支出	8
⑩	現　　　金	12,000		
			借入金利息支出	9
⑧	当 座 預 金	2,000		
			機器備品支出	10
⑨	当 座 預 金	75,000		
			図 書 支 出	11
④	現　　　金	3,500		
			期末支払資金	12
	期 末 に 記 帳			

(注) 資金収支元帳に「現金」,「当座預金」などの各支払資金の口座を設け,現金出納帳および当座預金出納帳などにより,合計転記する方法もあるが,ここでは支払資金勘定という残高のみの表示口座を使っている。

(＊) 勘定口座の番号,丁数という。

(5) 試算表の作成

　前記の元帳転記が誤りなく行われたかどうかを調べるための表を「試算表」(Trial Balance) と呼んでいます。複式簿記は，この試算表によって自己検証を行う機能が働き，誤った記入を発見できるのが特徴です。

　試算表は，一定期間の取引記帳について元帳の貸借合計または残高を科目別に集計する表であって，要は一表にすべての勘定科目の金額の合計または残高をまとめるのです。

　試算表の貸借合計が平均するかどうかによって，取引から帳簿記録までの正否が検証できます。もし一致しない場合は，転記に誤りがあったことを知らせるからです。試算表は，毎月末日現在に作成して1カ月間の転記の正否を確かめるのが一般的です。

　試算表には，各科目ごとの口座の借方と貸方とをそれぞれ合計して集計した「合計試算表」と，各科目ごとの残高のみをまとめた「残高試算表」とがあります。

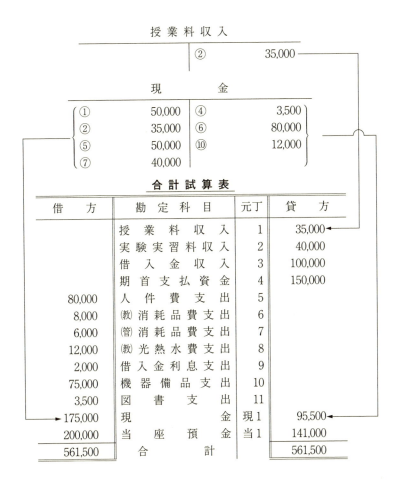

　試算表は毎月末日現在で作成し，記帳の誤りがなかったかどうかを検算する意味で，月次管理を行う役割を果たしています。文科省では資金収支の試算表のことを「資金収支月計表」として示し，残高試算表とともに，予算対比欄を設け予算管理もできるような様式例を示しています（文管振第87号，昭和49年3月29日）。この様式をもとに前記の試算表を示すと，次のようになります。

資金収支月計表
×××年4月1日～×××年4月30日

支出科目	当月実算	累計 実算	累計 予算	累計 予算残高	収入科目	当月実算	累計 実算	累計 予算	累計 予算残高
人件費支出		80,000			前月繰越支払資金		150,000		
(教)消耗品費支出		8,000			授業料収入		35,000		
(教)光熱水費支出		12,000			実験実習料収入		40,000		
(管)消耗品費支出		6,000			借入金収入		100,000		
借入金利息支出		2,000							
機器備品支出		75,000							
図書支出		3,500							
次月繰越支払資金		138,500							
合計		325,000			合計		325,000		

(6) 支払資金残高の処理

　まず，記帳の開始にあたって期首資金残高の開始仕訳を行い，支払資金出納帳の借方に記入するとともに，資金収支元帳の「前期繰越支払資金」口座に転記します。また，期末資金残高は資金収支元帳の「翌期繰越支払資金」口座の借方に記入するとともに資金出納帳の貸方に記入することによって資金出納帳は自動的に帳簿閉鎖が行われます。その関係を例示すると次のとおりです。

【設例1】

　　期首資金残高8,000,000円の開始仕訳を行う（なお，この内訳は現金500,000円，当座預金7,500,000円である）。

　　（借）現　　　　金　　　500,000　　（貸）前期繰越支払資金　　8,000,000
　　　　　当　座　預　金　7,500,000

第3章 学校会計の手ほどき

【設例2】

期末資金残高7,800,000円の期末振替仕訳を行う（この内訳は現金800,000円，当座預金7,000,000円である）。

(借) 翌 期 繰 越　　　7,800,000　　(貸) 現　　　　　金　　　800,000
　　 支 払 資 金　　　　　　　　　　　　 当 座 預 金　　　7,000,000

現金出納帳（支払資金）

月	年日	摘　要	伝番*	収　入	支　出	残　高
4	1	前 期 繰 越	1	500,000		500,000
	⋮	………………		………	………	
		………………				
		………………				
3	31	翌 期 繰 越	××		800,000	

（＊）伝票番号という。

当座預金出納帳（支払資金）

月	年日	摘　要	伝番	預　入	引　出	借又は貸	残　高
4	1	前 期 繰 越	1	7,500,000		借	7,500,000
	⋮	………………		………	………		
		………………					
3	31	翌 期 繰 越	××		7,000,000		

前期繰越支払資金（資金収支元帳）

月	年日	摘　要	伝番	借　方	貸　方	借又は貸	残　高
4	1	期首資金残高	1		8,000,000	貸	8,000,000

翌期繰越支払資金（資金収支元帳）

月	年日	摘要	伝番	借方	貸方	借又は貸	残高
3	31	期末資金残高	××	7,800,000		借	7,800,000

（7） 資金収支精算表の作成

次に，資金収支計算書に至るまでの精算表（Working Sheet）の作成について説明します。この精算表の作成方法は，一般の精算表の構造と基本的には変わりありません。なお，精算表は，決算整理を正確に行うための便宜的なものであり，必ず作成するわけではありません。

資金収支の記録および計算は「資金収支元帳」を中心として展開され，毎月資金収支試算表の作成によってその帳簿記録の正否を確かめなくてはなりません。

なお，前期末前受金などは期首資金修正取引として，まず精算表の左欄に記入してから，次に期中資金を記入し，その過程を明らかにする形式も一法です。この場合の精算表の仕組みは次のようになります。

精算表

口座	勘定科目	期首資金取引 借方	期首資金取引 貸方	期中資金取引 資金支出	期中資金取引 資金収入	資金収支試算表 借方	資金収支試算表 貸方	資金修正取引 借方	資金修正取引 貸方	資金収支予算書 資金支出	資金収支予算書 資金収入
1	入学金収入		120		400		520				520
‒	‒										
35	前期末前受金	120				120					△120
‒	‒										
41	期首資金残高		80				80				80
42	期末資金残高								100	100	
43	支払資金	80		920	900	1,000	900		100		

　上記の精算表は，期中資金収支取引を記入していますが，実務上このような記入は煩雑ですので，資金収支元帳および支払資金出納帳の残高をそのまま移記した資金収支残高試算表より出発するのが合理的です。

(8) 活動区分資金収支計算書の作成

　平成25年会計基準の適用により，現金預金の流れを3つの活動に区分して表示する「活動区分資金収支計算書」を作成することになりました。詳細は第5章を参照してください。

3．事業活動収支計算と財産計算のしかた

(1) 事業活動収支とは

① 事業活動収支計算の必要性

　資金収支計算は，年度の諸活動に対応する資金の使途（資金支出）とこれに

対する資金の調達（資金収入）を明らかにするものです。

しかし，学校法人の永続的な維持を図るためには，単に資金収支のつじつまが合っていただけですむものではありません。学校法人は経営の永続性が不可欠であることは論を待ちません。このことは，企業がその社会性を果たすために継続企業（Going Concern）を前提とすることと同様ですが，学校法人では，教育活動の公共的負担が課されていることから考えれば，企業のそれよりも永続性の維持がより一層求められます。

学校法人においても，人件費や諸経費などのいわゆるコストと，それに対する負債以外の収入とのバランスを図るような経営努力が必要とされます。このバランスがとれているかどうかを見るものとして，新たに「事業活動収支計算」という概念が登場するのです。

② 資金収支計算と事業活動収支計算

資金収支計算と事業活動収支計算との違いについて，簡単な数字によって示すと次のとおりです。

年度の資金収入を490とし，そのうち100が借入金や前受金などの負債収入であったと仮定し，490から負債収入の100を引いた残額は390となり，資金収入にならない現物寄付金10を加え，さらにその中から50を基本金に組み入れるとして，残りの350は事業活動収入となります。一方，これに対する資金支出は480であり，このうち人件費，諸経費，利息などのいわゆる費用にあたるものが320と仮定し，さらに資金支出に関係ない減価償却費などの非資金的な事業活動支出が30とすれば事業活動支出（総費用）は350となります。

この場合の関係は次の図のように示されます。収入500から負債など法人に帰属しない収入100を除いた金額のことを「事業活動収入」（企業の総収益に類似）といいます。

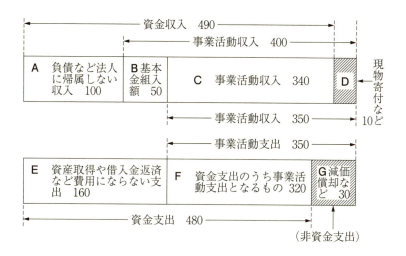

(ア) 事業活動収入計および事業活動支出計

　事業活動収入計とは、「教育活動」および「教育活動外」から得られる経常的な収入と「その他の活動」から得られる臨時的な収入の合計額をいいます。従来の学校法人会計基準では、帰属収入と呼ばれていました。改正後の会計基準では、事業活動収支計算書の翌年度繰越収支差額の下に「参考」の欄を設けて、「事業活動収入計」として記載されます。

　事業活動支出計とは、「教育活動」および「教育活動外」から発生する経常的な支出と「その他の活動」から発生する臨時的な支出の合計額をいいます。従来の学校法人会計基準では、消費支出と呼ばれていました。改正後の会計基準では、上述の「事業活動収入計」の下に、「事業活動支出計」として記載されます。

　なお、平成25年会計基準では、消費収支計算書が廃止されて事業活動収支計算書が導入され、名称および3つの活動に区分して表示することに変更となりましたが、資金収支計算書と事業活動収支計算書の関係は変わっていません。

(イ) 資金収入と事業活動収入，資金支出と事業活動支出の関係

上図の金額を例にして，資金収入と事業活動収入の関係，資金支出と事業活動支出の関係式を示すと，以下のとおりとなります。

- 資金収入490 − 100(A) − 50(B) + 10(D) = 事業活動収入350
- 資金支出480 − 160(E) + 30(G) = 事業活動支出350

(ウ) 事業活動収支の計算体系

平成25年会計基準で導入された事業活動収支計算書は,「教育活動収支」,「教育活動外収支」,「特別収支」の3つの活動に区分して収支を計算します。詳細は第6章に説明していますが，前頁の金額を例に計算体系を示すと以下になります。

なお，ここでは，前頁に示されている事業活動収入400の内訳は，教育活動収入250，教育活動外収入100，特別収入50としており，事業活動支出350の内訳は，教育活動支出180，教育活動外支出130，特別支出40として計算しています。

- 教育活動収入250 − 教育活動支出180 = 教育活動収支差額70
- 教育活動外収入100 − 教育活動外支出130 = 教育活動外収支差額△30
- 特別収入50 − 特別支出40 = 特別収支差額10
- 教育活動収支差額70 + 教育活動外収支差額△30 + 特別収支差額10 = 基本金組入前当年度収支差額50
- 基本金組入前当年度収支差額50 − 基本金組入額合計50 = 当年度収支差額0
- 教育活動収入250 + 教育活動外収入100 + 特別収入50 = 事業活動収入計400
- 教育活動支出180 + 教育活動外支出130 + 特別支出40 = 事業活動支出計350

(参考) 資金収支計算と事業活動収支計算を比較すると，以下のような表になります。なお，ここでは，説明の便宜のために，実際に作成する計算書類とは異なる様式を示していますので，留意してください。

【資金収支計算と事業活動収支計算の比較】

資金収支計算の体系

収入の部	学納金等の収入	390	(81頁図のB＋C)
	資産の売却や新規借入等による収入	100	(81頁図のA)
	収入の部合計	490	
支出の部	人件費・経費等の支出	320	(81頁図のF)
	資産の取得や借入金の返済等の費用にならない支出	160	(81頁図のE)
	支出の部合計	480	

事業活動収支計算の体系

教育活動収支	教育活動収入	250	(81頁図のDを含む)
	教育活動支出	180	(81頁図のGを含む)
	教育活動収支差額	70	
教育活動外収支	教育活動外収入	100	
	教育活動外支出	130	
	教育活動外収支差額	△30	
特別収支	特別収入	50	
	特別支出	40	
	特別収支差額	10	
	基本金組入前当年度収支差額	50	
	基本金組入額合計	50	(81頁図のB)
	当年度収支差額	0	
	事業活動収入計	400	
	事業活動支出計	350	

③ 事業活動収支の均衡とキャッシュ・フロー

　会計基準第15条後段では,「基本金に組み入れる額(基本金組入額)を控除した当該会計年度の諸活動に対応する全ての事業活動収入及び事業活動支出の均衡の状態を明らかにするため,事業活動収支を行うものとする」と規定されています。

　事業活動収支は,学校法人の永続性を維持するために均衡を図るよう計算されなければなりません。計画は予算の段階において決めるのですが,近年,学生生徒数の漸減,人件費の上昇などによって事業活動収支の均衡を維持できない場合もあります。事業活動収入が足りないからといってムリに事業活動支出を縮減することは教育活動に大きな支障をきたすことになります。たとえば,

経営状態の悪化している学校法人が，事業活動収入が少ないという理由で必要な教育活動を行わなかったなら，以前よりもますます悪化することは必然です。また，逆に経営の優良な学校で，事業活動収入が事業活動支出よりはるかに超過する場合があります。このような場合，事業活動支出を収入に見合ってムリに増大することはムダ使いを認めるように誤解される面もあります。もちろん，事業活動収入に見合った教育活動を積極的に進めることに異論はありませんが，その事業活動収入の超過額を事業活動支出以外の教育研究の施設の拡充に投下することも有効な手段です。この場合には，施設投下額に応じて基本金の要組入額が増加するから，当年度収支差額はそれにつれて減少し，自然に事業活動収支の均衡を保つことになります。

　以上のような点から考えると，事業活動収支のバランスは，ある年度だけの均衡で考えられるものではなく，数期を通じた長期計画のもとに見積もられるものでなければなりません。しかし，可能な限り計画の立案の段階において各年度で事業活動収支の均衡を図るよう努力することが大切です。

　事業活動収入（経常収入）を分母とし，分子を事業活動支出（経常支出）の比率が100％を超えると，わかりやすくいえば，収益対費用で企業でいう経常損失に相当します。いわゆる赤字経営です。しかし，事業活動支出（経常支出）のうちの減価償却額は非資金支出の費用ですから，年度のキャッシュ・フローのプラス要因なので，事業活動支出（経常支出）－減価償却額＝キャッシュ・フロー支出Xとなり，事業活動収入（経常収入）よりXが低いときは，好ましいといえませんが，経営が維持されていると判断することも可能です。

(2) 財産計算とバランス・シート
① 資金収支の財産計算

資金収支における財産計算は，前に述べた資金収支計算書の構造からみてもわかるように，支払資金残高のみが収支のてん末として表示されます。

しかし，これだけでは学校法人の姿を表わすには，きわめて不明瞭です。そこで，すべての財産状態（正確には財政状態と表現することが正しい）を表示する計算書類が必要とされます。

② 貸借対照表とは

学校法人の特徴は，その目的とされる教育研究活動を達成するために，膨大な施設と設備，さらには各種の運用財産を必要とします。このことは学校法人の設立認可基準からみてもわかります。したがって，これらの財産が有効に維持管理されているか，また，その他の計算書類と有機的に結合されているかどうかなどを確かめるために，財産の増減に関する記録と，貸借対照表の作成が不可欠となってきます。

貸借対照表の構成は次のように例示されます。その配列は一般企業と違い，固定性配列法に従っています（会計基準32条）。

貸借対照表

資産の部	金額	負債・純資産の部	金額
Ⅰ 固定資産	(××××)	Ⅰ 固定負債	(××××)
1. 有形固定資産	(××××)	長期借入金	××××
土　　地	××××	………………	××××
建　　物	××××	Ⅱ 流動負債	(××××)
………………	××××	短期借入金	××××
2. 特定資産	(××××)	………………	××××
第2号基本金引当特定資産	××××	負債合計	××××
第3号基本金引当特定資産	××××	Ⅰ 基　本　金	××××
………………	××××	Ⅱ 繰越収支差額	××××
3. その他の固定資産	(××××)	純資産の部合計	××××
借　地　権	××××		
電話加入権	××××		
………………	××××		
Ⅱ 流動資産	(××××)		
現金預金	××××		
未収入金	××××		
………………	××××		
合　　計	××××	合　　計	××××

　以上の様式によると，純資産は次のように資産から負債を差し引いて計算した残額によって求められます。この式を一般に資本等式と呼びます。

　　　資産－負債＝純資産

　上式の負債を下記のように右側に入れ替えると，資産とは負債と純資産との合計であることがわかります。この式のことを貸借対照表等式（Balance Sheet Formula）と呼んでいます。

　　　資産＝負債＋純資産

学校法人の財産状態を調べるためには，一定の日時を決めて計算しなければなりません。財産は日々刻々と変化していきます。したがって，ある時点をもって残高を計算しない限り，財産状態を計算することはできません。つまり，貸借対照表はある一定時点における学校法人の財政状態を示すことに意義があります。

(ア) 資　産

　学校法人が所有する土地，建物，現金，預金，有価証券および未収入金などの債権を総称しますが，明確な数字，すなわち貨幣額で表示できるものでなければなりません。また，この資産を固定資産と流動資産に分けて経理しますが，基準においては通常ワン・イヤー・ルール（1年基準，one year rule）が適用されます。要するに，貸借対照表作成日より起算して1年以内に資金化される短期資産のことを流動資産，1年以上にわたり固定化される長期的資産のことを固定資産と呼ぶのです。ただし，有形固定資産については，その使用年数が相当期間経過して，耐用年数1年未満になっているものであっても，現に使用中のものは固定資産に含まれます（会計基準別表第3）。

　なお，平成25年会計基準の適用により，固定資産は「有形固定資産」，「特定資産」，「その他の固定資産」の3つの中科目に分類されることになりました。

(イ) 負　債

　負債とは，将来，現金，預金などの資産によって返済しなければならない債務であって，資産と同様にワン・イヤー・ルールにより固定負債と流動負債とに区分されます。入学金等前受金は，その性質からみて当然流動負債に属します。

(ウ) 純資産（基本金など）

　資産から負債を差し引いた金額が，純資産であることは既述のとおりです。簿記ではこの純資産のことを資本（Capital）と呼ぶこともありますが，学校法人会計ではこのような資本概念はありません。

　学校法人会計での純資産（Net Worth）は，学校法人が継続して保持すべき

財産の額を表わす「基本金」と,当該年度までの事業活動収入と事業活動支出との差額であるところの「繰越収支差額」に区分されます。これを図表で表わせば次のとおりです。

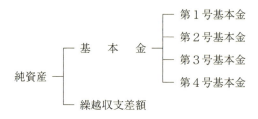

(3) 事業活動収支計算と複式簿記

複式簿記の原理については複式簿記の基礎的ルールでふれましたが,そこでは資金収支取引を中心として説明しました。しかしながら,ここに新たに登場した事業活動収支計算と財産計算をも含めた複式簿記の原理を説明する必要が生じてきました。事業活動収支計算については前に述べているように,企業会計の損益計算概念を導入したものですから,その詳細は一般の簿記参考書に譲ることにして,複式簿記と事業活動収支取引との関連を要約して述べることにします。

支払資金の増加,減少については,仕訳にあたり増加は借方,減少は貸方に記入することはすでにふれました。この支払資金の増加,減少とからめて,事業活動収支と財産の取引に関する仕訳の法則を考えてみましょう。ただし,下記の取引のうち資金の受払いに関する取引は,前節に述べた「資金収支月計表」から一括転記する場合であれば不要となります。

【取引例】
① 教室に設置する机,椅子100,000円を現金にて購入した(資金取引)。

(借) 教育研究用機器備品　　100,000　　(貸) 現　金　　100,000
　　 (資産の増)　　　　　　　　　　　　　　(資産の減)

② 銀行より賞与資金として2,000,000円の借入れをし，当座預金に入金した（資金取引）。

(借) 当座預金 2,000,000　　(貸) 借入金 2,000,000
　　（資産の増）　　　　　　　　　（負債の増）

③ 授業料55,000円を現金にて収納した（資金取引）。

(借) 現金 55,000　　(貸) 授業料 55,000
　　（資産の増）　　　　　　（事業活動収入の増）

④ 期末決算において設備助成金500,000円を基本金に組み入れた（非資金取引）。

(借) 基本金組入額 500,000　　(貸) 基本金 500,000
　　（事業活動収入の減）　　　　　　（基本金の増）

このうち，①にあげた取引例によって帳簿記入例を示すと，教育研究用機器備品の口座の借方に100,000円，現金口座の貸方に100,000円と転記することを指しています。ただし，資金取引と二重仕訳になり効率的ではありません。

（借　方）	（貸　方）
教育研究用機器備品　100,000	現　　　金　100,000

教育研究用機器備品（資産）	現　金（資産）
→ 現金にて 100,000	備品購入 100,000 ←

〔仕訳法則・取引の8要素〕

以上の各仕訳例からみて，おのずから次のような仕訳法則が生じます。

① 資産……………………増加は借方，減少は貸方
② 負債……………………減少は借方，増加は貸方
③ 純資産(基本金等)………減少は借方，増加は貸方
④ 事業活動収入……………減少は借方，増加は貸方
⑤ 事業活動支出……………増加は借方，減少は貸方

そこで，①から⑤までの各取引要素に属する勘定口座の記帳原則をT字型で示すと次のとおりです。

資　産		負　債		基本金等	
増　加	減　少	減　少	増　加	減　少	増　加

事業活動収入		事業活動支出	
減　少	増　加 （発　生）	増　加 （発　生）	減　少

（4） 総勘定元帳の必要性

① 総勘定元帳とは

　事業活動収支と財産に属する勘定口座の記帳は，総勘定元帳という主要簿で記録，計算します。資金収支計算における資金収支元帳は，すべての資金収入および資金支出の口座を設けて記録，計算したものですが，さらに総勘定元帳においてもすべての事業活動収入，事業活動支出，資産，負債ならびに基本金などに属する勘定口座を設定し記録しなければなりません。そこに2系統の帳簿組織が派生してくるのです。

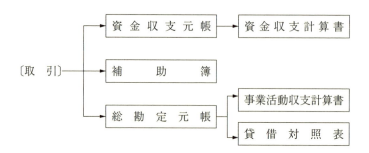

　資金収支に属する勘定口座と総勘定元帳に属する勘定口座には，その大部分の記録が同一の取引から記帳されます。すなわち，それぞれの取引について，そのつど，この2系統の帳簿に記録することは事務的に大変な労力を要します。そこで，個々の取引はこれらの帳簿のいずれかに記録し，他の系列の帳簿には科目別に集計した金額を合計転記によって一括記帳することが事務省力化につ

ながります。この合計転記の方法には次の2通りの方法があります。
- 資金収支元帳の記帳を行い，日計表または月次試算表などを利用して総勘定元帳に合計転記する方法
- 総勘定元帳の記帳を行い，月次試算表などを利用して資金収支元帳に合計転記する方法

現在では，大部分の学校法人は，コンピュータシステムを導入しており，専用ソフト開発会社の「学校会計ソフト」が利用されています。若干，企業会計のビジネスソフトを利用している法人もみられますが，予算統制上や資金収支の流れを知るためと同時に事務の効率化を図るために学校会計専用のソフトを利用することが必要でしょう。

総 勘 定 元 帳

月	年日	摘 要	伝番又は仕丁	借 方	貸 方	借又は貸	残 高

② **総勘定元帳の記帳と口座の設けかた**

総勘定元帳の口座の並べかたにはとくに一定のルールはありませんが，一般的には次のような順序によります。

(イ) 資産に関する科目……固定資産から流動資産までの各小科目順
(ロ) 負債に関する科目……固定負債から流動負債までの各小科目順
(ハ) 資産に関する控除引当金の科目……減価償却累計額（建物，備品などを区分），徴収不能引当金の各小科目順
(ニ) 純資産に関する科目……第1号基本金，第2号基本金，第3号基本金，第4号基本金，繰越収支差額の各小科目順
(ホ) 事業活動収入に関する科目……授業料から基本金組入額までの各小科目順

(ハ) 事業活動支出に関する科目……教員人件費から徴収不能額までの各小科目順

総勘定元帳の以上の各科目の主なる記帳例を示すと次のとおりです。

〔資産科目の例〕

教育研究用機器備品

月	年日	摘要	伝番	借方	貸方	借/貸	残高
4	1	前期繰越	✓	230,000		借	230,000
5	10	××購入	20	50,000		〃	280,000

(注) 上記の5月10日購入分は資金収支の月計から一括転記した場合は,「5月31日,資金収支月計」と記入,以下同じ。

〔負債科目の例〕

預り金

月	年日	摘要	伝番	借方	貸方	借/貸	残高
4	1	前期繰越	✓		180,000	貸	180,000
	10	源泉税支払	23	180,000		✓	0
	25	源泉税預り	51		190,000	貸	190,000

〔基本金,繰越収支差額科目の例〕

基　本　金（各号別に設けること）

月	年日	摘要	伝番	借方	貸方	借/貸	残高
4	1	前期繰越	✓		2,500,000	貸	2,500,000
3	31	当期組入高	98		820,000	〃	3,320,000

繰越収支差額

月	年日	摘要	伝番	借方	貸方	借/貸	残高
4	1	前期繰越	✓	740,000		借	740,000
3	31	当期差額	99		290,000	〃	450,000

(**注**) 借方側は，繰越収支差額のマイナス，貸方側は繰越収支差額のプラスを表わす。

〔事業活動収入の例〕

授 業 料

年月日		摘要	伝番	借方	貸方	借/貸	残高
月	日						
4	30	当月分合計	✓		880,000	貸	880,000
5	31	〃	✓		900,000	〃	1,780,000

〔事業活動支出の例〕

教 員 人 件 費

年月日		摘要	伝番	借方	貸方	借/貸	残高
月	日						
4	30	当月分合計	✓	210,000		借	210,000
5	31	〃	✓	230,000		〃	440,000

③ 月次試算表の作成

総勘定元帳からの月次試算表の作成は，資金収支元帳からの作成要領と同じです。ここでは月次試算表の作成例をあげます。

合計残高試算表

借方		元丁	勘定科目	貸方	
残高	合計			合計	残高
500,000	500,000	1	土　　　　地		
340,000	340,000	2	建　　　　物		
85,000	85,000	3	機　器　備　品		
120,000	120,000	4	有　価　証　券		
210,000	2,170,000	5	現　金　預　金	1,960,000	
	50,000	6	未　収　入　金	50,000	
	150,000	7	借　　入　　金	200,000	50,000
	45,000	8	未　　払　　金	75,000	30,000
	760,000	9	前　　受　　金	760,000	
		10	基　　本　　金	585,000	585,000
		11	授　　業　　料	1,250,000	1,250,000
		12	入　　学　　金	980,000	980,000
		13	補　　助　　金	200,000	200,000
880,000	880,000	14	人　　件　　費		
940,000	965,000	15	諸　　経　　費	25,000	
20,000	20,000	16	借　入　金　利　息		
3,095,000	6,085,000			6,085,000	3,095,000

4．資金収支と事業活動収支とのつながり

（1）資金収支と事業活動収支の違い

　資金収支計算と事業活動収支計算のそれぞれの実務について説明しましたが，この両者は学校法人の諸活動を違った面から表示していることに学校法人会計の特色が表れています。資金収支計算の目的は，学校法人の支払資金のすべての内容と資金のてん末を表わすことです。一方，事業活動収支計算の目的は，「教育活動，教育活動外，その他の活動」の3つの活動別に事業活動収入と事業活動支出の内容を明らかにするとともに，基本金組入額を控除した後の当年

度の事業活動収入および事業活動支出の均衡の状態を明らかにすることです。

この２つの異なった系列の計算書類を，複式簿記の原則によって有機的に結合できるように工夫することが必要とされます。

そのため，前述したように資金収支計算は「資金収支元帳」を中心とした帳簿組織により，また事業活動収支計算は「総勘定元帳」を中心とした帳簿組織によって作成することが合理的です。しかし，この２つの帳簿に１つひとつの取引を記録していたのでは大変な手数と労力が伴います。たとえば，次の取引を２つの系列に分けて仕訳してみましょう。この方式は一般に利用しにくいので参考までに見ておいてください。

【設例１】
授業料10,000円を現金で収納する。
① 資金収支取引
　（借）現　　　　金　　　　10,000　　　（貸）授 業 料 収 入　　　10,000
② 事業活動収支取引
　（借）現　　　　金　　　　10,000　　　（貸）授　　業　　料　　　10,000
　(注)　この取引は，通常の学生生徒納付金収入に関する取引ですから，両者の仕訳にほとんど違いはなく，資金取引では単に○○○収入となるだけですから，通常は「授業料」という科目で仕訳すれば足ります。

【設例２】
土地5,000,000円を取得し，小切手を振り出して支払う。
① 資金収支取引
　（借）土　地　支　出　　　5,000,000　　（貸）当　座　預　金　　5,000,000
② 事業活動収支取引
　（借）土　　　　地　　　　5,000,000　　（貸）当　座　預　金　　5,000,000

【設例３】
決算において減価償却費3,200,000円を計上する。
① 資金収支取引
　　仕訳なし。

② 事業活動収支取引

（借）減価償却額　3,200,000　　（貸）××減価償却累計額　3,200,000

この2つの違った目的をもつ仕訳について，資金収支元帳と総勘定元帳とにいかに簡略化し，しかも明確に記帳することができるかということが学校法人の複式簿記の大きな課題です。この2つの系列は次の図のような構造で記録され，各計算書類の作成が行われなければなりません。

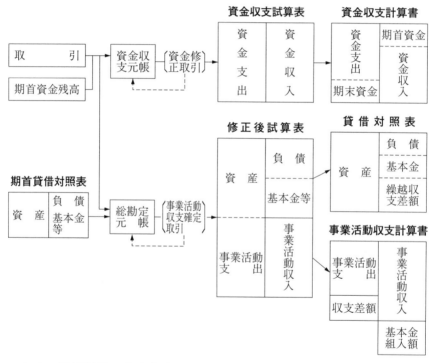

（2） 帳簿記録の省略方法

資金収支取引の記録と事業活動収支取引の記録とを，そのつど両者の帳簿に転記していたのでは大変な労力がかかるので，この省略化について説明してみましょう。

学校法人で生ずる取引は，授業料収入や入学金収入などの資金収入，人件費や諸経費などの資金支出が多いです。これらの取引は比較的頻繁に生じ，しかも同時に事業活動収支取引にもなります。このような点から考えれば，事業活動収支か資金収支のどちらかの記録は省略し，省略した側には一括転記することが合理的です。つまり，資金収支元帳か総勘定元帳のどちらか一方には日常の取引を詳細に記帳し，記録を省略した帳簿には他の帳簿から一括して合計転記を行えばよいのです。この場合，いずれの帳簿を主体とするかは，学校法人の経理状況などの実情によって違ってきますが，予算管理上の目的から考えて資金収支元帳の記録を中心とし，総勘定元帳に合計転記することが段階的に自然であると思われます。そこで，ここでは資金収支元帳の記録から総勘定元帳に転記する仕組みを紹介します。なお，現在は多くの学校で学校会計ソフトを導入しているため，資金収支元帳から総勘定元帳への転記は自動化されているのが一般的です。

① **直接転記法**
　資金収支元帳の各勘定口座の貸借合計金額を，そのまま，日計または月計ごとに総勘定元帳に転記する方法です。
　この場合に注意すべき点は，資金収支で使用する勘定科目を総勘定元帳の勘定科目に読み替えて転記することです。たとえば，次のように読み替えますが，これはそう難しいことではありません。

```
     資金収支科目          総勘定元帳科目
  （借 入 金 収 入）   →  （借   入   金）
  （借 入 金 返 済 支 出） →  （借   入   金）
  （図   書   支   出）   →  （図       書）
  （建   物   支   出）   →  （建       物）
  （前期末未収入金収入） →  （未  収  入  金）
  （前期末未払金支出）  →  （未   払   金）
```

〔一括転記の第1例〕

(資金収支元帳)　　　　　　授 業 料 収 入　　　　　　　　　　　No. 18

月	日	摘　　要	伝番	借　方	貸　方	借/貸	残　高
4	10	現　　　金	15		200,000	貸	420,000
	20	現　　　金	30		220,000		
	30	4月分計	総40		420,000		

(総勘定元帳)　　　　　　授　業　料　　　　　　　　　　　　　No. 40

月	日	摘　　要	伝番	借　方	貸　方	借/貸	残　高
4	30	資金収支合計	資18		420,000	貸	420,000

(注) 帳簿の伝票番号欄は，資金収支元帳には「総40頁へ」と，総勘定元帳に「資18頁より」という意味の記入をし，転記の終了を表わしている。

② 資金収支月計表による間接転記法

　現金，当座預金などの支払資金月計表などを利用して合計転記する方法ですが，通常「資金収支月計表」によって一括転記するのが合理的です（事例D方式，36頁参照）。この場合には，下記のように各月分および累計残高欄を設け，各月合計を転記します（文部省通知の様式，本章2.（5）参照）。

〔一括転記の第2例〕

資金収支月計表　　　　　　　　　　5月31日

借方		丁数	科目	貸方	
5月分	累計残高			5月分	累計残高
		1	授業料収入	2,310,000	6,500,000
		2	寄付金収入	500,000	500,000
		3	借入金収入	300,000	1,000,000
600,000	1,200,000	4	人件費支出		
450,000	880,000	5	諸経費支出		
3,000,000	3,000,000	6	土地支出		
20,000	120,000	7	前期未払金支出		
		8	期首資金残高		400,000
3,110,000	8,400,000	9	現金預金	4,070,000	5,200,000
7,180,000	13,600,000			7,180,000	13,600,000

↓（科目別合計転記）　　　　　　　　　↓（科目別合計転記）

（総勘定元帳）　　　　人件費支出

月	日	摘要	伝番	借方	貸方	借/貸	残高
4	30	4月分計	×	600,000			
5	31	5月分計	×	**600,000**		借	1,200,000

↑（合計転記）

5．仕訳から記帳までのまとめ

（1）　2系統方式の場合

　以上，資金収支計算，事業活動収支計算の大略を説明しました。次に，最も一般的に利用されている2系統方式によって，その手順を示してみましょう。はじめての方は次の番号に従って記帳を行うようにしてください。

① 資金収支元帳と支払資金出納帳の作成

市販の元帳用紙を利用して，まず「資金収支元帳」を作成します。その帳簿に授業料をはじめとして資金収入科目，資金支出科目を順序よく口座を設けてください。次に現金出納帳，諸預金出納帳などの支払資金出納帳を用意します。

② 資金収支取引の記帳

資金の収入および支出の取引が生じたつど伝票を作成し，資金収支元帳，出納帳に借方，貸方を間違いないように転記します。

③ 資金収支月計表の作成

毎月末までの記帳が終了したら，その帳簿残高を「資金収支月計表」に移記して，合計が借方と貸方で一致したかどうかを確かめてください。また，予算残高欄も設け，予算実施状況を検討することも大切です。

④ 総勘定元帳の作成と開始記入

次に「総勘定元帳」として市販の元帳用紙を利用し（システム利用の場合も含む），資産，負債，純資産，事業活動収入，事業活動支出の各科目順に口座を設けます。各口座のうち，資産，負債，純資産の口座については，前年度の繰越残高（貸借対照表の金額）を4月1日付けで記入します。

⑤ 総勘定元帳の記帳

総勘定元帳に，取引のつど記帳することは労力の二重負担になります。そこで，資金収支の当月分計を月計表などを利用して，月次合計転記を行います。

⑥ 月次試算表の作成

毎月の総勘定元帳の記帳が終了したら，月末現在の帳簿の合計または残高を

集合した「月次試算表」を作成し，転記の誤りがなかったかどうかを検証します。

⑦　決算修正記入

決算修正記入には，①資金収支に関係あるものと，②総勘定元帳のみに関係あるものとを区分して修正仕訳を行います。

(イ)　資金収支元帳の修正……期末未払金（手形債務も含む），期末未収入金（手形債権も含む）の追加記入を行い，前受金，前払金の記帳について点検を行います。この修正記入は，総勘定元帳にも一括転記することを忘れてはいけません。

(ロ)　総勘定元帳の修正……現物寄付の追加計上，資産売却収入の整理，補助活動に関する在庫の調整，減価償却額の計上，退職給与引当金の取崩しと繰入れ，資産処分差額の整理，徴収不能額の計上，徴収不能引当金の設定，基本金の組入れなどについて，決算修正伝票を作成し，総勘定元帳のみに転記するとともに精算表も作成します。

⑧　帳簿の締切

資金収支元帳，総勘定元帳，現金出納帳などの補助簿の締切り記入を行います。

（2）　1系統方式の場合

この方法は，資金収支元帳または総勘定元帳のいずれかを省略する簡便法です。簡便法といっても，学校会計のしくみをよく理解していないと，かえって混乱するおそれがありますから，はじめて学校会計を導入する場合は，前述した2系統方式が望ましく，しかも，本章4．（2）②で示した「資金収支月計表による間接転記法」（98頁）が実務的です。

（3） 学校会計ソフト利用の場合

　近年，大規模法人から小規模法人に至るまで，大部分が学校会計ソフトを利用しています。大規模法人では，ソフト開発に数千万円から数億円まで要していますが，最近の著しいIT技術の進展によって大規模法人を除きパソコン単体またはネットワーク環境を低価額で利用できるようになりました。

　幼稚園法人では月額1万円台〜，中規模法人では月額2万円台〜の利用料で資金収支計算，事業活動収支計算，貸借対照表計算および計算書類，各種明細書作成まで可能となっています。

　また，最近は情報技術の発展によりクラウド化が進んでいます。クラウドとは，インターネット上のサーバーでソフトウエアやデータなどを保存・利用する仕組みをいいます。クラウドシステムであればデータは堅牢なデータセンターで管理することになるので，災害時でもデータが消える心配もなく，パソコンの載せ換え時にデータの移行も必要なくなります。また，定期的なシステムの更新も自動で行われ，離れた拠点でもリアルタイムに情報収集が可能となり，監査を受けることもできるなど，効率化が図れます。

　現在，会計システム導入を検討中であれば，市場占有率が高く，クラウド運用も10年を超える実績のあるグレープシティ㈱の学校専用パッケージソフト，レーザー＜学校会計＞などを導入することが適当と考えます。

　　（注）　レーザー＜学校会計＞に関する問い合わせ先
　　　　　〒332-0012
　　　　　埼玉県川口市本町4-1-8　川口センタービル3F
　　　　　グレープシティ株式会社
　　　　　TEL　048-222-1200　FAX　048-222-1211
　　　　　http://www.grapecity.com/leyser/

第4章

資金収支計算のすすめ方

1．資金収支計算とは

(1) 資金収支計算の目的

資金収支計算は，「毎会計年度，当該会計年度の諸活動に対応するすべての収入および支出の内容ならびに当該会計年度における支払資金（現金およびいつでも引き出すことができる預貯金をいう。以下同じ）の収入および支出のてん末を明らかにする」ことを目的にしています（会計基準6条）。

① 諸活動に対応するすべての収入と支出

諸活動というのは，年度の教育研究に係る収入と支出で，その年度の実際の収支とは若干異なります。たとえば，翌年度に入学する学生生徒から入学金を前年度の末日までに収入した場合，入学金収入は現実に収入した年度で計上しないで，いったん前受金収入とし，新年度において改めて入学金収入として表示することが必要です。

また，本年度に購入した機器備品の代金が年度末で未払いであったとしても，その年度の活動に属するものですから，その年度の機器備品支出として計上し，未払金を一方で計上することとなります。このように，その年度の収支という

のは，その年度の学校の諸活動に対応する収支を指すことになります。

② 支払資金の流れとてん末

　支払資金とは，会計基準にあるように「現金およびいつでも引き出すことができる預貯金」をいいます。支払資金と一口にいっても会計や経営上の概念では，狭義，広義の解釈がありますが，広義では，運転資金や流動資産と流動負債まで含まれる場合もあり，一律に定義づけができません。会計基準では，その点，現金と預貯金に限定して定義づけを行いました。

　現金とは，通貨が一般的ですが，そのほか，会計上では他人振出の小切手，郵便為替証書，振替貯金払出証書，公社債の利札（期日到来のもの）も含みます。郵便切手を受け取った場合，その金額が比較的多い場合は，現金でなく「貯蔵品」として経理することが必要でしょう（ただし，資金に関係ないので事業活動収支取引となります）。

　預貯金とは，郵便貯金（普通，定期など），普通預金，当座預金，通知預金，定期預金，金銭信託などをいいます。そのうち，たとえば2年間の定期預金については，本来，いつでも引き出すことができないため，支払資金ではなく，長期性預金として区分することが妥当ですが，短期保有の目的を有し，かつ，解約することも考えられる場合には実務上，支払資金に含めることも考えられます。なお，貸付信託は有価証券に該当することに留意してください。

　預貯金であっても，その目的が通常の支払資金に充てるものでなく，特定預金とする場合，たとえば，退職金の準備のための預金として「退職給与引当特定預金」を設定するときは，仕訳は，（借方）「退職給与引当特定預金繰入支出」とし，支払資金とは別に切り離して管理しなければなりません。

（2） 資金収支調整勘定

　資金収支計算の目的は，①1年間の教育研究活動に対応するすべての収入お

よび支出を明らかにすること，②その年度の支払資金のてん末を明らかにすることです。

その年度の諸活動に伴う収支と資金のてん末（残高）との関係は一致しません。翌年度に入学する学生生徒等からの入学金収入等は翌年度の入学金等であり，収入した年度では前受金収入になるからです。一方，当年度の入学金等というのは前年度の前受金を加算しなければ，在学生に対応する収入を明らかにできません。また，当年度に取得した機器備品，図書等でも年度末において未払分がある場合，その未払金も加えなければ正しい機器備品支出等を明らかにできません。

このように，当年度の活動に対応する収支関係と支払資金残高の整合性を保つために，資金収入調整勘定および資金支出調整勘定が必要となります。

① 資金収入調整勘定

資金収入科目で注意するところは，当年度に現金や預金で収入されたものだけではなく，前年度に収入した本年度入学生からの入学金などの前受分も含める点です。たとえば，次頁の資金収入科目でみると，前年度に入金した入学金など120,000円は当年度の資金収入ではありませんが，その年度の在学生にかかわるものですから，当年度の実際収入額80,000円に加えて200,000円が当年度の入学金収入になります。その代わりに，「資金収入調整勘定」という科目で，前期末前受金△120,000円として差し引き，現金預金の残高と一致させるようにしています。また，当年度中に収入した翌年度入学予定者の入学金など150,000円は前受金収入として表示します。

授業料などの年度末未収入分（滞納分）30,000円は，上記と反対に，当年度の収入ではなくても，授業料収入に加えると同時に，「資金収入調整勘定」で期末未収入金としてマイナスで表示します。

以上より，資金収入調整勘定は，「前期末前受金」および「期末未収入金」

の2科目から構成されることがわかります。

＜資金収入科目＞

収入の部		
大科目（小科目）	金額例（円）	説　　明
学生生徒等納付金収入		
授業料収入	100,000	……｛当年度入金分　　70,000 / 年度末未収分　　30,000｝
入学金収入	200,000	……｛前年度入金分　　120,000 / 当年度入金分　　80,000｝
（以下小科目省略）		
手数料収入	10,000	
寄付金収入	50,000	
補助金収入	30,000	
資産売却収入	50,000	
付随事業・収益事業収入		
受取利息・配当金収入		
雑収入		
借入金等収入	40,000	
前受金収入	150,000	…… 翌年度入学生からの収入
その他の収入	20,000	
資金収入調整勘定	(△150,000)	
前期末前受金	△120,000	…… 前年度入金分
期末未収入金	△30,000	…… 当年度末未収分
前年度繰越支払資金	90,000	

←────── 当期の資金収入　　500,000円 ──────→				
翌年度前受金の入金　150,000	前年度末の未収入金の入金　20,000	その他資金収入　330,00	前年度入金済の前受金　120,000	当年度末の未収入金　30,000

　　　　　　　　　　　|←── 当期の活動に対応する入学金，授業料などの収入 ──→|
　　　　　　　　　　　　　　　　　　　　　　　　　　　480,000円

この関係を図解すると上記のとおりで，結果的に前年度入金済の前受金（前期末前受金）120,000円と当年度末の授業料等の未収入金（期末未収入金）30,000円，合計150,000円を資金収入調整勘定といい，当年度の入学金収入，授業料収入に加算するとともに，資金収入調整勘定として減算（△150,000円）することにより繰越支払資金残高と一致させます。

この場合の仕訳は，次のとおりです。

（借）前 期 末 前 受 金　　120,000	（貸）入 学 金 収 入　　120,000
（借）期 末 未 収 入 金　　 30,000	（貸）授 業 料 収 入　　 30,000

②　資金支出調整勘定

資金支出科目についても，資金収入と同様に，当年度中に支払っていなくても，本来，当年度の支出に加えるものは「資金支出調整勘定」を用いて修正します。たとえば，消耗品費のうち当年度支払った額が20,000円，年度末の未払分が15,000円であった場合，消耗品費支出は35,000円と表示し，資金支出調整勘定の「期末未払金」で△15,000円とマイナスすることになります。また，前期に支払済の前払金10,000円を当年度の経費等に振り替える場合も「前期末前払金」として調整します。

以上より，資金支出調整勘定とは，「期末未払金」および「前期末前払金」をいいます。そのほか，年度末に支払手形を振り出した場合には，該当科目（たとえば，建設仮勘定支出，機器備品支出，車両支出等）に計上するとともに「期末手形債務」として資金支出調整勘定に含めます。

この関係を図解すると次頁のとおりになります。資金支出調整勘定は，当年度末の未払金15,000円と前年度において支払済の前払金10,000円との合計25,000円が該当します。この25,000円は当年度の経費支出，機器備品支出等に加算するとともに，資金支出調整勘定として減算（△25,000円）することにより年度末の繰越支払資金と一致させることができます。この場合の仕訳を示す

と次のとおりです。

　　　（借）消耗品費支出　　　15,000　　　（貸）期末未払金　　　15,000
　　　（借）旅費交通費　　　　10,000　　　（貸）前期末前払金　　10,000
　　（注）　前年度に支払った前払金10,000円は，当年度の出張費の前払分と仮定した。

＜資金支出科目＞

支出の部		
大　科　目（小科目）	金　額　例（円）	説　　　　明
人　件　費　支　出	200,000	
教員人件費支出		
職員人件費支出		
（以下小科目省略）		
教育研究経費支出		
消　耗　品　費　支　出	35,000	…… { 当年度支払分　　20,000 / 年度末未払金　　15,000
旅　費　交　通　費	27,000	…… { 当年度支払分　　17,000 / 前年度前払分　　10,000
管　理　経　費　支　出	100,000	
借入金等利息支出		
借入金等返済支出		
施　設　関　係　支　出	80,000	
設　備　関　係　支　出		
資　産　運　用　支　出		
そ　の　他　の　支　出	33,000	
（予　　　備　　　費）		…… 予備費は予算科目
資金支出調整勘定	（△25,000）	
期　末　未　払　金	△15,000	…… 消耗品未払分
前　期　末　前　払　金	△10,000	…… 前年度旅費前払金
翌年度繰越支払資金	140,000	

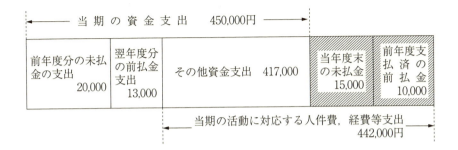

③ 支払資金のてん末

以上の資金収入調整勘定と資金支出調整勘定の整理により，資金収入科目合計は500千円，資金支出科目合計は450千円となり，その結果，当年度末の資金残高は140千円となります（A式）。また，収入，支出それぞれの合計は590千円となります（B式）。

期首資金残高 90	＋	当期資金収入 500	－	当期資金支出 450

＝ 期末資金残高 140 …… A式

期首資金残高 90	＋	当期資金収入 500	＝	合計 590
当期資金支出 450	＋	期末資金残高 140	＝	合計 590

…… B式（合計）

④ 活動区分資金収支計算書に関する調整勘定等の注記事項

平成25年会計基準から「活動区分資金収支計算書」が導入されました（詳細は第5章参照）。

活動区分資金収支計算書は，「教育活動による資金収支」，「施設整備等活動による資金収支」，「その他の活動による資金収支」の3つの活動ごとに収入と支出の差額を計算してから，活動ごとに資金収入調整勘定および資金支出調整勘定を考慮して収支差額を記載します。活動ごとの資金収入調整勘定および資

金支出調整勘定を記載するためには，資金収支計算書で計上されている資金収入調整勘定および資金支出調整勘定を3つの活動に分解して，各活動に割り当てる必要があります。分解された資金収入調整勘定および資金支出調整勘定は「調整勘定等」と呼ばれ，それぞれの活動の収入と支出の差額（差引）の次に表示します。この調整勘定等は，各活動で一括表示されることになるため，活動区分資金収支計算書上では項目別の内訳がわかりません。そこで，活動区分資金収支計算書の末尾に「活動区分ごとの調整勘定等の加減の計算過程の注記」を設けて，資金収支計算書の計上額と3つの活動ごとの調整勘定等との対応関係が把握できるように注記します。

注記例については，第5章2．（4）「調整勘定等」（172頁）を参照してください。

2．資金収入科目

資金収支計算書の大科目は会計基準で定められており，大科目の変更や追加は認められません。小科目については，学校法人の実情に即して追加することが認められています。そのほか，適宜，中科目を設定することもできます。知事所轄学校法人では，都道府県によって小科目の標準例を示している場合もあり，標準例に従って経理することが大切です。

なお，平成25年会計基準の適用により，資金収入科目の大科目の名称が一部変更になりました。従来の資産運用収入の小科目で表示されていた「受取利息・配当金収入」は大科目で表示します。そして，従来の大科目「事業収入」は，「付随事業・収益事業収入」へ変更となります。詳細は後述します。

以下，会計基準の大科目ごとにその具体的取扱いを説明します。

（1） 学生生徒等納付金収入

以下の枠内は「会計基準」の小科目を示しています。

授 業 料 収 入 入 学 金 収 入	聴講料，補講料等を含む。
実験実習料収入	教員資格その他の資格を取得するための実習料を含む。
施設設備資金収入	施設拡充費その他施設・設備の拡充等のための資金として徴収する収入をいう。

① **学生生徒等納付金収入とは**

　学生生徒等納付金収入とは，学生生徒児童園児等に対する教育サービスの対価として徴収するもので，学則や募集要項等において一律に所定の均等額を納入すべき旨を記載されているものが原則ですが，納付金の内容も学校の実情によってさまざまで，会計基準別表第一の4科目だけでなく，たとえば「教材費収入」，「冷暖房費収入」，「図書費収入」などの具体的名称を付した小科目で記載している事例もあります。幼稚園においては，募集要項等に基づいて授業料収入を「保育料収入」，入学金収入を「入園料収入」として差し支えありません。なお，東京都では，記載科目標準例では，従前，学則で記載された校納金のみとされていましたが，近年の教育内容の多様化により「学則」という文言を削除しました（都生活文科2421号，平成16年1月30日）。たとえば，教職課程履修料収入を「実験実習料収入」とする事例があります。

② **個別的問題点**

㋐ **入学辞退者に係る入学金等**

　入学決定にあたり入学金，授業料等を前納した後に，入学を辞退した場合，辞退者から徴収した入学金等は，いったん，前受金収入として処理し，翌年度において他の入学者と同様に「入学金収入」等に振替処理することとなっています（文部省通知，文管振158号，昭和51年4月8日）。また，入学手続時に，授業料，入学金等を一括で払い込み，その後入学辞退して父母等から返還請求が

あった場合は，入学金は入学申込金として収入に計上，その他の納付金は全額返還することと文科省通知（18文科高第536号，平成18年12月28日）が発せられています。したがって，当初の納付金収入は預り金収入および預り金支出として経理します（大阪地裁等その他の判決例）。

　(イ)　校友会費，後援会費，PTA会費等

　これらの収入は，原則として校友会会計等として別途に経理するため，学校法人に帰属すべきものでなく，単に収納事務の代行と考えられます。そのため，「預り金収入」としていったん受け入れ，これを本来の会計に引き渡したときに「預り金支出」として経理するのが妥当です。

　校友会・PTA会などの団体はみなし法人とされ，学校会計とは異なる収支決算を作成します。そして構成員が集まって会員総会が開催され（通常は年1回），承認決議が行われます。これらの団体は学校から独立した組織体ですが，活動内容については学校の運営と密接に関係することも多く，事務手続等は学校で代行しているのが一般的です。学校の経理担当者は，これらの団体の決算書類を必ず入手して，継続的に保存してください。

　なお，会則等が十分でなく，かつ，役員選出や決算報告も行われていないような場合は，学校法人に重大な管理責任が生ずるので注意しなければなりません。

　(ウ)　授業料等の減免

　学校法人で学生生徒等の授業料や入学金などの全部または一部を減免した場合，原則として納付金たる「授業料収入」等は減免前の総額を計上します（日本公認会計士協会学校法人委員会報告（以下「JICPA報告」という）30号，昭和58年3月28日）。その減免が行われた理由によって次の2つの会計処理を採用します。

　(i)　成績優秀者等に対する減免

　成績優秀者，スポーツ等技能優秀者，兄弟姉妹進学者等に対する減免は，その減免額を「教育研究経費支出」の「奨学費支出」で処理します。ただし，休

学者に対する授業料等の減免については休学期間中，とくに教育サービスを提供していないため減免分を処理する必要はありません。

(ⅱ) 教職員の子弟に対する減免

教職員（役員を含む）の子弟の入学にあたり授業料等を減免または一部減額した場合，「教員人件費支出」，「職員人件費支出」または「役員報酬支出」で処理します。人件費支出内訳表においては，本務の教員，職員に係るものは「その他の手当」に含めます。兼務教職員または役員については，その給与または報酬に含めて記載します。なお，大学附属高校が独立した法人であり，その高校の教職員の子弟の入学金等の減免があった場合，その減免分については当該教職員への給与とみなされます。

(エ) 補助金による授業料負担軽減

都道府県の一部において，経常費助成の一部を授業料の軽減に充てるよう指導している場合があります。この場合，①通常の授業料をそのまま納付させ，次に軽減補助金を父母に返還するケースと，②軽減分に相当する授業料を徴収しないケースとがあります。補助金による軽減は，いったん，収入に「補助金収入」が計上され，次いで当該部分を返還するわけですから納付金収入を減額することが適当です。したがって，収入合計では両者が重複しないことになります。その減額方法には，直接減額法（原則的処理方法）と間接減額法があり，その処理は所轄庁の指示に従うことになります（JICPA研究報告第31号，平成27年10月7日）。

幼稚園を対象とする入園奨励費補助金の会計処理については，所轄庁の指示によりますが，一般的には，学費負担軽減補助金の性格上，補助金収入として計上し，その上で納付金収入を減額する方法が正しいでしょう。なお，父母負担軽減という面から，預り金の収入と支出によることもあります。

(ⅰ) **直接減額法の仕訳例**

【設例1】
補助金10,000円が当座預金に入金された。
(借)当 座 預 金　　　10,000　　(貸)××県補助金収入　　10,000

【設例2】
上記のうち2,000円を授業料軽減分として父母に普通預金にて返還した。
(借)授 業 料 収 入　　　2,000　　(貸)普 通 預 金　　　2,000

(ⅱ) **間接減額法による仕訳と決算表示例**

【設例3】
(借)授業料負担
　　軽　減　額　　　2,000　　(貸)普 通 預 金　　　2,000

(決算表示)
```
学生生徒等納付金収入
　授業料収入　　　　　　22,500
　授業料負担軽減額　　　△2,000
　入学金収入　　　　　　×××
```

(オ) **修学旅行費等預り金など**

　修学旅行費等預り金については，通常，学校に管理責任があるので，学校会計に含めて経理します。管理上の都合で特別会計として経理して，学校会計とは別個に経理している場合でも，年度末において学校会計と合併して計算書類を作成することが必要です（JICPA報告24号，昭和53年7月10日）。

　この場合，通常，「預り金収入」，「預り金支出」として経理し，年度末の現預金残高は繰越支払資金とし，貸借対照表では「現金預金」として表示することになりますが，その残高が比較的多額であり，これを区別して表示することが望ましいと判断した場合は，一般の預り金と分離し，貸借対照表の資産の部に「修学旅行費預り金資産（または預金）」，負債の部に「修学旅行費預り金」として表示することもできます。これに準拠するものとして，卒業記念品代や卒業アルバム代などの預り金もあります。

(カ) 実験実習料収入

理系，工業系，高度情報系，美術系，音楽系，医療福祉系などの教科については，実験実習料など一律に徴収するものや，大学が教育上必要な教員資格などを得るための収入が該当します。

(キ) 補講料，聴講料，講座収入など

在学している学生生徒等から徴収する補講料や聴講料は，授業料等の一部と考えられるので「授業料収入」に含めて処理します。しかし，在学者も含め一般の者も対象とした特別講座を設け，その講座料を徴収している場合に，それが正規の教育カリキュラム外であれば，「付随事業・収益事業収入」の部に適当な小科目，たとえば，「講習会等収入」などの科目で表示するのが適当です。

(ク) 附帯教育料収入

専修学校等で，本科生（専修学校，各種学校等で所定のコース修了者，いわゆる1年コース～3年コースなど）の授業以外の別科で，3カ月修了，6カ月修了等の附帯教育（原則として日曜日を利用しない週で週2回以上で，かつ，1カ月以上の所定のカリキュラム修了生）を行う場合，都道府県により学則記載事項で，変更認可を受けているものは，本来の教育の一環として「学生生徒等納付金収入」のうちの小科目に「附帯教育料収入」として納付金収入のうちの小科目の末尾に記載する方式が一般的です。ただし，都道府県では科目が指定されている場合がありますので，所轄庁等の指示に従ってください。

また，法人税，消費税法等の取扱い，たとえば法人税法上の技芸教授業に該当した場合などは課税されますので留意してください。

(ケ) スクールバス費，寮費，給食費など

スクールバス維持費収入，寮費収入，給食費収入などは，すべての在籍者に対する教育サービスの対価とは考えられず，教育活動の補助的収入であるため，「付随事業・収益事業収入」の「補助活動収入」とするのが適当です。ただし，全寮制教育などの目的で寮や給食が教育の一環として行われている場合，その

代価を原則として在学生すべてから徴収しているときは,「納付金収入」の一部と考えられる場合もあります。教材費,給食費などで学則に記載している場合は,大科目「学生生徒等納付金収入」のうち,具体的な小科目で表示します。

(コ) **編入生に対する入学金の免除**

同一法人内の短大から大学へ編入した場合,学則記載により入学金を免除している学校がありますが,短大入学時にすでに入学金を受領しているため,再度入学金を収受するのは合理的ではないと考えられます。そのため,入学金の減免として奨学費支出を計上しないのが一般的です。

(サ) **大学院入学時の入学金免除**

同一法人内の大学から大学院に進学する場合,大学入学時に入学金を受領しているため,大学院進学時の入学金は免除している学校がありますが,これは内部進学であると考えられます。そのため,すでに入学金は受領していると考えられるため,入学金の減免とする必要はありません。

(2) 手数料収入

入学検定料収入	その会計年度に実施する入学試験のために徴収する収入をいう。
試験料収入	編入学,追試験等のために徴収する収入をいう。
証明手数料収入	在学証明,成績証明等の証明のために徴収する収入をいう。

① 手数料収入とは

手数料収入は,教育研究活動上,附帯的に学生生徒等から徴収する手数料をいいます。学生生徒等以外から徴収する手数料,たとえば物品販売業者から受け取る販売手数料などは,ここには該当せず,「付随事業・収益事業収入」の「補助活動収入」に含まれます。

② 個別的問題点

㈦ 入学検定料の帰属年度

入学検定料は，入学試験を行う日の年度の収入とします。入学試験合格者が入学する年度は通常，翌年度となりますが，入学試験業務は入学日の前年度で行われ，その業務の対価として徴収するものですから，収入したときに「入学検定料」として経理すればよいわけです。

㈧ ネット出願や複数回受験による割引

近年，私立大学を中心にホームページ専用画面から出願できるシステムを導入している学校が増えています。ネット出願のメリットとして，検定料を割引している場合がありますが，通常の出願料より割引した金額で受領したときは入金額をもって入学検定料を計上することが一般的です。

また，複数回受験による割引も同様に，入金額をもって入学検定料を計上することが望ましいです。

（3） 寄付金収入

特別寄付金収入	用途指定のある寄付金をいう。
一般寄付金収入	用途指定のない寄付金をいう。

① 寄付金収入とは

寄付金収入とは，金銭その他の資産を寄贈者から贈与されたもので，補助金収入とならないものをいいます（JICPA研究報告第31号，平成27年10月7日）。

寄付金収入は，寄付者から用途を指定されたもの，または用途を指定して募集したものかどうかにより2つの科目に大別します。用途指定のある寄付金を「特別寄付金収入」，用途指定のないものを「一般寄付金収入」といいます。財務大臣の認定した事業に係る特定寄付金や日本私立学校振興・共済事業団の認

定した事業に係る受配者指定寄付金などを受け入れた場合は,「特別寄付金収入」とすることは当然です。また,後援会や同窓会から使途を指定された寄付金についても同様です。特定公益増進法人の認可を受け,受け入れた寄付金は,その募集目的により「一般」か「特別」かに区分します。

寄付金は,学校法人の現金預金として収受した段階で収入するので,未収入金を計上することはできません。たとえば,前期の受配者指定寄付金が当該法人のために日本私立学校振興・共済事業団の指定した預金口座に入金されても学校法人の口座には未入金ですから,その段階で寄付金の未収を計上することができません。

金銭等資産のほか,現物で受け入れた寄付金,たとえば機器備品や図書などは「現物寄付」として経理しますが,資金収支計算においては受入れせず,事業活動収支計算で計上する点に留意してください。

② 個別的問題点
(ア) 入学許可前に受け入れる寄付金

入学許可前において入学を条件として寄付金を受け入れたり,学校債を発行することは,不正入学等のおそれが生ずるので,所轄庁としてはこのようなことのないよう指導しています(14文科高第454号,平成14年10月1日)。このほか,入学を条件として後援会等で受け入れる寄付金や学校債も同様です。

入学許可前とは,入学許可の行われた日以前をいい,入学許可書の日付または入学手続終了日前をいいます。

(イ) 補助金収入との区別

補助金収入とは,国および地方公共団体からの助成金やこれに準ずる団体からの助成金であって,寄付金収入とは異なります。たとえば,設置母体である宗教法人や会社などから建設補助金,人件費補助金という名目で金銭等を受け入れた場合は,補助金収入でなく「寄付金収入」として経理します。

(ｳ)　翌年度入学者等からの寄付金前受分

　入学許可前の寄付金の収受は許可されませんが，例外として，翌年度入学予定の学生生徒等に係る寄付金は，所轄庁の通知等により寄付金の収受開始日が制限されているかどうかにかかわらず，入学許可前（東京都では，入学年度の寄付は許可されません）に収授したものを除き，受領年度においては前受金収入とし，翌年度の事業活動収入とすることができるとされています（JICPA研究報告第31号，平成27年10月7日）。

（4）　補助金収入

| 国庫補助金収入
地方公共団体補助金収入 | 日本私立学校振興・共済事業団等からの補助金を含む。 |

①　補助金収入とは

　補助金収入とは，国または地方公共団体からの助成金をいい，事業団およびこれに準ずる団体からの助成金を含みます（JICPA研究報告第31号，平成27年10月7日）。単に補助金といっても，国や地方公共団体（これに準ずる団体も含む）以外からの収入は寄付金収入に該当します。このうち，地方公共団体とは，都道府県，市町村等をいいますが，具体的な地方公共団体名を付した科目により表示することが望ましいとされています。たとえば，「〇〇県補助金収入」，「〇〇市補助金収入」，国からの補助金である「学術研究振興資金収入」，「日本国際教育協会援助金収入」などの記載科目が妥当です。

②　個別的問題点
(ｱ)　国公私立大学を通じた大学教育改革支援補助金の取扱い

　文科省からの国公私立大学を通じた大学教育改革支援の「特色ある大学教育

支援プログラム（特色GP）」などは「大学改革推進等補助金」により補助される当該補助金は「大学，短期大学及び高等専門学校の長のリーダーシップの下，組織的に行われている教育改革を推進するための事業であって，特に優れた取組として選定された事業」を対象としています。

また，補助事業者については，平成16年度は「大学改革推進等補助金」が「当該事業の代表者である大学等の長及び事業を推進する教職員」として個人を対象としたものでしたが，平成17年度から「大学，短期大学及び高等専門学校の設定者」である学校法人を対象とした機関補助に変更になりました。

したがって，この収入は「（大科目）補助金（収入）」「（小科目）国庫補助金（収入）」に計上するのが妥当です。なお，科学研究費補助金（COEプログラム補助金等も含む）は後述の（11）「その他の収入」を参照してください。

〔留意事項〕

文科省および事業団では，教育の質の維持・向上のため，また，大都市圏の大学で入学定員を上回る学生を受け入れている（大都市圏に学生が集中）状況を受けて，入学定員超過の適正化に関する基準の改正を検討していました。そして，平成27年7月10日，「平成28年度以降の定員管理に係る私立大学等経常費補助金の取扱について（通知）」（27文科高第361号，私振補第30号）を公表しました。この通知には，①私立大学等経常費補助金が不交付となる入学定員充足率（入学定員超過率），②入学定員を上回る学生分の減額等の補助金交付に直結する重要な改正内容を記載しています。詳細は通知を参照してください。

【国公私立大学を通じた大学教育改革の支援】

プログラム名	補助金名	補助対象者	収入科目名
国公私立大学を通じた大学教育改革の支援 (1) 世界的なリーディング大学院の構築等 　① 博士課程教育リーディングプログラム 　② 卓越した大学院拠点形成支援補助金 　③ 情報技術人材育成のための実践教育ネットワーク形成事業 　④ グローバルCOEプログラム	大学改革推進等補助金	大学等の設置者	預り金 （収　入）
(2) 大学教育の充実と質の向上（GP） 　① 大学間連携共同教育推進事業 　② 産業界のニーズに対応した教育 　③ 口蹄疫等家畜伝染病に対応した獣医師育成環境の整備 (3) 地域再生・活性化の核となる大学の形成 　① 地（知）の拠点整備事業（大学COC事業） 　② 大学等における地域復興のためのセンター的機能整備事業 大学教育のグローバル化のための体制整備 (1) グローバル人材育成推進事業 (2) 大学の国際化のためのネットワーク形成推進事業 (3) 大学の世界展開力強化事業 高度医療人材の養成と大学病院の機能強化 (1) 高度医療人材育成機能の充実 　① 未来医療研究人材養成拠点形成事業 　② がんプロフェッショナル養成基盤推進プラン 　③ 基礎・臨床を両輪とした医学教育改革によるグローバルな医師養成 　④ 専門的看護師・薬剤師等医療人材養成事業 　⑤ 周産期医療に関わる専門的スタッフの養成 　⑥ 看護師の人材養成システムの確立 (2) 大学病院の機能強化	大学改革推進等補助金	大学等の設置者	国庫補助金 （収　入）

科学研究費

人文・社会科学から自然科学まで全ての分野にわたり，基礎から応用まであらゆる独創的・先駆的な「学術研究」を対象とする「競争的資金」をいう。	科学研究費助成金	大学等の設置者	預り金 （収　入）

出典：文部科学省

(イ) 利子助成

校舎の老朽化による建替えのために資金借入をする際，利子負担の軽減を図る目的として事業団から利子助成を行う場合がありますが，これは文部科学省からの直接補助となるため，補助金として計上します。

（5） 資産売却収入

施設売却収入 設備売却収入 有価証券売却収入	固定資産に含まれない物品の売却収入を除く。

① 資産売却収入とは

資産の売却収入で固定資産に含まれない物品の売却を除きます。資産とは，不動産や有価証券等をいい，固定資産の範囲に含まれない小額な物品や，固定資産であっても減価償却が終了し簿外資産として取り扱われているもの，たとえば，機器備品でグループ償却を行い，帳簿価額がゼロになっているものを売却した場合は「雑収入」で処理することになります。

また，補助活動事業にかかる棚卸資産や貯蔵品は，固定資産に該当しないので，売却は「補助活動収入」，「雑収入」などの科目で処理します。

② 個別的問題点
(ア) 具体的小科目の表示

計算書類の明瞭性を目的として，なるべく具体的な小科目を設けることが一般的です。たとえば，土地建物を一括して売却した場合は「不動産売却収入」，土地のみを売却した場合は「土地売却収入」，機器備品を売却した場合は「機器備品売却収入」などの科目で表示するのが合理的です。公社債，株式などの有価証券（特定資産を除く）を売却した場合は，単に「有価証券売却収入」と

して処理します。

(イ) 事業活動収支にかかわる売却益と売却損

資産売却収入は資金取引ですから，資金収支の仕訳を行った後，後述する事業活動収支計算において売却損および売却益の計算とそれに基づく仕訳を行う必要があります。

【設例1】

公社債を売却し，有価証券取引税および手数料を差し引き，100,000円が普通預金に振り込まれた（帳簿価額たる取得原価は88,000円）……資金収支元帳に記帳。

| （借）普通預金 | 100,000 | （貸）有価証券売却収入 | 100,000 |

〔上記の取引にかかわる**事業活動収支仕訳**〕……総勘定元帳に記帳。

| （借）有価証券売却収入 | 100,000 | （貸）有価証券 | 88,000 |
| | | 有価証券売却差額 | 12,000 |

【設例2】

機器備品を30,000円で売却し，その代金を現金にて受け取った（教育研究用機器備品の取得価額120,000円，減価償却累計額85,000円）。

| （借）現金 | 30,000 | （貸）機器備品売却収入 | 30,000 |

〔上記の取引にかかわる**事業活動収支仕訳**〕

（借）機器備品売却収入	30,000	（貸）教育研究用機器備品	120,000
機器備品減価償却累計額	85,000		
機器備品売却差額（または処分差額）	5,000		

【設例3】

車両200,000円を購入し，下取額20,000円を差し引き180,000円を当座預金にて支払った（旧車両の取得価額140,000円，減価償却累計額125,000円）。なお，下取額20,000円を売却収入として処理する。

| (借) | 車　両　支　出 | 200,000 | (貸) | 当　座　預　金 | 180,000 |
| | | | | 車両売却収入 | 20,000 |

〔上記の取引にかかわる事業活動収支仕訳〕

| (借) | 車両売却収入 | 20,000 | (貸) | 車　　　　両 | 140,000 |
| | 車両減価償却累計額 | 125,000 | | 車両売却差額 | 5,000 |

　(注)　事業活動収支仕訳は，資金収支元帳に記帳してはいけません。総勘定元帳のみの記帳です。

(ウ)　特定資産たる有価証券の売却

　各種の特定資産に含まれている公社債，株式，債券などを売却したときは，「有価証券売却収入」で処理することが考えられますが，特定資産に含めている有価証券の銘柄，数量等が多い場合，後日の処理がきわめて煩雑になります。そこで，特定資産の売却は「その他の収入」の小科目「○○引当特定資産取崩収入」に区分して仕訳をすることが便宜的です（後述の (11)「その他の収入」を参照）。

(エ)　譲渡費用の処理

　固定資産を譲渡した場合の仲介手数料などの譲渡費用は，教育研究活動とは直接係わりがないため，一般的に「管理経費支出」の小科目「支払報酬手数料支出」などの科目により処理するのが妥当です。

(6) 付随事業・収益事業収入

補助活動収入	食堂，売店，寄宿舎等教育活動に付随する活動に係る事業の収入をいう。
附属事業収入	附属機関（病院，農場，研究所等）の事業の収入をいう。
受託事業収入	外部から委託を受けた試験，研究等による収入をいう。
収益事業収入	収益事業会計からの繰入収入をいう。

① 付随事業・収益事業収入とは

　付随事業・収益事業収入は，学校法人の教育研究活動のうち，付随的に生ずる事業収入で，①学生生徒等の教育活動の補助的活動収入，②設置している附属機関で生ずる事業収入，③外部から研究委託等を受けて行う受託収入，④私立学校法第26条によって寄附行為に記載した収益事業からの繰入収入とに区分されます。また，そのほか，上記に属さない収入を適当な小科目（たとえば「公開講座事業収入」，「生涯学習事業収入」など）を用いて表示することができます。なお，付随事業・収益事業収入は学校会計にすべて含みますが，そのうち，寄附行為上の収益事業会計だけは，特別な会計として学校会計から区分して経理し，その事業から繰り入れられた部分のみが学校会計に計上され，「収益事業収入」として処理されます。

(注)　「受託事業等の会計処理に関するQ&A」JICPA研究報告第5号（平成26年9月3日）参照。

② 個別的問題点

㋐ 補助活動事業

　補助活動事業については，税務上あるいは予算管理上の目的から特別会計として区分経理している場合でも，私学法上の収益事業ではないので，学校会計に合併して計算書類を作成する必要があります。

　計算書類に記載する金額は，収入と支出を相殺しないで総額でもって表示するのが原則ですが，補助活動事業は本来の教育研究活動ではないので，収入，支出を相殺し純額をもって表示する方法も認められています（会計基準5条）。

　総額表示した場合，食堂や売店などの売上原価に属する項目については管理経費の小科目「補助活動仕入支出」で記載しますが，教育目的の寄宿舎については教育研究経費の小科目「補助活動事業支出」などの名称で記載することができます（JICPA実務指針第22号，平成26年9月30日）。

【設　例】
　　売店の教材用品の本日現金売上は40,000円であり，そのほか仕入先に商品代30,000円を現金で支払った。
〔売上金の処理〕
　（借）現　　　　　金　　40,000　　（貸）補助活動収入　　40,000
〔仕入代金の処理〕
　イ　総額表示の場合
　　（借）補助活動仕入支出　　30,000　　（貸）現　　　　　金　　30,000
　ロ　純額表示の場合
　　（借）補助活動事業収入　　30,000　　（貸）現　　　　　金　　30,000
　（注）　純額表示の場合，売上金の処理については，勘定科目名を「補助活動収入」に代えて，「補助活動事業収入」とします。純額表示の場合は，「補助活動事業収入」は結果的に10,000円となり，注記事項になります。

(ｲ)　医療収入

　大学の附属病院における医療に係る収入については，大科目「付随事業・収益事業収入」の中に中科目「医療収入」を設けて処理します。ただし，重要性がある場合，たとえば，大規模な病院などを運営している学校法人では「付随事業・収益事業収入」の大科目の次に，「医療収入」の大科目を設けて処理することができます。

　また，医療業務に要する経費は，「教育研究経費支出」の大科目の中に「医療経費支出」の中科目を設けて処理します。その他の経費については，他の経費と同様，教育研究経費と管理経費に区分されます（「大学の附属病院に係る計算書類の記載方法について（通知）」25高私参第15号，平成25年11月27日）。

(ｳ)　講習会等収入など

　大学などで，在籍している学生生徒等以外の者を対象とするオープンカレッジ，公開講座などを開設し，受講料を徴収している場合は，実態に則して経理します。なお，経費については，社会に開かれた大学等を文科省も奨励してい

るので，教育研究経費のうち，適当な小科目で表示しますが，利益目的のセミナー等の場合は管理経費となることもあります。

(エ) 付随収入

平成12年の文科省と厚生労働省の合意によって，幼稚園と保育園との相互一元化（いわゆる幼保一元化）政策で，保育園を学校法人で行うことができる措置が講ぜられました。保育園は，厚労省の認可基準に基づく認可保育園となり，その取扱いについては，学校法人の学校と併列して部門別区分に「○○保育園」などとして部門表示を行うこととしました（20文科高855号，平成21年2月26日）。ただし，社会福祉事業たる保育園は，「社会福祉法人会計基準」に準拠するため，学校法人会計に適合しません。この場合，付随事業・収益事業収入のうち，「補助活動以外の活動」となり，私見ですが「付随事業収入」または「保育園収入」とするのが適当と考え，また，支出は管理経費の中科目「保育園支出」とするのが望ましいと考えます。会計処理の詳細については，市区町村に照会してください。なお，保育園以外の事業についても，その規模等によって付随事業に該当するものがあります。いわゆる「預かり保育園」は認可外ですから，補助活動に該当すると考えます（第3章1．(4) 51頁参照）。

(7) 受取利息・配当金収入

第3号基本金引当特定資産運用収入	第3号基本金引当特定資産の運用により生ずる収入をいう。
その他の受取利息・配当金収入	預金，貸付金等の利息，株式の配当金等をいい，第3号基本金引当特定資産運用収入を除く。

① 受取利息・配当金収入とは

受取利息・配当金収入は，平成25年会計基準の適用により，大科目として表

示されることになりました。旧会計基準では，大科目「資産運用収入」の小科目として表示していました。

第3号基本金引当特定資産から生じる果実は，小科目「第3号基本金引当特定資産運用収入」で表示されます。

第3号基本金の詳しい説明については第7章3．（1）③に記載していますが，第3号基本金は基金として継続的に保有し，運用することを目的とするものであり，奨学基金や研究基金，海外交流基金等があります。基金から稼得した収入を明らかにして，運用の成果を経営判断に利用することが可能です。

他の小科目として，「その他の受取利息・配当金収入」があります。これは，保有株式から得られる配当金収入や貸付金・預金等から得られる利息収入を表示します。

（8） 雑収入

施設設備利用料収入 廃品売却収入	施設設備利用料収入，廃品売却収入その他学校法人の負債とならない上記の各収入以外の収入をいう。

① 雑収入とは

雑収入は資金収入科目のうち，前述した学生生徒等納付金収入から受取利息・配当金収入までの各科目以外の収入で，学校法人の負債とならないものです。雑収入は廃品売却収入，固定資産に含まれない少額な消耗品の売却収入，減価償却が終了し，しかも帳簿価額がゼロとなった固定資産の売却収入，入学案内頒布収入，退職金団体交付金収入などが該当します。このほか，過年度の修正額で資金収入を伴うものについては過年度修正収入の科目で計上します。なお，過年度の修正額で資金支出を伴う場合は，管理経費支出のうち，過年度修正支出の科目で計上します。

② 個別的問題点
㈦ 退職金団体交付金収入

退職金団体交付金収入については，後述の3．（1）「人件費支出」および第6章1．（7）「退職給与引当金の設定」を参照してください。

㈣ その他の科目

雑収入のうち，とくに金額の大きいものは，その性質を示す小科目，たとえば「入学案内頒布収入」，「移転補償金収入」など具体的な名称を付して処理します。

（9） 借入金等収入

長期借入金収入	その期限が貸借対照表日後1年を超えて到来するものをいう。
短期借入金収入	その期限が貸借対照表日後1年以内に到来するものをいう。
学校債収入	

① 借入金等収入とは

借入金等収入は，上記のように長期借入金，短期借入金，学校債の3科目に区分され，その返済期限が貸借対照表日後1年を超えて到来するものは長期借入金，1年以内に到来するものを短期借入金と呼んでいます。これは会計上のワン・イヤー・ルールによる区分です。学校債は一般に長期的な負債に該当しますが，償還期日が発行年度の末日後から1年以内に到来する学校債を発行したときは短期的負債となります。資金収支計算書では，学校債についてとくに区分をせずに，すべてこの科目だけで処理します。

② 個別的問題点

(ア) 証書借入，手形借入

　借入契約の証書による借入れであっても，約束手形を振り出す手形借入れであっても，すべて，その返済期限によって「長期借入金収入」または「短期借入金収入」に区別します。

(イ) 学校債の発行

　学校債については，とくに私学法上の定義はありません。学校が一定の約定のもとに発行する一種の債務弁済契約証書と解するのが一般的です。したがって，学校債発行簿を備え，発行する学校債には，償還期限，利率，償還方法および償還時に受領がない場合の時効期限などを明記しておく必要があります。ただし，入学を条件とした学校債発行は認められません。

(10) 前受金収入

授業料前受金収入 入学金前受金収入 実験実習料前受金収入 施設設備資金前受金収入	翌年度入学の学生，生徒等に係る学生生徒等納付金収入その他の前受金収入をいう。

① 前受金収入とは

　前受金収入は，当年度の開始前に当年度の諸活動に対応する資金を収入した場合に生ずる科目で，一般的には翌年度入学の学生生徒等納付金収入などがその中に含まれます。そのほかには消耗品その他教材費の前受金収入，スクールバス費前受金収入，補助活動事業に属する寮費前受金収入などがあります。これらの前受金は，翌年度の活動に対応する収入となるものですから，翌年度の期首において入学金収入など正規の科目に振り替えることが必要です。

② 個別的問題点
㈦ 具体的小科目による表示

前受金収入は，その内容を示す具体的小科目によって表示することとされています。一般的な科目例を挙げると次のとおりです。

(i) 学生生徒等納付金の前受金の例
　① 授業料前受金収入
　② 入学金前受金収入
　③ 実験実習料前受金収入
　④ 施設設備資金前受金収入
　⑤ 図書費前受金収入
　⑥ 冷暖房費前受金収入
　⑦ 教材費前受金収入

(ii) 補助活動の前受金の例
　① 寮費前受金収入
　② スクールバス費前受金収入

㈣ 入学検定料や預り金

入学検定料は，翌年度入学希望者から徴収するものですが，その検定作業は収入した年度で行われますから前受金収入には該当しません。収入した時点で「入学検定料収入」として計上します。

PTA会費，後援会会費，生徒会会費で翌年分を前受けした場合は，「預り金収入」となり，前受金では処理できません。

㈤ 入学辞退者に係る前受金

入学辞退者から徴収した翌年度の入学金，授業料などについては，前述の（1）「学生生徒等納付金収入」を参考にしてください。

(11) その他の収入

第2号基本金引当特定資産取崩収入	上記の各収入以外の収入をいう。
第3号基本金引当特定資産取崩収入	
(何)引当特定資産取崩収入	
前期末未収入金収入	前会計年度末における未収入金の当該会計年度における収入をいう。
貸付金回収収入	
預り金受入収入	

① その他の収入とは

　その他の収入は，学生生徒等納付金収入から前受金収入までの各収入科目に含まれない収入で，資産，負債科目の増減をもたらすものをいいます。したがって，事業活動収入の性質をもつものを含めてはならないことになっています。事業活動収入となる収入で，設けられた勘定で処理できない収入があったときは，「雑収入」などの大科目に属する小科目を設けて計上します。

　また，平成25年会計基準の適用により，小科目が一部変更になりました。第2号基本金および第3号基本金引当特定資産への繰入れに係る収入は，小科目で表示します。

　第2号基本金とは，将来取得する固定資産の取得に充当するための資産であり，第3号基本金とは，基金として継続的に保有して運用する資産です（詳細は第7章3．（1）②および③参照）。

　第2号基本金および第3号基本金は，それぞれ目的が異なる資産であるため，収入の科目を分けて資産運用の成果を明確にすることが大切です。

　活動区分資金収支計算書の3つの活動別の収支計算では，第2号基本金は「施設整備等活動による資金収支」の収入に表示され，第3号基本金は「その他の

活動による資金収支」の収入に表示されます。

② **個別的問題点**
㋐ **具体的小科目による表示**
　① 第2号基本金引当特定預金（資産）取崩収入
　② 第3号基本金引当特定預金（資産）取崩収入
　③ 退職給与引当特定預金（資産）取崩収入
　④ 施設設備拡充引当特定預金（資産）取崩収入
　⑤ 減価償却引当特定預金（資産）取崩収入
　⑥ 記念事業引当特定預金（資産）取崩収入
　⑦ 前期末未収入金収入
　⑧ 貸付金回収収入
　⑨ 預り金受入収入（支出と相殺して純額表示でもよい）
　⑩ 仮払金回収収入（支出と相殺して純額表示でもよい）
　⑪ 仮受金受取収入（支出と相殺して純額表示でもよい）

以上のうち，引当特定預金取崩収入については，例示のようにそれぞれ特定目的の名称を付した小科目によって経理します。単に，「引当特定預金取崩収入」という科目は使用しません。

　(注)　「○○引当特定資産」は，預金のほかに有価証券等が含まれている場合に使用します。

㋑ **引当特定預金（資産）の解約または売却**

特定の目的のために留保している預金，有価証券等を引き出しまたは売却した場合には，支払資金の増加になるので，貸方科目は，「○○引当特定預金（資産）取崩収入」という科目が適当です。特定資産が公社債等有価証券の場合に，貸方科目を「有価証券売却収入」と処理しても誤りではありませんが，後で事業活動収支計算上，有価証券売却差額を計上しなければならないので会計上，

煩雑となるからです。

【設　例】

退職給与引当特定資産たる社債を52,000円（帳簿価額50,000円）で売却し，当座預金に代金が振り込まれた。

（借）当 座 預 金	52,000	（貸）退職給与引当特定資産取崩収入	50,000
		その他の受取利息・配当金収入	2,000

(ウ)　預り金等経過勘定の純額表示

　預り金，仮払金，立替金，仮受金等は，適当な科目で処理するための一時的に発生する経過勘定です。これらは，会計基準第5条で純額経理が認められています。たとえば，年間の預り金収入が250,000円，預り金支出が235,000円であれば，資金収支計算書において，収入の部に250,000円，支出の部に235,000円と両建表示するのが原則ですが，例外として，預り金の収入と支出とを相殺してその純額たる15,000円（250,000円−235,000円）を収入の部に「預り金受入収入」と表示する方法もあります。支出が収入よりも多い場合は，支出の部に「預り金支払支出」としてその差額を表示します。

(エ)　科学研究費補助金等の取扱い

　科学研究費補助金は研究者または研究グループに交付されるものですから，学校法人の事業活動収入とはならず「預り金」として処理します。21世紀COEプログラムも同様に「預り金」として処理します。科研費やCOEプログラム補助金などは，他の機関との共同研究などもあり，補助金対象機関が複数になる場合もありますので，預り金収支が妥当です。なお，科研費の約30％程度の間接費は大学等の事務局費を補てんすることができますので，学校法人の雑収入として外部資金獲得の一部になります。

科学研究費補助金の会計処理のフロー

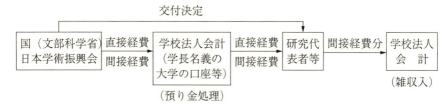

(12) 資金収入調整勘定

資金収入調整勘定については，前述したので詳しくは省略しますが，年度末の未収入金を「期末未収入金」として表示し，前年度で収入済の前受金を「前期末前受金」として表示します（本章1．（2）参照）。

3．資金支出科目

施設・設備費や一般的な教育研究経費支出および管理経費支出は，経理規程（細則も含む）などの中でルール化することが前提であり，稟議決裁が重要となります。この点が曖昧になっているケースがあり，紛糾のもとになるので留意してください。

なお，平成25年会計基準の適用による資金支出科目の大幅な変更はありませんが，一部表示の変更があります（詳細は後述参照）。

（1） 人件費支出

教員人件費支出	教員（学長，校長または園長を含む。以下同じ）に支給する本俸，期末手当およびその他の手当ならびに所定福利費をいう。
職員人件費支出	教員以外の職員に支給する本俸，期末手当およびその他の手当ならびに所定福利費をいう。
役員報酬支出 退職金支出	理事および監事に支払う報酬をいう。

① 人件費支出とは

　教員人件費支出として処理される教員の範囲は，学長，副学長，校長，園長，教授，准教授，講師，助教，助手および教頭，教諭，助教諭，司書教諭，養護教諭，養護助教諭となります。したがって，これ以外は職員として取り扱うことになります。すなわち，司書，副手，実習助手等の教育補助者や事務員，用務員，運転手などは職員ということになります。近年，銀行からの出向者が事務長となっている場合がありますが，出向とは出向元の身分を留保したまま出向先との雇用関係に入るものですから，出向者に対する出向料は雇用契約に基づく役務の提供に対する対価と考えられます。したがって，出向料は職員人件費支出に該当します。

　教員人件費支出および職員人件費支出については，それぞれ本務と兼務に区分することが人件費支出内訳表において要求されています。

　本務と兼務の別は，原則として発令の形態によって判断することになりますが，そのほか，給与体系，給与の額，授業時間数などを考慮し，実態に即した総合的な判断によって区分します。一般的には，常勤と非常勤によって区分する事例が多いようです。学校法人と雇用関係を有しない人に対する報酬は，人件費に含めるのは適切ではなく，報酬手数料に含めるか，教育研究経費または管理経費に特別の小科目を設けるのがよいでしょう。兼務（非常勤）とは，1

つの法人の内部で中学校と高校の両方を担当しているという場合を意味しているのではなく，その発令が高校であれば，高校の本務職員に含めることに留意する必要があります（「第9章　部門別会計のしくみ」参照）。

　本務教職員については，人件費支出内訳表において，その内容をさらに本俸，期末手当，その他の手当，所定福利費等に細分しなければなりません。細分された各項目の内容は以下のとおりです。

人件費支出内訳表の本務教職員の区分

本　　　俸	学校法人の給与規程に基づく基本給
期　末　手　当	夏期，年末，年度末の賞与など
その他の手当	期末手当以外の手当 たとえば，勤務手当，扶養手当，住宅手当，通勤手当，超過勤務手当，管理職手当など
所　定　福　利　費	私学共済，社会保険料，雇用保険などの法律に基づく強制加入または任意加入によって学校法人が負担すべき保険料や都道府県別の私学退職金団体の負担金など
私立大学退職金団体負担金	私立の大学・短期大学・高等専門学校で「財団法人私立大学退職金財団」に支払う負担金

（注）　上記の「私立大学退職金団体負担金」の細分科目は1つの例示であり，たとえば高校，中学，幼稚園等が併設してあれば「私学退職金団体負担金」と区分するのが適当です。

② 　個別的問題点

㋐　補助金

所轄庁等から公表される補助金交付要綱と申請書を参考にしてください。

㋑　役員報酬

　理事，監事の職務の代価として支払う給与，期末手当などは役員報酬として処理します。役員のうち，教員や職員と兼務する者に支給する給与等は，そのうち役員部分として支給された額が役員報酬となり，その他は教員人件費また

は職員人件費として区分し経理します。役員に支給する退職金についても，役員部分を区分して，これを「退職金支出」の小科目に計上します。評議員の手当は，その性格上，実費支給的な支出ですので，管理経費のうち「報酬委託手数料」として処理することが妥当です。なお，評議員に対する報酬，手当などは，役員報酬に該当しないので，管理経費の「報酬委託手数料」として処理し，かつ，部門は「学校法人」部門に計上します。ただし，知事所轄学校法人で，一学校のみ設置する場合は，当該学校の管理経費とします。

(ウ) 私学退職金団体に対する負担金等の処理

　私学の教職員の退職金についての共済制度として，全国の都道府県ごとに私学退職金社団（財団）が，また，大学，短期大学などの教職員を対象とする「財団法人私立大学退職金財団」が設置されています。各団体の運営方法は，それぞれの定款，寄附行為および業務方法書等により一律ではありません。したがって，これらの団体に対して学校法人が拠出する負担金または学校法人が受ける交付金の性格は必ずしも一様ではありませんが，その会計処理方法は以下のとおりとされています。

（ⅰ） 退職金団体に支出する負担金は人件費

　退職金団体に支出する負担金には，入会金，登録料および教職員の標準給与に対する負担金などがありますが，これらの支出については，その資産性の有無を問わず，すべて人件費として処理します。

（ⅱ） 計算書類上の表示方法

　資金収支計算書または事業活動収支計算書では，人件費とし，人件費支出内訳表では人件費に属する小科目を適当な細分科目，たとえば「所定福利費」，「私学退職金社団（財団）負担金」など，また私立大学等の場合には別科目として「私立大学退職金財団負担金」を用いて表示します。大学，高等学校，中学校，幼稚園等を多数併設している場合には，たとえば細分科目として「私学退職金団体負担金」として一括しても差し支えありません。退職金団体より受ける交

付金は大科目「雑収入」の部に適宜小科目，たとえば「東京都財団交付金収入」，「私大退職金財団交付金収入」などを設けて表示します。

(エ) **人件費の部門別計算**

大学の学部，短大の学科，高等学校，中学校，小学校，幼稚園等を併設している場合の教員人件費および職員人件費の区分には，所定の区分方法が定められているので，第9章で述べる「部門別会計のしくみ」を参考にしてください。

(注) 「人件費関係等について」JICPA研究報告第26号（平成26年7月29日）参照。

(2) 教育研究経費支出と管理経費支出

教育研究経費支出		教育研究のために支出する経費（学生，生徒等を募集するために支出する経費を除く）をいう。
管理経費支出	消耗品費支出 光熱水費支出	電気，ガスまたは水の供給を受けるために支出する経費をいう。
	旅費交通費支出 奨学費支出	貸与の奨学金を除く。
	消耗品費支出 光熱水費支出 旅費交通費支出	

① **教育研究経費と管理経費とは**

教育研究経費とは教育研究に直接要する経費をいい，教育研究のための間接的な経費または教育研究に関係しない経費を管理経費といいます。教育研究経費と管理経費の区分については，下記の文部省通知（雑管第118号，昭和46年11月27日）に示しています。

教育研究費と管理経費の区分について（報告）（文部省通知，雑管118号）

　昭和46年2月25日に報告した「学校法人計算書類記載要領」において示した記載科目のうち，教育研究経費と管理経費については，その区分の方法について共通の原則により処理することが適当であると思料したので，この会議において検討を行なった結果，このほど別紙のとおり一応の結論を得たので報告します。なお，別紙の区分の方法は，当面の取扱いについて示したものであり，今後の実施経験による妥当な慣行の生成の状況を勘案して，さらに検討を行なう必要があると考えます。

　つぎの各項に該当することが明らかな経費は，これを管理経費とし，それ以外の経費については主たる使途にしたがって教育研究経費と管理経費のいずれかに含めるものとする。

管理経費となるものの事例	左に関する通知
1．役員の行なう業務執行のために要する経費および評議員会のために要する経費	役員の業務執行経費とは，役員会の経費および役員の旅費，事務費，交際費等の経費を指す。
2．総務，人事，財務，経理その他これに準ずる法人業務に要する経費	法人本部のこれらの業務のみならず，学校その他の各部門におけるこの種の業務に要する経費を含めることが適当である。
3．教職員の福利厚生のための経費	教職員の慰安，慶弔，娯楽，食事提供などに要する経費
4．教育研究活動以外に使用する施設，設備の修繕，維持保全に要する経費（減価償却額を含む）	本部，役員室，食堂，売店事務所などの施設設備に要する経費
5．学生生徒等の募集のために要する経費	入学選抜試験に要する経費は含まれない。
6．補助活動事業のうち食堂，売店のために要する経費	寄宿舎に要する経費の区分は，各学校法人における寄宿舎の性格と実態に即して教育研究経費か管理経費にするかを判断する。
7．附属病院業務のうち教育研究業務以外の業務に要する経費	

上記の表のうち，明らかに管理経費と認められるものを除いては，主なる使途に従って，教育研究経費か管理経費のいずれかに含めるものとされています。また，支出について，事務局用と教育研究用とで共用している場合，その支出の主なる使途によって，いずれかに含めることができます。なお，共用経費でも，電気料，ガス水道料などのように教育研究用と管理用に定例的に負担される経費は，適当な配分基準を定めて区分することが望ましいです。

なお，平成25年会計基準の適用にあたり，「教育研究経費と管理経費の区分に関するQ&A」（JICPA研究報告第30号，平成26年9月3日）が公表されていますが，教育研究経費と管理経費の区分の考え方は従来どおりです。

② 個別的問題点
㋐ 科目設定上の留意点

教育研究経費と管理経費は，日常頻繁に生じますが，その支出の形態別に科目を設けるのが原則です。なお，科目設定の原則は第3章を参照してください。知事所轄学校法人にあっては，教育研究経費支出と管理経費支出とを区分せず，単に「経費支出」とすることができることとなっていますが，この件については，各都道府県の指示に従ってください（会計基準別表第一注4）。

補助金交付審査にあたっては，主として学生生徒在籍者数，人件費および教育研究経費に重点が置かれるので，とくに教育研究経費に管理経費の性格を有する費用を含めないよう留意してください。なお，都道府県においては管理経費の特定科目を補助対象とすることもあります。

㋑ 各学部，学科，学校等の事務局の経費

各学部等の事務局の経費のうち，それぞれの学部等の総務，人事，財務，経理等に係るものは管理経費となり，その他については，その目的によって教育研究経費か管理経費に区分します。

(ウ) 消費税の処理

　消費税は，本来，経過的性格を有するため，税抜方式では，仮受消費税および仮払消費税として処理し，その結果，仮払納付税額は公租公課に含まれます。しかし，学校法人の大部分では税込方式を採用しているので，納付税額はそのまま公租公課で処理します。その帰属は管理経費に含めることが妥当でしょう。なお，還付税額があったときは，雑収入で処理します。

　税込方式によって一括納付した消費税は，部門別に合理的に配分することになりますが，たとえば，部門別の課税売上高の比率によることも一法です（JICPA問答集（Q&A）第10号，平成2年1月18日）。

(エ) ソフトウェアの購入等

　コンピュータの導入によって，基本ソフト（オペレーティング・システム）と応用ソフト（アプリケーション・プログラム）の利用が必要です。このうち，基本ソフトはハード本体と一体化して固定資産（備品計上基準によっては経費処理する場合もある）に計上し，応用ソフトを取得した場合（内部開発も含む）は，それぞれ支出時に教育研究経費か，管理経費のいずれかの経費処理を行うことが妥当ですが，平成21年度からソフトウェアの学内制作費（外注も含む）については，その効果が将来の収入獲得または費用削減が確実であると認められる場合は，資産計上とし，それ以外は費用処理とすることとされました（20高私参第3号，平成20年9月11日）。主として事務管理用のソフトウェアは資産計上となる事例が多く，教育研究用のソフトウェアは資産計上となる事例が少ないようです。

　なお，データファイルは利用の態様に従って図書に準じて処理します（JICPA実務指針42号，平成26年7月29日）。

(オ) 資産と消耗品費などの経費とを区分する基準

　たとえば，事務局の机，椅子等を購入した場合，「備品支出」に計上するのか，または「消耗品費支出」にするのか，区分する金額基準を設けておくことが大

切です。これを「資産的支出と消費的支出との区分」と呼んでいます。

　会計基準では，区分の基準について具体的に定めていませんが，公正な会計慣行の原則に従うべきです。通常，1個または1組の価額が〇万円以上で，かつ，使用可能年数1年以上のものを資産とするなどの基準を設け，この基準以下のものは消耗品支出として経費処理します。

　金額基準は，法人の規模や実情に応じて経理規程等で定めるべきですが，一般的に1万円，3万円，5万円，10万円などさまざまです（現行法人税法では10万円基準）。総合大学等規模の大きい法人では10万円～20万円基準が多いようです。なお，東京都知事所轄法人についての金額基準は10万円を超えない金額で定めるように指示されています（27生私行第3158号，平成28年1月19日）。

　ただし，図書については，たとえ上記基準未満であっても，長期間保存するものは金額が少額でも資産（「図書支出」）として計上しなければなりません。なお，図書の取得価額には原則として取得に要する経費を含まないものとされており，また，大量購入等による値引額および現金割引額は「雑収入」として処理してよいことになっています（雑管第115号，昭和47年11月14日）。これは図書を定価で計上することが，管理上非常に有効であるという理由によるものです。

(カ) 基本的に重要な少額資産の経理

　文部省通知によると，「学校法人の性質上基本的に重要なもので，その目的遂行上常時相当多額に保有していることが必要とされる資産は，前記の金額基準に達しないものでも固定資産として管理し，かつ，基本金設定の対象とする」ことになっています（文管振第62号，昭和49年2月14日）。具体的には，学生生徒等の机，椅子，書架，ロッカーなど，常時相当多量に保有するものをいいます。

　この通知は，教育上直接必要な学生生徒等の机，椅子などは基本的に重要な資産であるから，前記の金額基準に関係なく備品として計上することを定めて

います。この場合,「常時相当多額」なものであることが要件で,要するに1点の金額が少額でも多量に保有する資産は,経費処理にせず,「教育研究用機器備品支出」として資産に計上することとなっています。多量という意味は,1学級または1教室単位で考えるのが妥当でしょう。したがって,教育上重要な資産であっても,1個の金額が計上基準未満であり,かつ,少量の場合は,経費処理して差し支えありません。

なお,参考までに経理規程の作成例を示しておきます。

> 「第○○条　有形固定資産は使用可能年数1年以上で,かつ,図書を除き1個または1組の価額が5万円以上のものとする。ただし,教育研究のため基本的に重要な減価償却資産は,その価額が5万円未満であっても固定資産とする。」

(キ)　改良または修繕にかかわる支出の処理

校舎等の修繕または改良を行った場合の支出について,建物,備品などの資産的支出とするか,修繕費などの経費支出にするかの判断もきわめて大切です。

資産と経費の区分については一般に認められた会計慣行により分けられますが,その区分が困難な場合は,たとえば,税法の形式的区分基準を参考にして,以下のような基準を経理規程等に定めることも1つの方法であると考えられます(固定資産に関するQ&A,JICPA研究報告第20号,平成22年6月9日)。

① 　1件当たりの支出金額が60万円未満である場合,または修理,改良等の対象とした個々の資産の前年度末の取得価額の10％相当額以下である場合は経費支出とする。

　　ただし,明らかに施設・設備関係支出に該当するものを除く。

② 　既往の実績により,おおむね3年以内の期間を周期として,ほぼ同程度支出されることが常例となっている事情がある場合は経費支出とする。

③ 　①に該当しない1件当たりの支出金額の全額(②の適用を受けたものを除く)について,その金額の30％相当額と,その改良等をした資産の前年

度末の取得価額の10％相当額とのいずれか少ない金額を経費支出とし，残額を施設・設備関係支出として，その除却損を計上しない経理をする。

(注) ①で「60万円未満」とありますが，この金額については各学校法人の規模等を勘案して定める必要があります。幼稚園法人等の小規模法人では，通常，少額で定めています。

この関係を図示すると次のようになります。

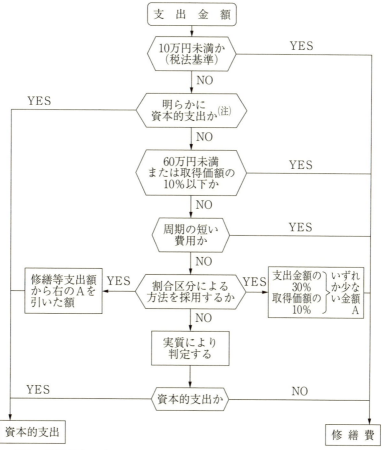

(注) 模様替えや改造などの支出をいう。

(ク) リース取引の処理

　リース取引は，ファイナンス・リース取引とオペレーティング・リース取引とに区分されます。ファイナンス・リース取引は，リース期間中の中途解約ができない取引で，借手は，使用物件からもたらされる経済的利益を実質的に享受することができ，かつ，使用に伴うコストを実質的に負担する場合をいいます。オペレーティング・リース取引とは，ファイナンス・リース取引以外の取引をいいます。ファイナンス・リース取引のうち，①リース期間終了後または中途で所有権が移転するもの，②リース期間終了後または中途で割安購入選択権が与えられており，行使が確実のもの，③借手が特別仕様した物件であるものについては，そのいずれかに該当する場合は，実質的に売買取引とみなして資産計上することになります。平成21年4月1日以降に開始したリース取引については，「リース取引に関する会計処理について（通知）」（20高私参第2号，平成20年9月11日）が適用されますが，平成21年3月31日以前のリース取引については，従来どおり，通常の賃貸借取引に係る方法に準じた会計処理を行うことができます（「リース取引に関する会計処理について（通知）」に関する実務指針，JICPA報告第41号，平成21年1月14日）。

〔会計処理と表示〕

① 会計処理

　リース取引開始日に，通常の売買取引に係る方法に準じた会計処理により，リース物件およびこれに係る債務をそれぞれ該当する固定資産等の科目および負債の未払金（長期未払金）に計上します。ただし，次のいずれかに該当する場合には，通常の賃貸借取引に係る方法に準じた会計処理を行うことができます。

　(ア)　リース料総額が学校法人の採用する固定資産計上基準額未満のもの
　　　（リース物件が少額重要資産の場合を除く）

　(イ)　リース期間が1年以内のもの

　(ウ)　リース契約1件当たりのリース料総額が300万円以下のもの（ただし，

所有権移転外ファイナンス・リース取引に限る）

② **固定資産の価額など**

リース対象資産については，リース料総額をリース債務の元本返済額部分，利息相当額部分および維持管理費用相当額部分に区分し，元本返済額部分を固定資産価額として計上する利子抜き法を原則としますが，リース対象資産の総額に重要性が乏しいと認められる場合には，リース料総額をもって固定資産価額とする利子込み法により処理することもできます。

(**注**) 重要性が乏しいと認められる場合とは，貸借対照表日後のリース取引（利子抜きで固定資産に計上したものを除く）が，未経過リース料の期末残高，有形固定資産およびその他の固定資産（有価証券，収益事業元入金，長期貸付金，引当特定資産等を除く）の期末残高（利子込み法でリース対象資産を除く）の合計の占める割合が10％未満の場合が該当し，会計上，利子込み経理ができます。

リース対象資産以外のリース物件については，利子込み法によりリース料総額をもって経費として処理することが原則です。

③ **リース対象資産の減価償却**

リース対象資産の減価償却額は，所有権移転ファイナンス・リース取引に係るものについては自己所有の固定資産に適用する減価償却方法と同一の方法により算定し，所有権移転外ファイナンス・リース取引に係るものについてはリース期間を耐用年数とし残存価額をゼロとして算定します。

なお，会計年度の中途で取得した所有権移転外ファイナンス・リース取引に係るリース対象資産の減価償却額の計算においても，当該リース対象資産について計算される年間減価償却額を月数按分したものによるほか，次の簡便法を採用している場合でも，重要性がない場合には妥当な会計処理として取り扱うことができます。

　(ｱ)　取得時の会計年度は，償却額年額の２分の１の額により行う。

　(ｲ)　取得時の会計年度は，償却を行わず，翌会計年度から行う。

(ウ) 取得時の会計年度から償却額年額により行う。

④ **利子抜き法の処理**

利子抜き法により処理する場合，利息相当額の総額をリース期間中の各期に配分する方法は，原則として，利息法（各期の支払利息相当額をリース債務の未返済元本残高に一定の利率を乗じて算定する方法）によるものとします。なお，リース対象資産の総額に重要性が乏しいと認められる場合においても利子込み法によらず利子抜き法により処理するときには，定額法（利息相当額の総額をリース期間中の各期にわたり，定額で配分する方法）によることもできます。再リースを行う場合の再リース料は，経費として処理します。

【設 例】 利息法・資産計上の場合
- リース期間：5年
- リース料総額（利息込み）：60,000円で半年ごと6,000円支払い
- リース物件の取得価額：55,000円（利率年3％）

【設例の仕訳】
〔開始時〕

　（借）教育研究用　　　55,000円　　（貸）未　払　金　　55,000円
　　　　機 器 備 品

〔第1回支払時〕

　（借）未　払　金　　　 5,175円　　（貸）現 金 預 金　　 6,000円
　　　　リース料利息　　　　825円

　（注）　利子抜き法による支払利息の金額は，次のように計算します。

$$55{,}000円 \times 3\% \times \frac{1}{2}(半期) = 825円$$

〔第1回決算時〕

　（借）減 価 償 却 額　11,000円　　（貸）減価償却累計額　11,000円

　（注）　1．リース期間を耐用年数とし，残存価額を0として計算する。
　　　　　　　55,000円 ÷ 5年 ＝ 11,000円
　　　　2．未払金は長期未払金と区分する。
　　　　3．2回目以降の支払は，元本返済分を除いて計算する。

(ケ) 自己点検・自己評価および認証評価に係る費用

　大学，短期大学，高等専門学校，専門職大学院は，学校教育法第109条の規定に基づいた自己点検・自己評価および認証評価機関による評価を受けることになりますが，これらに係る費用は教育研究水準の向上に資すると考えられるため，教育研究経費となります。ただし，評価内容に学校法人の運営状況や管理に関する内容が含まれている場合もあるため，この場合は教育研究経費と管理経費に合理的に按分することが望ましいです。

　また，認証評価機関に支払う会費，評価費，関連する旅費交通費，資料作成などの経費は教育研究経費とするのが妥当です。

（3）借入金等利息支出と借入金等返済支出

借入金利息支出
学校債利息支出
借入金返済支出
学校債返済支出

　借入金等利息支出と借入金等返済支出については，とくに説明の必要はないでしょう。借入金等利息は，借入等の契約に定められた支払日の属する年度の支出として計上します。したがって，年度末に支払日が到来しているにもかかわらず，何らかの理由によって未払いとなった額があるときは，その額を「期末未払金」の科目へ計上します。また，逆に数カ月分の利息を前払いする場合もあります。この場合には「前払金支払支出」科目で処理します。

　以上のような原則的方法を省略して，計算書類作成上，とくに弊害がない場合は，支出した金額を支出年度の利息支出として処理してもよいことになっています（「小規模法人における会計処理等の簡略化について（報告）」について（通知），文管振第87号，昭和49年3月29日）。

　なお，借入金返済支出について，1年以内返済予定の長期借入金も短期借入

金と同じく貸借対照表上流動負債とされるため，その返済支出に関しては，長期，短期の区分はしません。学校債の返済も同様です。例外的に長期借入金を予定外に繰り上げて返済する場合がありますが，この場合でも長期，短期の区分を行う必要はありません。

（4） 施設関係支出

土　地　支　出	整地費，周旋料等の施設の取得に伴う支出を含む。
建　物　支　出	建物に附属する電気，給排水，暖房等の設備のための支出を含む。
構　築　物　支　出	プール，競技場，庭園等の土木設備または工作物のための支出をいう。
建設仮勘定支出	建物および構築物等が完成するまでの支出をいう。

① 施設関係支出とは

学校法人が使用する土地，建物，構築物，建設仮勘定等，施設を取得するための支出をいいます。具体的に，土地，土地に準ずる借地権および土地に固定して機能する建物などの有形固定資産の取得を施設関係支出と呼んでいます。

施設関係支出，および，次に述べる設備関係支出の取得価額については「資産の評価は，取得価額をもってする。ただし，当該資産の取得のために通常要する価額と比較して著しく低い価額で取得した資産又は贈与された資産の評価は，取得又は贈与の時における当該資産の取得のために通常要する価額をもってするものとする」（会計基準25条）とされており，取得価額または資産取得のための通常取得するべき価額（調達時価）とすることが原則です。これを「取得原価主義」と呼んでいます。

② 個別的問題点
㈦ 取得のための付帯費用

　取得のために要する付帯費用は，すべて取得価額に含めることになります。たとえば，土地取得の際の仲介手数料などは「土地支出」に含まれ，建物取得の際の設計監理料なども「建物支出」に含まれます。取得時の事例をあげると次のとおりです。

- 土地……購入代価のほか，取得のための測量費，仲介手数料，地盛り，整地，地ならし，埋立て，防壁，上下水道，石垣積みなどの費用も含む。
- 建物等に含める付帯費用の例……購入または建設代価のほか，引取運賃，荷役費，運送保険料，購入手数料，上棟式費用，関税，設計監理料などの費用も含む。

　ただし，取得した後に要した支出については，その支出の実態に応じて，経費支出または資産的支出にするかを判断します（（２）「教育研究経費支出と管理経費支出」参照）。たとえば，落成式の費用は，建物取得後の経費なので，経費支出の処理を行います。

㈣ 建物等と土地とを一体で取得した場合

　建物等を土地付で取得した場合には，契約の実態またはそれぞれの評価の割合に応じて区分します。この場合，取得後直ちに建物等を取り壊したときは，土地を取得するのが主たる目的と考えられるので，建物等の価額および取壊し費はすべて「土地支出」に含まれます。

㈥ 借地権，地上権などの取得

　土地に代えて，借地権または地上権などを有償で取得した場合には，土地（借地権更新も含むことができる）に準じ「借地権支出」等の科目で処理します。電話加入権は現在，実質的に経済価値はありませんが，過去から計上しているものは，当時の帳簿価額を計上していても重要性の観点からみて差し支えありません。

(エ) 建設仮勘定

　建設工事に着手し，建物等の原価に含まれるものを逐次支払う場合には「建設仮勘定支出」として処理し，後日，建物等の完成を待って「建物」などに振り替えます。年度内に着工し，年度内に完成した場合は，決算表示において「建設仮勘定支出」とせず，「建物支出」等で処理するのが妥当です。

(オ) 建物附属設備

　電気設備，ガス設備，給排水設備，冷暖房設備，消火設備などの建物に附属する設備は，決算上，すべて「建物支出」で表示します。しかし，日常の勘定処理においては，「建物附属設備支出」という勘定科目を設け，決算で「建物支出」として一括表示します。このような区分処理によって，後述する減価償却計算を建物本体と附属設備に区別して行うことが可能となります。なお，重要ではない場合，区分しないで，建物として減価償却計算を行っても差し支えありません。

(カ) リース資産

　施設・設備をリース取引により取得して，当該リース取引が所有権移転外ファイナンス・リース取引となる場合，該当する固定資産の科目または消耗品費・賃借料等の経費科目に含めて表示します。

（5） 設備関係支出

教育研究用機器備品支出	標本及び模型の取得のための支出を含む。
管理用機器備品支出	
図　書　支　出	
車　両　支　出	
ソフトウェア支出	ソフトウェアに係る支出のうち資産計上されるものをいう。

① 設備関係支出とは

　学校法人が使用する備品，図書，車両，電話加入権などの取得にかかる支出で，前述（4）「施設関係支出」のように土地（借地権等を含む）または土地に固着して機能を果たす固定資産と大科目を区別して処理します。その取得に要する支出（付帯費用）または著しく低い価額や贈与で取得した場合の評価などについては，施設関係支出と考えかたは同じです。

　平成25年会計基準の適用により，小科目が一部変更になりました。従来は教育研究用機器備品支出以外の支出については，その他の機器備品支出として表示していましたが，改正により，「管理用機器備品支出」へ変更となっています。

　また，ソフトウェアに係る支出については，小科目「ソフトウェア支出」として表示します。ソフトウェアは，学校法人の教育研究活動や管理運営業務の効率化に欠かすことのできない大切な資産であり，近年は重要性が増しています。

　なお，知事所轄学校法人にあっては，教育研究用機器備品支出と管理用機器備品支出とを一括して「機器備品支出」とすることができますが，この件については各都道府県の指示に従ってください（会計基準別表第一注5）。

　「教育研究用」と「管理用」の機器備品の区分については，前述（2）①「教育研究経費と管理経費とは」の区分に準じて判断するのが妥当です。

② 個別的問題点

㈎ 無形固定資産の処理

　固定資産には，権利の取得など無形の資産があります。たとえば，電話加入権，施設利用権，水利用権などです。これらを取得するために要した支出のうち，資産的支出とみられるものについては，「電話加入権支出」などとして設備関係支出に含めて計上します。「借地権支出」は施設関係支出となります。

(イ) 理振，産振等で取得した備品

理科教育振興法，産業教育振興法などに基づいて，補助金によって取得した機器備品などについては，必ずしも資産に計上するかどうかは明らかではありません。一般的には，前述（2）「教育研究経費支出と管理経費支出」のうちの備品等計上基準に基づいて判断すればよいわけです。したがって，経理規程等によって処理した場合，理振，産振で取得した備品が「消耗品費支出」などとして経費処理が行われる場合もあります。ただし，これらの補助金で取得した資産は，交付要綱に基づいて一定期間，管理・保存する義務が生じます。

(ウ) 図書の処理

図書支出は，図書館，図書室などで管理可能なもので，かつ，長期間保存するものをいい，単なる参考書や雑誌は資産的支出とせず，経費支出（出版物費支出等）として処理します。なお，雑誌などについて，バックナンバーを揃えたものを改めて図書館などへ格納する場合，その製本費相当額をもって図書として計上します。図書と同じような役割を果たすテープ，レコード，フィルム，ビデオ，DVDなどの資料は，利用の態様に従い，図書に準じた会計処理を行うこととされています（雑管第115号，昭和47年11月14日）。長期間保存が予定される教育用のテープやCD-ROM等は図書支出に含め，そうでないテープ等は消耗品費支出等で処理します。

（6） 資産運用支出

有価証券購入支出	
第2号基本金引当特定資産繰入支出	
第3号基本金引当特定資産繰入支出	
（何）引当特定資産繰入支出	
収益事業元入金支出	収益事業に対する元入額の支出をいう。

① 資産運用支出とは

　学校法人が資金運用の目的で取得した有価証券，引当特定資産，収益事業元入金は資産運用支出として処理します。

　平成25年会計基準の適用により，小科目が一部変更になりました。第2号基本金引当特定資産への繰入れに係る支出および第3号基本金引当特定資産への繰入れに係る支出は小科目として表示します。考え方はその他の収入と同じです。詳細は本章2．(11)「その他の収入」を参照してください。

② 個別的問題点
㋐ 有価証券購入支出

　株式，公社債，貸付信託などに投資した場合は，「有価証券購入支出」として処理しますが，引当特定預金（資産）として運用する有価証券は，「有価証券購入支出」としないで，「〇〇引当特定資産繰入支出」として処理します。取得した有価証券は，移動平均法により評価します（平成23年度より適用）。たとえば，1つの銘柄を3回に分けて購入した場合，その都度，移動平均法により評価します。

㋑ 第2号基本金引当特定資産繰入支出

　平成25年会計基準では，第2号基本金に相当する特定資産への繰入支出は，「第2号基本金引当特定資産繰入支出」として表示します。

㋒ 第3号基本金引当特定資産繰入支出

　第3号基本金に相当する特定資産への繰入支出は，「第3号基本金引当特定資産繰入支出」として表示します。

㋓ 引当特定預金（資産）繰入支出

　資金を特定の目的により運用する場合は，次のような具体的小科目を設定します。なお，後述する第2号基本金に相当する特定預金（資産）は，それぞれの具体的名称を付した科目，たとえば「校舎建設引当特定預金（資産）」など

で処理します。
- 退職給与引当特定預金（資産）繰入支出
- 施設設備拡充引当特定預金（資産）繰入支出
- 減価償却引当特定預金（資産）繰入支出
- 記念事業引当特定預金（資産）繰入支出
- 教職員厚生資金引当特定預金（資産）繰入支出

(オ) 収益事業元入金支出

私立学校法第26条第1項に基づいて寄附行為に記載し，所轄庁の許可を得た収益事業を営む場合，別会計として区分した収益事業に繰り入れる元入金をこの科目で処理します。

③　資産運用のあり方について

平成21年1月6日，文部科学省では，学校法人の資産運用について寄附行為等に基づいて適正な運用を求めるよう発信しました（20高私参第7号）。仕組債やデリバティブ取引などリスク商品取引は慎重に取り扱い，執行管理の一層の適正化を図るよう点検を求めたのです。また，平成23年2月17日の文部科学省の通知では，有価証券は移動平均法により評価することとされ，デリバティブ取引については「デリバティブ運用損」等の小科目を用いて明瞭に表示することとなりました（22高私参第11号）。

【設　例】

(イ) 新たに奨学基金として500,000円を設定するため，定期預金を支払資金から区別する。

（借）第3号基本金引当特定資産繰入支出　500,000　（貸）定期預金　500,000

(ロ) 上記の預金利息25,000円が当座預金に振り込まれる。

（借）当座預金　25,000　（貸）第3号基本金引当特定資産運用収入　25,000

(ハ) 奨学費として21,500円を当座預金で支出する。

(借)(教)奨学費支出　　　　21,500　　　(貸)当　座　預　金　　　21,500

(ニ) 以上の(ロ)から(ハ)を引いた残金3,500円を翌年度の奨学費に充当するため特定預金として普通預金にする。

(借)奨学費引当特定預金繰入支出　　3,500　　　(貸)当　座　預　金　　　3,500

(7) その他の支出

貸　付　金　支　払　支　出 手　形　債　務　支　払　支　出 前期末未払金支払支出 預　り　金　支　払　支　出 前　払　金　支　払　支　出	収益事業に対する貸付金の支出を含む。

① その他の支出とは

その他の支出は，資金支出科目の人件費支出から資産運用支出までの各科目に含まれない支出をいい，しかも，事業活動支出に含まれないものをいいます。上記（1）〜（6）の資金支出科目に含まれない資産・負債の増加または減少をもたらす科目です。

② 個別的問題点

(ア) 経過的な収支項目

預り金，仮払金，立替金などのような一時的な収支は経過勘定ともいいますが，これらは，年間の収入と支出とを相殺した純額で表示することができます。

(イ) 前期末未払金支払支出

前期末の未払金支払支出は，前年度の貸借対照表に計上された未払金を支払った場合の支出で，次のような仕訳になります。

【設　例】
　前年度の印刷製本代の未払金13,000円を現金にて支払った。
　（借）前期末未払金支払支出　　13,000　　（貸）現　　　金　　13,000

(ウ)　前払金支払支出の事例

【設　例】
　(イ)　翌年度の海外渡航費52,000円を小切手を振り出して支払った。
　（借）前払金支払支出　　52,000　　（貸）当　座　預　金　　52,000
　(ロ)　翌年度において上記(イ)の前払金を振り替える。
　（借）旅費交通費支出　　52,000　　（貸）前期末前払金　　52,000
　　　　　　　　　　　　　　　　　　　　　（資金支出調整勘定）

（8）　資金支出調整勘定

　資金支出調整勘定については，前述したので省略しますが，年度末の未払金を「期末未払金」とし，前年度で支出済みの前払金を「前期末前払金」として表示します（本章1．(2)参照）。

4．資金収支計算書と内訳表のつくり方

（1）　資金収支計算書のつくり方

①　差異欄の記載方式

　「予算」から「決算」の金額を差し引き，その差額がマイナスであれば△印を付して表示します。つまり，左側欄の金額から右側欄の金額を差し引きます。これは，すべての決算書の様式に適合します。

②　予備費

　予備費は，あくまで予算の科目であって帳簿上に記録する実算科目ではありません。予備費という予算科目から他の予算科目に振り替えた場合（使用額と

いう）は，その振り替えた金額と振り替えられた科目とを注記しなければならないこととなっています。未使用額は「予算」欄に残してそのまま「差異」欄に移記します。その事例を示すと次のとおりです。

＜計算書類上の表示＞

資 金 収 支 計 算 書

支出の部

科　　　　目	予　　　算	決　　　算	差　　　異
人 件 費 支 出			
教 員 人 件 費 支 出	60,000		
職 員 人 件 費 支 出	32,000		
⋮			
教育研究経費支出			
消 耗 品 費 支 出	12,000		
⋮			
〔予　　備　　費〕	(4,500)	―	500
⋮	500		
支 出 の 部 合 計	245,000		

(注) 予備費4,500円の使用額は下記のとおりである。
　　　①教員人件費支出3,000円，②職員人件費支出1,000円，③㊍消耗品費支出500円

（2） 資金収支内訳表のつくり方

① 内訳表の区分

第9章の「部門別会計のしくみ」を参考にしてください。

② 内訳表の作成を省略できる場合

都道府県知事を所轄庁とする学校法人で単数の学校（専修学校，各種学校を含み，2以上の課程を置く高等学校を除く）のみを設置するものについては，資金収支内訳表，人件費支出内訳表および事業活動収支内訳表について，その

区分を省略して記載できるものとされています。したがって，単に「総額」または「○○高等学校」と記載すれば足ります。また，この場合は，資金収支内訳表および事業活動収支内訳表は，それぞれ資金収支計算書および事業活動収支計算書と同じになるので作成を省略することができます（文部省通知，文管振第53号，昭和48年2月28日）。

③ 内訳表の科目

資金収支内訳表に記載する収入・支出は，資金収支計算書に記載されたその年度の収入・支出の決算額のうち，その年度の諸活動に対応するもののみになります。したがって，その年度の諸活動に対応しない前受金収入や，その他の収入および資産運用支出やその他の支出は記載しません。このような前提で作成するため，各部門の収入合計と支出合計の金額は一致しません。

（3） 人件費支出内訳表のつくり方

① 部門別区分と記載の省略

（2）の資金収支内訳表の区分と同じで都道府県知事を所轄庁とする学校法人で単数の学校のみを設置している場合は，部門区分を省略することができます。しかし，人件費支出内訳表は，小規模法人でも作成を省略することができません。

② 本務と兼務の区分

本章3．（1）「人件費支出」と第9章を参照してください。

③ 教員，職員の部門別所属

第9章で述べる「部門別会計のしくみ」を参考にしてください。

(4) 決算整理と精算表のつくり方

決算整理では，期末の未収入金と未払金の計上に特に留意してください。

【設　例】

　　資金収支にかかわる決算修正取引を仕訳し，資金収支元帳に記録します。さらに総勘定元帳にも転記します。

番号	取　引	借　方 科　目	金額	貸　方 科　目	金額
(1)	授業料の未収分45を計上する。	期末未収入金	45	授業料収入	45
(2)	期末未払金 　(教)消耗品費支出　27 　(教)機器備品支出　20	(教)消耗品費支出 (教)機器備品支出	27 20	期末未払金	47
(3)	期末手形債務は建設仮勘定支出 50	建設仮勘定支出	50	期末手形債務	50
(4)	第2号基本金引当特定資産の取崩　　　　　　　　　　200	現金預金	200	第2号基本金引当特定資産取崩収入	200
(5)	第3号基本金引当特定資産の取崩　　　　　　　　　　100	現金預金	100	第3号基本金引当特定資産取崩収入	100
(6)	奨学費引当特定資産への繰り入れ　　　　　　　　100	奨学費引当特定資産繰入支出	100	現金預金	100

※　第3号基本金引当特定資産を取り崩したが，全額を奨学費引当特定資産に繰り入れる。

※　この修正仕訳により，残高試算表の金額は，現金預金1,003，第2号基本金引当特定資産300，第3号基本金引当特定資産110，奨学費引当特定資産100となる。

(5) 資金収支計算書，資金収支内訳表および人件費支出内訳表の作成例

次頁以下に掲げました。

第一号様式（第12条関係）

資 金 収 支 計 算 書

平成○○年4月1日から
平成○○年3月31日まで

(単位：円)

収入の部				
科　　目	予　算	決　算	差　異	
学生生徒等納付金収入	(2,180)	(2,180)	(0)	
授業料収入	1,380	1,350	30	
入学金収入	450	460	△ 10	
施設設備資金収入	350	370	△ 20	
手数料収入	(44)	(45)	(△ 1)	
入学検定料収入	44	45	△ 1	
寄付金収入	(85)	(80)	(5)	
特別寄付金収入	60	57	3	
一般寄付金収入	25	23	2	
補助金収入	(235)	(240)	(△ 5)	
国庫補助金収入	10	10	0	
地方公共団体補助金収入	225	230	△ 5	
資産売却収入	(440)	(430)	(10)	
施設売却収入	440	430	10	
付随事業・収益事業収入	(75)	(55)	(20)	
補助活動収入	75	55	20	
受取利息・配当金収入	(40)	(35)	(5)	
第3号基本金引当特定資産運用収入	40	35	5	
雑収入	(60)	(76)	(△ 16)	
施設設備利用料収入	40	40	0	
退職金財団交付金収入	0	16	△ 16	
その他雑収入	20	20	0	
借入金等収入	(100)	(100)	(0)	
長期借入金収入	70	70	0	
短期借入金収入	30	30	0	
前受金収入	(450)	(454)	(△ 4)	
入学金前受金収入	450	454	△ 4	
その他の収入	(505)	(403)	(102)	
第2号基本金引当特定資産取崩収入	300	200	100	
第3号基本金引当特定資産取崩収入	100	100	0	
退職給与引当特定資産取崩収入	0	14	△ 14	
記念事業引当特定資産取崩収入	50	50	0	
前期末未収入金収入	50	35	15	
預り金受入収入	5	4	1	
資金収入調整勘定	(△ 500)	(△ 500)	(0)	
期末未収入金	△ 45	△ 45	0	
前期末前受金	△ 455	△ 455	0	
前年度繰越支払資金	(770)	(770)	(0)	
収入の部合計	4,484	4,368	(116)	

支出の部							
科　　目	予　算		決　算		差　異		
人件費支出	(	1,840)	(	1,860)	(	△ 20)	
教員人件費支出		1,345		1,345		0	
職員人件費支出		385		385		0	
役員報酬支出		110		100		10	
退職金支出		0		30		△ 30	
教育研究経費支出	(	335)	(	330)	(	5)	
消耗品費支出		110		115		△ 5	
光熱水費支出		90		85		5	
旅費交通費支出		60		60		0	
修繕費支出		75		70		5	
管理経費支出	(	225)	(	220)	(	5)	
消耗品費支出		75		70		5	
旅費交通費支出		100		98		2	
創立記念事業費支出		50		52		△ 2	
借入金等利息支出	(	46)	(	45)	(	1)	
借入金利息支出		46		45		1	
借入金等返済支出	(	280)	(	280)	(	0)	
借入金返済支出		220		220		0	
学校債返済支出		60		60		0	
施設関係支出	(	220)	(	210)	(	10)	
建物支出		35		30		5	
建設仮勘定支出		185		180		5	
設備関係支出	(	160)	(	160)	(	0)	
教育研究用機器備品支出		100		105		△ 5	
管理用機器備品支出		40		40		0	
図書支出		20		15		5	
資産運用支出	(	300)	(	310)	(	△ 10)	
第３号基本金引当特定資産繰入支出		30		30		0	
退職給与引当特定資産繰入支出		80		90		△ 10	
減価償却引当特定資産繰入支出		90		90		0	
奨学費引当特定資産繰入支出		100		100		0	
その他の支出	(	35)	(	47)	(	△ 12)	
前期末未払金支払支出		35		35		0	
前払金支払支出		0		12		△ 12	
【予備費】	(	26) 4				4	
資金支出調整勘定	(	△ 100)	(	△ 97)	(	△ 3)	
期末未払金		△ 50		△ 47		△ 3	
期末手形債務		△ 50		△ 50		0	
翌年度繰越支払資金	(	1,139)	(	1,003)	(	136)	
支出の部合計	(	4,484)	(	4,368)	(	116)	

（注）　予備費26円の使用額は次のとおりである。　教員人件費支出　4円

第二号様式（第13条関係）

資 金 収 支 内 訳 表

平成〇〇年4月1日から
平成〇〇年3月31日まで

収 入 の 部

(単位：円)

部門 科目	学校法人	〇〇大学			〇〇 高等学校	総額
		〇〇学部	〇〇学部	計		
学生生徒等納付金収入	(0)	(715)	(585)	(1,300)	(880)	(2,180)
授業料収入	0	445	370	815	535	1,350
入学金収入	0	150	120	270	190	460
施設設備資金収入	0	120	95	215	155	370
手数料収入	(0)	(14)	(9)	(23)	(22)	(45)
入学検定料収入	0	14	9	23	22	45
寄付金収入	(3)	(3)	(5)	(8)	(69)	(80)
特別寄付金収入	0	0	0	0	57	57
一般寄付金収入	3	3	5	8	12	23
補助金収入	(0)	(6)	(4)	(10)	(230)	(240)
国庫補助金収入	0	6	4	10	0	10
地方公共団体補助金収入	0	0	0	0	230	230
資産売却収入	(430)	(0)	(0)	(0)	(0)	(430)
施設売却収入	430	0	0	0	0	430
付随事業・収益事業収入	(0)	(16)	(14)	(30)	(25)	(55)
補助活動収入	0	16	14	30	25	55
受取利息・配当金収入	(22)	(4)	(4)	(8)	(5)	(35)
第3号基本金引当特定資産運用収入	22	4	4	8	5	35
雑収入	(13)	(14)	(11)	(25)	(38)	(76)
施設設備利用料収入	5	10	8	18	17	40
退職金財団交付金収入	0	0	0	0	16	16
その他雑収入	8	4	3	7	5	20
借入金等収入	(30)	(35)	(35)	(70)	(0)	(100)
長期借入金収入	0	35	35	70	0	70
短期借入金収入	30	0	0	0	0	30
計	498	807	667	1,474	1,269	3,241

第4章 資金収支計算のすすめ方

支 出 の 部

(単位:円)

部門 科目	学校法人	○○大学 ○○学部	○○大学 ○○学部	○○大学 計	○○高等学校	総額
人件費支出	(175)	(492)	(410)	(902)	(783)	(1,860)
教員人件費支出	0	407	335	742	603	1,345
職員人件費支出	75	85	75	160	150	385
役員報酬支出	100	0	0	0	0	100
退職金支出	0	0	0	0	30	30
教育研究経費支出	(0)	(103)	(87)	(190)	(140)	(330)
消耗品費支出	0	33	27	60	55	115
光熱水費支出	0	25	20	45	40	85
旅費交通費支出	0	20	15	35	25	60
修繕費支出	0	25	25	50	20	70
管理経費支出	(90)	(40)	(30)	(70)	(60)	(220)
消耗品費支出	15	17	13	30	25	70
旅費交通費支出	23	23	17	40	35	98
創立記念事業費支出	52	0	0	0	0	52
借入金等利息支出	(8)	(15)	(15)	(30)	(7)	(45)
借入金利息支出	8	15	15	30	7	45
借入金等返済支出	(145)	(60)	(50)	(110)	(25)	(280)
借入金返済支出	140	35	35	70	10	220
学校債返済支出	5	25	15	40	15	60
施設関係支出	(0)	(100)	(80)	(180)	(30)	(210)
建物支出	0	0	0	0	30	30
建設仮勘定支出	0	100	80	180	0	180
設備関係支出	(10)	(34)	(25)	(59)	(91)	(160)
教育研究用機器備品支出	0	17	13	30	75	105
管理用機器備品支出	10	13	9	22	8	40
図書支出	0	4	3	7	8	15
計	428	844	697	1,541	1,136	3,105

第三号様式（第14条関係）

人　件　費　支　出　内　訳　表
平成〇〇年4月1日から
平成〇〇年3月31日まで

（単位：円）

部門 科目	学校法人	〇〇大学			〇〇 高等学校	総額
		〇〇学部	〇〇学部	計		
教員人件費支出	（　　0）	（　407）	（　335）	（　742）	（　603）	（　1,345）
本務教員	〈　　0〉	〈　337〉	〈　278〉	〈　615〉	〈　590〉	〈　1,205〉
本俸	0	193	159	352	337	689
期末手当	0	80	66	146	140	286
その他の手当	0	48	40	88	84	172
所定福利費	0	16	13	29	29	58
兼務教員	〈　　0〉	〈　70〉	〈　57〉	〈　127〉	〈　13〉	〈　140〉
職員人件費支出	（　75）	（　85）	（　75）	（　160）	（　150）	（　385）
本務職員	〈　62〉	〈　67〉	〈　63〉	〈　130〉	〈　150〉	〈　342〉
本俸	35	38	36	74	86	195
期末手当	15	16	15	31	36	82
その他の手当	9	10	9	19	21	49
所定福利費	3	3	3	6	7	16
兼務職員	〈　13〉	〈　18〉	〈　12〉	〈　30〉	〈　　0〉	〈　43〉
役員報酬支出	（　100）	（　　0）	（　　0）	（　　0）	（　　0）	（　100）
退職金支出	（　　0）	（　　0）	（　　0）	（　　0）	（　30）	（　30）
教員	〈　　0〉	〈　　0〉	〈　　0〉	〈　　0〉	〈　30〉	〈　30〉
職員	〈　　0〉	〈　　0〉	〈　　0〉	〈　　0〉	〈　　0〉	〈　　0〉
計	175	492	410	902	783	1,860

第5章

活動区分資金収支計算のすすめ方

1. 活動区分資金収支計算書の導入の背景

　平成25年会計基準の適用により，現金預金の流れを3つの活動に区分して表示する「活動区分資金収支計算書」が導入されました（会計基準14条の2）。これは，企業会計でいうキャッシュ・フロー計算書に似ています。3つの区分とは，①教育活動による資金収支，②施設整備等活動による資金収支，③その他の活動による資金収支です。3つの活動でそれぞれ収支が計算されます。

　従来の資金収支計算書は，収入と支出は一覧で表示されていました。補助金の配分の基礎資料や予算管理に有用な情報になると考えられていたからです。そのため，資金収支を活動ごとに分けた計算はしておらず，活動別の詳細な情報を入手するためには資金収支計算書を組み替えて，別途作成する必要がありました。

　しかし，近年の学校法人では，施設設備の高度化，資金調達や資産運用の多様化など，教育研究活動以外の活動が増加しています。また，私立学校を取り巻く経営環境が悪化する中，学校法人の財政や経営状況への社会的な関心が高まっています。さらに，在学生や保護者に対して，学校法人はどのような活動をしているのかについて，財務の視点からもわかりやすく説明できるようにす

ることが求められています。

　これらの要請に応じるため，会計基準を改正して，「活動区分資金収支計算書」を作成することになったのです。活動区分資金収支計算書を作成することで活動ごとの資金の流れが把握できるようになり，計算書類の内容がより明確化され，経営判断に役立つと考えられます。

　なお，従来の資金収支計算書は，平成25年会計基準の適用によって表示方法が一部変更になりましたが，資金収支計算書の作成は継続されます。予算管理を行う上で，各年度の収入と支出の総額と内訳を一覧で表示される従来の資金収支計算書の様式は有用であり，また，補助金の配分の基礎資料になると考えられるためです。

2．3つの活動区分

　活動区分資金収支計算書は，活動別に資金の流れを把握することができますが，どのような活動に分類することが望ましいのかが重要となります。この点，平成25年会計基準では学校法人の特質を勘案した上で，①教育研究活動，②施設整備等活動，③財務活動の3つに区分することが望ましいと判断しています。

　また，3つの活動区分ごとにキャッシュ・フローが明確になるように各活動区分の末尾にそれぞれに対応する調整勘定等を記載して，現金預金の流れと一致させる様式となっているのが特徴的です。

　資金収支計算書と活動区分資金収支計算書の関係は以下のとおりです。

【資金収支計算書と活動区分資金収支計算書の関係】

資金収支計算書（要約）

	項目	金額	内訳
収入の部	収入合計	1,500	教育活動：1,000(A) 施設整備等：300(B) その他の活動：200(C)
	前年度繰越支払資金	300	(D)
	収入の部合計	1,800	
支出の部	支出合計	1,400	教育活動：700(E) 施設整備等：400(F) その他の活動：300(G)
	翌年度繰越支払資金	400	(H)
	支出の部合計	1,800	

↓ 3つの活動に区分 →

活動区分資金収支計算書（要約）

項目		金額	具体例
教育活動による資金収支	収入	1,000(A)	学納金・経常費等補助金・人件費・経費等の教育研究に関する収支
	支出	700(E)	
	収支差額	300	
施設整備等活動による資金収支	収入	300(B)	土地・建物・備品等の取得及び売却に関する収支
	支出	400(F)	
	収支差額	△100	
その他の活動による資金収支	収入	200(C)	借入・利息・収益事業・預り金・過年度修正等に関する収支
	支出	300(G)	
	収支差額	△100	
支払資金の増減額		100	当年度の収支差額
前年度繰越支払資金		300(D)	前年度末の支払資金
翌年度繰越支払資金		400(H)	当年度末の支払資金

(注) 1. 両計算書内の図表に示している(A)から(H)は金額が一致する
2. 調整勘定等は省略している

（1） 教育活動による資金収支とは

　文部科学省より公表された「学校法人会計基準の一部改正に伴う計算書類の作成について（通知）」（25高私参第8号，平成25年9月2日（以下，「25高私参第8号」という））では，「教育活動による資金収支」とは，「施設整備等活動による資金収支」および「その他の活動による資金収支」を除いたものと定義しています。すなわち，25高私参第8号は，「施設整備等活動による資金収支」および「その他の活動による資金収支」に該当しない場合は「教育活動による資金収支」に区分すると考えています。

　学校法人は寄附行為により設立された教育研究を目的とする組織であるため，その活動の多くは教育研究に関するものです。そのため，学校法人の活動から発生する多くの収支は，教育研究に関わってきます。したがって，寄附行為によって設立された学校法人の活動から発生する多くの収支は，「教育活動による資金収支」に含まれることになります。

会計基準第四号様式に記載されている具体的な科目は，以下のとおりです。
（収入の項目）

```
学生生徒等納付金収入
手数料収入
特別寄付金収入
一般寄付金収入
経常費等補助金収入
付随事業収入
雑収入
```

（支出の項目）

```
人件費支出
教育研究経費支出
管理経費支出
```

なお，「施設設備の拡充」を目的とした資金を授業料等とあわせて徴収する学校がありますが，これは学生生徒等納付金収入に含まれるため，「教育活動による資金収支」に計上します。「施設設備の拡充」が目的のため，「施設整備等活動による資金収支」に区分することが望ましいという考え方もありますが，一般的には施設設備の取得を特定された年度に合わせて徴収するのではなく，施設設備の利用料と考えられるため，後述する補助金や寄付金のように厳格な資金管理や使途の特定がされているとはいえません。したがって，「施設整備等活動による資金収支」に区分せず「教育活動による資金収支」に区分します（「学校法人会計基準の改正に関する説明会」への質問回答集Q&A４，平成26年２月）。

（２） 施設整備等活動による資金収支とは

「施設整備等活動による資金収支」は，25高私参第８号では，「会計基準第14条の２第１項第２号に定める「施設若しくは設備の取得又は売却その他これらに類する活動」に係る資金収支」と定義しています。

学校法人は，教育研究活動を行うことが目的であるため，学校法人の運営で発生する収入と支出は教育活動に関連すると考えられますが，教育活動を継続的に行うためには施設設備の取得や取替更新が重要です。また，近年は学生生徒の教育研究活動に役立つ施設拡充や設備の強化を図って，教育研究環境を充実する学校法人が増えています。そこで，平成25年会計基準では，施設設備に関する活動は教育活動とは別の重要な1つの活動と考えて，「施設整備等活動による資金収支」の活動区分を記載します。

会計基準第四号様式に記載されている具体的な科目は，以下のとおりです。
（収入の項目）

```
施設設備寄付金収入
施設設備補助金収入
施設設備売却収入
第2号基本金引当特定資産取崩収入
（何）引当特定資産取崩収入
```

（支出の項目）

```
施設関係支出
設備関係支出
第2号基本金引当特定資産繰入支出
（何）引当特定資産繰入支出
```

（3） その他の活動による資金収支とは

「その他の活動による資金収支」には，財務活動，収益事業，預り金，過年度修正額から生じる資金収支が記載されます。

財務活動は，借入金・有価証券・第3号基本金引当特定資産が該当し，資金調達および資金運用に関する活動であるため，教育活動とは分けて，その他の活動に含めます。収益事業は，学校法人の教育研究活動とは異なる活動であり，その他の活動に該当すると考えられます。預り金は，経過的な項目であるため，

教育活動ではなく，その他の活動になります。過年度修正額は，過去の修正であり，当期の活動から生じた収支ではなく教育活動に含めるのは好ましくないため，その他の活動になります。

なお，立替金や仮受金等の収支は，預り金と同様に経過的な活動に該当すると考えられるため，発生原因別に区分せず，「その他の活動による資金収支」に計上します（「学校法人会計基準の改正に関する説明会」への質問回答集Q&A３）。

会計基準第四号様式に記載されている具体的な科目は，以下のとおりです。
（収入の項目）

```
借入金等収入
有価証券売却収入
第３号基本金引当特定資産取崩収入
（何）引当特定資産取崩収入
受取利息・配当金収入
収益事業収入
```

（支出の項目）

```
借入金等返済支出
有価証券購入支出
第３号基本金引当特定資産繰入支出
（何）引当特定資産繰入支出
収益事業元入金支出
借入金等利息支出
```

（４）　調整勘定等

資金収支計算書に計上されている「前受金収入」，「前期末未収入金収入」，「期末未収入金」，「前期末前受金」，「前期末未払金支払支出」，「前払金支払支出」，「期末未払金」，「前期末前払金」の各項目（以下，「調整勘定等」という）の金額は，活動区分資金収支計算書では３つの活動ごとに分けて記載するため，これらの項目は３つの活動に割り当てる必要があります。

また，調整勘定等は，活動区分資金収支計算書の３つの活動ごとに一括して記載されるため，活動区分資金収支計算書上で調整勘定等の内訳を把握することができません。そこで，活動区分資金収支計算書の末尾に「活動区分ごとの調整勘定等の加減の計算過程の注記」を記載して，資金収支計算書に計上されている調整勘定等の金額と３つの活動の調整勘定等との対応関係が把握できるように注記します。

　なお，この注記は該当する項目に金額がない場合であっても，省略することはできません。

〔注記例〕

　活動区分ごとの調整勘定等の計算過程は以下のとおり。

(単位：円)

項目	資金収支計算書計上額	教育活動による資金収支	施設整備等活動による資金収支	その他の活動による資金収支
前受金収入	454	454	0	0
前期末未収入金収入	35	35	0	0
期末未収入金	△45	△45	0	0
前期末前受金	△455	△455	0	0
収入計	△11	△11	0	0
前期末未払金支払支出	35	0	35	0
前払金支払支出	12	0	12	0
期末未払金	△47	0	△47	0
前期末前払金	△50	0	△50	0
支出計	△50	0	△50	0
収入計－支出計	39	△11	50	0

調整勘定等の区分は，調整勘定の相手勘定がどの活動に該当するかで判断します（「学校法人会計基準の改正に関する説明会」への質問回答集Q&A６，平成26年２月）。具体的に，教育研究経費（たとえば消耗品費）に係る未払金は「教育活動による資金収支」となりますが，教育研究用機器備品に係る未払金は「施設整備等活動による資金収支」に区分します。

期末時点で未払金が発生する場合，未払金を「教育活動による資金収支」と「施設整備等活動による資金収支」に区分することが必要になりますが，後述する基本金の未組入れとあわせて検討することが効率的です（基本金については第７章参照）。

３．活動区分資金収支計算書のつくり方

活動区分資金収支計算書は，「教育活動による資金収支」，「施設整備等活動による資金収支」，「その他の活動による資金収支」の３つに区分して活動ごとに収支を計算します。作成の順番は以下のとおりとなります。

【活動区分資金収支計算書の作成例と留意点】

		科目	金額	計算式	留意点
教育活動による資金収支	収入	学生生徒等納付金収入	2,180		
		手数料収入	45		
		特別寄付金収入	30		施設整備等による寄付金がある場合，資金収支計算書の「特別寄付金収入」の金額と一致しない
		一般寄付金収入	23		
		経常費等補助金収入	210		施設整備等による補助金がある場合，資金収支計算書の「補助金収入」の金額と一致しない
		付随事業収入	55		資金収支計算書の大科目「付随事業・収益事業収入」のうち，小科目「補助活動収入」，「附属事業収入」，「受託事業収入」の合計額を記載する

第5章 活動区分資金収支計算のすすめ方

		科目	金額	計算式	留意点
					※小科目「収益事業収入」は「その他の活動による資金収支」の活動区分に記載する
		雑収入	76		
		教育活動資金収入計	2,619	①	教育活動による資金収入の合計を記載する
	支出	人件費支出	1,860		
		教育研究経費支出	330		
		管理経費支出	220		
		教育活動資金支出計	2,410	②	教育活動による資金支出の合計を記載する
	差引		209	③=①-②	収入と支出の差額を記載する（マイナスの場合，△を付ける）
	調整勘定等		△11	④	教育活動に係る調整勘定等を記載する
	教育活動資金収支差額		198	⑤=③+④	教育活動から生じた資金収支の合計額を記載する
施設整備等活動による資金収支	収入	施設設備寄付金収入	27		教育活動の寄付金がある場合，資金収支計算書の「特別寄付金収入」の金額と一致しない
		施設設備補助金収入	30		教育活動による補助金がある場合，資金収支計算書の「補助金収入」の金額と一致しない
		施設設備売却収入	430		
		第2号基本金引当特定資産取崩収入	200		
		施設整備等活動資金収入計	687	⑥	施設整備等による資金収入の合計を記載する
	支出	施設関係支出	210		
		設備関係支出	160		
		第2号基本金引当特定資産繰入支出	90		
		施設整備等活動資金支出計	460	⑦	施設整備等による資金支出の合計を記載する
	差引		227	⑧=⑥-⑦	収入と支出の差額を記載する（マイナスの場合，△を付ける）
	調整勘定等		50	⑨	施設整備等活動に係る調整勘定等を記載する
	施設整備等活動資金収支差額		277	⑩=⑧+⑨	施設整備等活動から生じた資金収支の合計額を記載する
小計（教育活動資金収支差額＋施設整備等活動資金収支差額）			475	⑪=⑤+⑩	教育活動と施設整備等活動の収支の合計額を記載する

		科目	金額	計算式	留意点
その他の活動による資金収支	収入	借入金等収入	100		
		第3号基本金引当特定資産取崩収入	100		
		退職給与引当特定資産取崩収入	14		
		記念事業引当特定資産取崩収入	50		
		預り金受入収入	4		
		小計	268	⑫	元本（貸借対照表）に関する収入の合計額を記載する
		受取利息・配当金収入	35		
		その他の活動資金収入計	303	⑬	その他の活動による収入の合計を記載する
	支出	借入金等返済支出	280		
		第3号基本金引当特定資産繰入支出	30		
		退職給与引当特定資産繰入支出	90		
		奨学費引当特定資産繰入支出	100		
		小計	500	⑭	元本（貸借対照表）に関する支出の合計額を記載する
		借入金等利息支出	45		
		その他の活動資金支出計	545	⑮	その他の活動による支出の合計を記載する
	差引		△242	⑯=⑬-⑮	収入と支出の差額を記載する（マイナスの場合，△を付ける）
	調整勘定等		0	⑰	その他の活動に係る調整勘定等を記載する
	その他の活動資金収支差額		△242	⑱=⑯+⑰	その他の活動から生じた資金収支の合計額を記載する
支払資金の増減額（小計＋その他の活動資金収支差額）			233	⑲=⑪+⑱	3つの活動の収支の合計額を記載する
前年度繰越支払資金			770	⑳	資金収支計算書の「前年度繰越支払資金」および貸借対照表の前年度末「現金預金」と一致する

第5章 活動区分資金収支計算のすすめ方 　177

| 翌年度繰越支払資金 | 1,003 | ㉑=⑲+⑳ | 資金収支計算書の「翌年度繰越支払資金」および貸借対照表の本年度末「現金預金」と一致する |

(注) 計算式の欄に記載している番号は，本章の説明文中に括弧書している番号と一致する。

（1） 教育活動による資金収支

(ア) 教育活動による収入と支出を科目別に金額を記載。

(イ) 収入の合計額は「教育活動資金収入計」，支出の合計額は「教育活動資金支出計」に記載（図表①，②）。

(ウ) 教育活動資金収入計と教育活動資金支出計の差額を「差引」に記載（図表③）。

(エ) 差引の次に，教育活動による資金収支に係る「調整勘定等」を記載（図表④）。

(オ) 調整勘定等の次に，「差引」と「調整勘定等」の合計額を「教育活動資金収支差額」として記載（図表⑤）。

（2） 施設整備等活動による資金収支

「施設整備等活動による資金収支」は，「教育活動による資金収支」と同じ順番ですが，「教育活動資金収支差額」と「施設整備等活動資金収支差額」の合計額を「施設整備等活動資金収支差額」の次に「小計（教育活動資金収支差額＋施設整備等活動資金収支差額）」として記載（図表⑪）するので留意してください。

（3） その他の活動による資金収支

「その他の活動による資金収支」は，他の2つの活動と異なるため，注意が必要です。

(ア) その他の活動による収入と支出を科目別に金額を記載。ただし，貸借対照表科目（元本）に係る収入の科目を先に記載して，まず「小計」を記載（図表⑫）。

(イ) (ア)の次に，「小計」より下に事業活動収支計算書科目（利息等）に係る収入を記載して，「その他の活動資金収入計」を記載（図表⑬）。

(ウ) 支出についても同様，貸借対照表科目（元本）に係る支出を先に記載して，まず「小計」を記載し（図表⑭），「小計」より下に事業活動収支計算書科目（利息等）に係る支出を記載して，「その他の活動資金支出計」を記載（図表⑮）。

(エ) その他の活動資金収入計とその他の活動資金支出計の差額を「差引」として記載（図表⑯）。

(オ) 「差引」の次に，その他の活動による資金収支に係る「調整勘定等」を記載（図表⑰）。

(カ) 調整勘定等の次に，「差引」と「調整勘定等」の合計額を「その他の活動資金収支差額」として記載（図表⑱）。

(注) 「その他の活動による資金収支」は主に財務活動を記載するため，先に元本に関する科目を記載して，まず「小計」として合計額を記載し（図表⑫，⑭），次に，「小計」より下に利息等に関する科目を記載します。そのため，「その他の活動による資金収支」は，「教育活動による資金収支」と「施設整備等活動による資金収支」の他の2つの活動とは様式が異なります（「学校法人会計基準の改正に関する説明会」への質問回答集Q&A11）。

この「小計」については，「その他の活動による資金収支」のみ記載され，「教育活動による資金収支」と「施設整備等活動による資金収支」には記載されない点が特徴的です。

(4) 3つの活動以下の記載事項

「教育活動による資金収支」，「施設整備等活動による資金収支」，「その他の活動による資金収支」の3つの活動ごとに収支差額を記載したあと，「小計」

と「その他の活動資金収支差額」の合計額を「支払資金の増減額（小計＋その他の活動資金収支差額）」として記載します（図表⑲）。この「支払資金の増減額（小計＋その他の活動資金収支差額）」が３つの活動の収支の合計額となります。その後，「前年度繰越支払資金」を記載して（図表⑳），最後に「翌年度繰越支払資金」を記載します（図表㉑）。

なお，「前年度繰越支払資金」は，資金収支計算書の「前年度繰越支払資金」および貸借対照表の前年度末「現金預金」と金額が一致します。「翌年度繰越支払資金」は，資金収支計算書の「翌年度繰越支払資金」および貸借対照表の本年度末「現金預金」と金額が一致します。

（5） 留意点

(ｱ) 平成25年会計基準の第四号様式に記載されている科目に計上すべき金額がない場合は，当該科目の省略は可能です。

(ｲ) 平成25年会計基準の第四号様式に記載がない科目を設けている場合は，科目の追加は可能です。

(ｳ) 活動区分ごとの調整勘定等の加減の計算過程の注記は，活動区分資金収支計算書の末尾に記載します。なお，注記については，25高私参第8号の例を参考に作成しますが，該当する項目がない場合であっても項目は省略できません（JICPA実務指針第45号 5－1参照）。

4．区分のしかた

（1） 寄付金の区分

寄付金収入は，活動区分資金収支計算書では「教育活動による資金収支」と「施設整備等活動による資金収支」の２つの活動で計上されることになります。「教育活動による資金収支」に計上される「特別寄付金収入」は，用途指定

のある寄付金収入のうち，施設設備寄付金収入を除いたものをいい，「施設整備等活動による資金収支」に計上される「施設設備寄付金収入」は，施設設備の拡充等のための寄付金収入をいいます（25高私参第8号）。

この定義から，施設設備の拡充等に対する寄付であると明確に区分できる場合は「施設整備等活動による資金収支」に計上し，それ以外は「教育活動による資金収支」に計上することになります。寄付者の意思は，寄付金募集要項や寄付金申込書などで明確にして区分することが望ましいです。

なお，「教育活動による資金収支」に計上する「特別寄付金収入」は，事業活動収支計算書では「教育活動収支」の区分の大科目「寄付金」，小科目「特別寄付金」に計上します。また，「施設整備等活動による資金収支」に計上する「施設設備寄付金収入」は，事業活動収支計算書では「特別収支」の区分の大科目「その他の特別収入」，小科目「施設設備寄付金」に計上されることになりますので留意してください（詳細は第6章参照）。

【寄付金の区分】

寄付の内容	資金収支計算書		活動区分資金収支計算書	事業活動収支計算書	
	大科目	小科目		大科目	小科目
用途指定あり	寄付金収入	特別寄付金収入	特別寄付金収入 （教育活動による資金収支）	寄付金 （教育活動収支）	特別寄付金
用途指定あり （施設設備の場合）	寄付金収入	特別寄付金収入	施設設備寄付金収入 （施設整備等活動による資金収支）	その他の特別収入 （特別収支）	施設設備寄付金
用途指定なし	寄付金収入	一般寄付金収入	一般寄付金収入 （教育活動による資金収支）	寄付金 （教育活動収支）	一般寄付金
現物寄付 （施設設備以外）	－	－	－	寄付金 （教育活動収支）	現物寄付
現物寄付 （施設設備）	－	－	－	その他の特別収入 （特別収支）	現物寄付

（2） 補助金の区分

補助金収入は，活動区分資金収支計算書では「教育活動による資金収支」と「施設整備等活動による資金収支」の2つの活動で計上されます。「教育活動に

よる資金収支」に計上する「経常費等補助金収入」とは，補助金収入のうち，施設設備補助金収入を除いたものをいい，「施設整備等活動による資金収支」に計上する「施設設備補助金収入」とは，施設設備の拡充等のための補助金収入をいいます（25高私参第8号）。

この定義から，補助金交付要綱等の趣旨から判断して，施設設備のためという目的が明確である補助金収入は「施設整備等活動による資金収支」の「施設設備補助金収入」に計上し，それ以外は「教育活動による資金収支」の「経常費等補助金収入」に計上することになります。

なお，「教育活動による資金収支」に計上する「経常費等補助金収入」は，事業活動収支計算書では「教育活動収支」の区分の大科目「経常費等補助金」，小科目「〇〇県補助金」などの名称で計上され，「施設整備等活動による資金収支」に計上する「施設設備寄付金収入」は，事業活動収支計算書では「特別収支」の区分の大科目「その他の特別収入」，小科目「施設設備補助金」に計上されることになりますので留意してください（詳細は第6章参照）。

① **利子補給を目的とした補助金**

校舎の建設のための借入金に係る利子に対して補助金を助成する場合がありますが，これは，施設の充実を図る目的で補助されるものであるので，補助金の交付者の目的に照らして「施設整備等活動による資金収支」の区分に計上します。それ以外の目的については，補助の性質に応じて区分します。

② **経常費補助金のうち設備支出を対象とする部分**

図書や機器備品といった設備関係支出を対象にした補助金については，「施設整備等活動による資金収支」に計上することが考えられます。しかし，設備関係支出を対象にした補助金であっても学校の教育活動の維持向上等に寄与する経常的経費の補助は，「教育活動による資金収支」の区分に計上します。

③ 補助金の増額

私立学校振興助成法第7条で規定している補助金の増額（特別補助）とは，私立大学における学術の振興および私立大学または私立高等専門学校における特定の分野，課程等に係る教育の振興のため特に必要があると認めるとき，補助金を増額して交付することをいいます。これは，経常費補助金の増額分であるため，一部が施設設備の購入に充当されたとしても「施設整備等活動による資金収支」の区分に計上せず，「教育活動による資金収支」の区分に計上します。

④ GP（Good Practice）等の補助金

GP（Good Practice）等の補助金については，教育の質向上に向けた大学教育改革の取組に係る補助金としての性質を有しています。そのため，一部が施設設備の購入に充当されたとしても「施設整備等活動による資金収支」の区分に計上せず，「教育活動による資金収支」の区分に計上します。

（注） JICPA実務指針第45号1-4参照。

【補助金の区分】

補助の内容	資金収支計算書		活動区分資金収支計算書	事業活動収支計算書	
	大科目	小科目		大科目	小科目
経常費等補助の場合	補助金収入	○○補助金収入	経常費等補助金収入 （教育活動による資金収支）	経常費等補助金 （教育活動収支）	○○補助金
施設設備の場合			施設設備補助金収入 （施設整備等活動による資金収支）	その他の特別収入 （特別収支）	施設設備補助金

（3） 付随事業・収益事業の区分

付随事業・収益事業収入は，活動区分資金収支計算書では「教育活動による資金収支」と「その他の活動による資金収支」の2つの活動で計上されます。「教育活動による資金収支」に分類されるのは補助活動，附属事業，受託事業

の3つです。「その他の活動による資金収支」には収益事業収入を記載します。

　付随事業は，収益を目的としないで教育研究活動と密接に関連する事業を目的とするため，「教育活動による資金収支」に区分されます。他方，収益事業は，私立学校法第26条に基づき，収益事業告示（平成20年文部科学省告示第141号）に定める範囲内で行うものです。そして，寄附行為に記載して文部科学省の認可が必要となり，学校法人会計から区分して特別会計として経理されるため，教育活動とは分離して，「その他の活動による資金収支」に区分されます。

　なお，「教育活動による資金収支」に計上する「付随事業収入」は，事業活動収支計算書では「教育活動収支」の区分の大科目「付随事業収入」，小科目「補助活動収入」，「附属事業収入」，「受託事業収入」に計上され，「その他の活動による資金収支」に計上する「収益事業収入」は，事業活動収支計算書では「教育活動外収支」の区分の大科目「その他の教育活動外収入」，小科目「収益事業収入」に計上されることになりますので留意してください（詳細は第6章参照）。

【付随事業・収益事業収入の区分】

区分	資金収支計算書		活動区分資金収支計算書	事業活動収支計算書	
	大科目	小科目		大科目	小科目
補助活動	付随事業・収益事業収入	補助活動収入	付随事業収入（教育活動による資金収支）	付随事業収入（教育活動収支）	補助活動収入
附属事業		附属事業収入			附属事業収入
受託事業		受託事業収入			受託事業収入
収益事業		収益事業収入	収益事業収入（その他の活動による資金収支）	その他の教育活動外収入（教育活動外収支）	収益事業収入

（4）　特定資産の区分

　「施設整備等活動による資金収支」に区分される「〇〇引当特定資産取崩収入」は，施設設備に用途指定のある特定資産の取崩しに伴う収入のうち，第2号基本金引当特定資産取崩収入を除いたものをいいます。また，「その他の活

動による資金収支」に区分される「〇〇引当特定資産取崩収入」とは，施設設備以外に用途指定のある特定資産の取崩しに伴う収入のうち，「第3号基本金引当特定資産取崩収入」を除いたものをいいます（25高私参第8号）。

この定義より，施設設備に用途指定のある特定資産に係る取崩収入または繰入支出は，「施設整備等活動による資金収支」に区分され，施設設備以外で用途指定のある特定資産に係る取崩収入または繰入支出は，「その他の活動による資金収支」に区分されます。

具体的に，減価償却引当特定資産に係る取崩収入または繰入支出は，「施設整備等活動による資金収支」に計上して，退職給与引当特定資産に係る取崩収入または繰入支出は「その他の活動による資金収支」に計上します。

なお，特定資産に係る収支については，純額表示ではなく総額で表示しますので留意してください。

(注) JICPA実務指針第45号参照。

(5) 過年度修正額の区分

「過年度修正額」のうち，資金収支が生じる場合は「その他の活動による資金収支」に区分されます。資金収入の場合は「過年度修正収入」，資金支出の場合は「過年度修正支出」の科目で表示します。

資金収支計算書では，資金収入の場合は大科目「雑収入」，小科目「過年度修正収入」に計上され，資金支出の場合は大科目「管理経費支出」，小科目「過年度修正支出」に計上します。

事業活動収支計算書では「特別収支」に区分されます。事業活動収入の場合は大科目「その他の特別収入」，小科目「過年度修正額」に計上され，事業活動支出の場合は大科目「その他の特別支出」，小科目「過年度修正額」に計上します（詳細は第6章参照）。

なお，資金収支が生じない場合の具体例は，過去に計上した減価償却額や退

職給与引当金繰入額の誤りを当年度に修正した場合などが考えられます。

【過年度修正額の区分】

資金の内容	資金収支計算書		活動区分資金収支計算書	事業活動収支計算書	
	大科目	小科目		大科目	小科目
資金収入の場合	雑収入	過年度修正収入	過年度修正収入 (その他の活動による資金収支)	その他の特別収入 (特別収支)	過年度修正額
資金支出の場合	管理経費支出	過年度修正支出	過年度修正支出 (その他の活動による資金収支)	その他の特別支出 (特別収支)	
非資金の場合 (収入)	ー	ー	ー	その他の特別収入 (特別収支)	
非資金の場合 (支出)				その他の特別支出 (特別収支)	

5．資金収支計算書から活動区分資金収支計算書への組替例

以下に掲げましたので，参考にしてください。

資金収支計算書（第一号様式）から活動区分資金収支計算書（第四号様式）への組替表

資金収支計算書
平成○○年4月1日から
平成○○年3月31日まで
(単位：円)

収入の部

No.	科目	金額	備考
1	学生生徒等納付金収入	2,180	
2	授業料収入	1,350	
3	入学金収入	460	
4	施設設備資金収入	370	
5	手数料収入	(45)	
6	入学検定料収入	45	
7	寄付金収入	80	
8	特別寄付金収入	57	教育：30 施設：27
9	一般寄付金収入	23	
10	補助金収入	(240)	
11	国庫補助金収入	10	教育：10
12	地方公共団体補助金収入	230	教育：200 施設：30
13	資産売却収入	(430)	
14	施設売却収入	430	
15	付随事業・収益事業収入	(55)	
16	補助活動収入	55	
17	受取利息・配当金収入	(35)	
18	第3号基本金引当特定資産運用収入	35	
19	雑収入	(76)	
20	施設設備利用料収入	40	
21	退職金財団交付金収入	16	
22	その他雑収入	20	
23	借入金等収入	(100)	
24	長期借入金収入	70	
25	短期借入金収入	30	
26	前受金収入	(454)	調整勘定（教育）へ
27	入学金前受金収入	454	
28	その他の収入	(403)	
29	第2号基本金引当特定資産取崩収入	200	
30	第3号基本金引当特定資産取崩収入	100	
31	退職給与引当特定資産取崩収入	14	
32	記念事業引当特定資産取崩収入	50	
33	前期末未払金収入	35	調整勘定（教育）へ
34	預り金受入収入	4	
35	資金収入調整勘定	(△500)	
36	期末未収入金	△45	調整勘定（教育）へ
37	前期末前受金	△455	調整勘定（教育）へ
38	前年度繰越支払資金	(770)	
39	収入の部合計	(4,368)	

支出の部

No.	科目	金額	備考
40	人件費支出	(1,860)	
41	教員人件費支出	1,345	
42	職員人件費支出	385	
43	役員報酬支出	100	
44	退職金支出	30	
45	教育研究経費支出	(330)	
46	消耗品費支出	115	
47	光熱水費支出	85	
48	旅費交通費支出	60	
49	修繕費支出	70	
50	管理経費支出	(220)	
51	消耗品費支出	70	
52	旅費交通費支出	98	
53	創立記念事業費支出	52	
54	借入金等利息支出	(45)	
55	借入金利息支出	45	
56	借入金等返済支出	(280)	
57	借入金返済支出	220	
58	学校債返済支出	60	
59	施設関係支出	(210)	
60	建物支出	30	
61	建物仮勘定支出	180	
62	設備関係支出	(160)	
63	教育研究用機器備品支出	105	
64	管理用機器備品支出	40	
65	図書支出	15	
66	資産運用支出	(310)	
67	第3号基本金引当特定資産繰入支出	30	
68	退職給与引当特定資産繰入支出	90	
69	減価償却引当特定資産繰入支出	90	
70	奨学費引当特定資産繰入支出	100	
71	その他の支出	(47)	
72	前期末未払金支払支出	35	調整勘定（施設）へ
73	前期末前受金	12	調整勘定（施設）へ
74	資金支出調整勘定	(△97)	
75	期末未払金	△47	調整勘定（施設）へ
76	期末手形債務	△50	調整勘定（施設）へ
77	翌年度繰越支払資金	(1,003)	
78	支出の部合計	(4,368)	

活動区分資金収支計算書
平成○○年4月1日から
平成○○年3月31日まで
(単位：円)

		No.	科目	金額
教育活動による資金収支	収入	1	学生生徒等納付金収入	2,180
		5	手数料収入	45
		8	特別寄付金収入	30
		9	一般寄付金収入	23
		11, 12	経常費等補助金収入	210
		15	付随事業収入	55
		19	雑収入	76
			教育活動資金収入計(1)	2,619
	支出	40	人件費支出	1,860
		45	教育研究経費支出	330
		50	管理経費支出	220
			教育活動資金支出計(2)	2,410
			差引(3)=(1)-(2)	209
		26, 33, 36, 37	調整勘定等(4)	△11
			教育活動資金収支差額(5)=(3)+(4)	198
施設整備等活動による資金収支	収入	8	施設設備寄付金収入	27
		12	施設設備補助金収入	30
		13	施設売却収入	430
		29	第2号基本金引当特定資産取崩収入	200
			施設整備等活動資金収入計(6)	687
	支出	59	施設関係支出	210
		62	設備関係支出	160
		69	減価償却引当特定資産繰入支出	90
			施設整備等活動資金支出計(7)	460
			差引(8)=(6)-(7)	227
		72, 73, 75, 76	調整勘定等(9)	50
			施設整備等活動資金収支差額(10)=(8)+(9)	277
			小計(教育活動資金収支差額+施設整備等活動資金収支差額)(11)=(5)+(10)	475
その他の活動による資金収支	収入	23	借入金等収入	100
		30	第3号基本金引当特定資産取崩収入	100
		31	退職給与引当特定資産取崩収入	14
		32	記念事業引当特定資産取崩収入	50
		34	預り金受入収入	4
			小計	268
		17	受取利息・配当金収入	35
			その他の活動資金収入計(12)	303
	支出	56	借入金等返済支出	280
		67	第3号基本金引当特定資産繰入支出	30
		68	退職給与引当特定資産繰入支出	90
		70	奨学費引当特定資産繰入支出	100
			小計	500
		54	借入金等利息支出	45
			その他の活動資金支出計(13)	545
		N/A	調整勘定(15)	0
			その他の活動資金収支差額(16)=(14)+(15)	△242
			支払資金の増減額(17)=(11)+(16)	233
		38	前年度繰越支払資金(18)	770
		77	翌年度繰越支払資金(19)=(17)+(18)	1,003

今回の数値例では「その他の活動による資金収支」に係る調整勘定は該当しないものとした。

第6章

事業活動収支計算と貸借対照表計算のすすめ方

1. 事業活動収支固有の取引の処理

　第4章で資金収支計算についてその構造と具体的内容を説明していますが、次に個別的事項である事業活動収支計算と財産計算について具体的に述べることにします。要点は第3章3.「事業活動収支計算と財産計算のしかた」(79頁) に記載しています。

　事業活動収支の仕訳原則は、企業会計の原理と類似しています。この仕訳事例と原則については、第3章4.「資金収支と事業活動収支とのつながり」(94頁) に記載しています。

　事業活動収支固有の取引である非資金的取引については、決算整理 (期中でもよい) にあたって「振替伝票」を作成して、直接「総勘定元帳」にのみ転記します。事業活動収支固有の取引をあげると次のような項目があります。

- 不動産売却収入 (土地売却収入、建物売却収入) について資産処分差額を計上する (売却差益および売却損の整理、○○売却差額という)。
- 寄付として譲り受けた機器備品、図書、不動産を適正価額で評価し、「現物寄付」という科目を新たに計上する。
- 建物除却差額、備品廃棄差額等、資産の処分損 (○○処分差額等という)、

有価証券の評価損（有価証券評価差額），固定資産の評価損（有姿除却等損失）を計上する。
- 減価償却額を計上する。
- 退職給与引当金を計上する。
- 徴収不能引当金または徴収不能額を計上する。
- 販売用品，貯蔵品等の在庫の調整を行う。
- 基本金組入額または取崩額を計上する。
- 当期の収支差額を算定する。

（1） 現物寄付の計上

金銭以外の資産の贈与または著しく低い価額で取得した場合の受贈部分については「現物寄付」として計上します。したがって，大科目「寄付金」のうち小科目は特別寄付金，一般寄付金のほかに現物寄付という科目が事業活動収支計算書で計上されます。現物寄付を計上する場合の適正な価額は，その資産を通常購入する場合の時価，つまり調達時価が適当です。

【設例1】
　　土地の時価8,000,000円のところ，売却者の好意により，3,000,000円で購入し，その代金を小切手で支払った。
（資金収支計算の仕訳）
　（借）土　地　支　出　　3,000,000　　（貸）当　座　預　金　　3,000,000
（事業活動収支計算の仕訳）
　（借）土　　　　　地　　5,000,000　　（貸）現　物　寄　付　　5,000,000

【設例2】
　　卒業生から卒業記念として教育用テレビ1台（時価50,000円）の寄贈を受けた。
　（借）教育研究用機器備品　　50,000　　（貸）現　物　寄　付　　50,000

【設例3】
　　後援会から図書館用の図書（時価3,000円）と学習用教材図書（時価2,000円）

の寄贈を受けた。

（借）図　　　　書　　　　3,000　　（貸）現 物 寄 付　　　3,000

なお，学習用教材図書は経費処理が適当であるので，この場合，仕訳不要という考えかたもありますが，次の仕訳を行うことも妥当です。

（借）㈹消 耗 品 費　　　　2,000　　（貸）現 物 寄 付　　　2,000

（2）　減価償却の計上

　学校法人等公益法人について，資産の価値の減少を記録すること，つまり減価償却を行う必要があるかどうかの論議があります。償却不要説は，学校法人の本来の教育研究活動は税務上非課税であるから償却を行うことによって資金の流出はあり得ず，内部保留の特性が発揮されないから償却の必要がないという考えかたです。しかし，教育研究のコストを正しく把握し，しかも年度末の財政状態を適正に表示することは，企業と同様に学校法人においても必要であるという見地から，会計基準では「固定資産のうち時の経過によりその価値を減少するもの（以下「減価償却資産」という）については，減価償却を行なうものとする。減価償却の方法は定額法による。」（会計基準26条）と定めています。

　減価償却は，時の経過だけでなく，使用度合によって減耗するもの（物理的減価），時代の変化によって旧式化したり陳腐化によって減耗するもの（機能的減価）があります。このように種々の減耗の態様がありますが，会計基準では時の経過による「定額法」償却を強制しています。なお，償却方法には，定額的な減価償却以外に逓減的に価値の減少を計算する「定率法」，生産高に比例して計算する「生産高比例法」や「取替法」などがありますが，学校法人では，計算の簡便性等を考慮して定額法に統一しました。

　なお，個人立の幼稚園等については課税問題が生ずるので，学校法人以外の私立学校については「定額法または定率法」のいずれかを選択できることとされています（会計基準附則4）。

① 減価償却資産と減価償却不要資産

減価償却資産と減価償却を要しない資産の区分は次のとおりです。

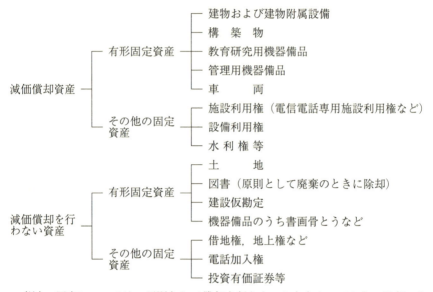

(注) 図書については，原則として償却を行わないこととなっており，除却のときに一時に償却するものとし，除却による経理が困難な場合は総合償却の方法により減価償却を行うことができるものとされています（「図書の会計処理について（報告）」（通知），雑管第115号，昭和47年11月14日）。

② 減価償却計算の基礎

減価償却は，原則として定額法によって計算しますが，その計算方法は次のとおりです。

$$\frac{取得価額 - 残存価額}{耐用年数} = 年度の減価償却額$$

〔例〕取得価額10,000,000円，耐用年数50年，残存価額10％の場合

$$\frac{10,000,000円 - 1,000,000円}{50年} = 180,000円$$

残存価額はスクラップ価額といわれていますが，近年，スクラップ価額を置くことは実情に沿わないため，学校法人の実務では残存価額ゼロとしている事例が多くみられます。この場合の計算式は次のとおりです。

$$\frac{\text{取得価額}}{\text{耐用年数}} = \text{年度の減価償却額}$$

〔例〕取得価額10,000,000円，耐用年数50年と仮定

$$\frac{10,000,000円}{50年} = 200,000円$$

③ 取得価額

固定資産の取得価額は，取得した代価のほか，取得に要する付帯費用もその原価に加えます。たとえば，校舎建設にあたり，建築士事務所などへ設計監理料を支払った場合は取得価額に含めます。また，著しく低い価額で譲り受けた資産や贈与によって取得した資産は，その時点の時価で評価します。この点については，第4章3．(2)「教育研究経費支出と管理経費支出」(139頁)および本章1．(1)「現物寄付の計上」(188頁)を参照してください。

【設 例】
(イ) 土地を2,000,000円で取得し，その代価のほかに，仲介手数料100,000円，測量費50,000円を当座預金にて支払った。
(資金取引)
(借) 土 地 支 出　　2,150,000　　(貸) 当 座 預 金　　2,150,000
(ロ) 教育用機器備品80,000円（時価）および図書25,000円（時価）の贈与を受けた。
(事業活動収支取引)
(借) 教育研究用機器
　　　備　　　品　　　80,000　　(貸) 現 物 寄 付　　105,000
　　　図　　　書　　　25,000

④ 残存価額と備忘価額

残存価額は，減価償却資産の使用可能年数が終了したときのスクラップ価額

をいい，税法では定額法の場合，原則として取得価額の10％を定め，さらに原則として１円に達するまで減価償却を行います。学校法人でも税法に準じて計算してもとくに差し支えありませんが，取得年度別グループ総合償却の場合は，残存価額をゼロとして計算する方法が最も多く利用されています。東京都通知（昭和47年）では，残存価額はゼロとする定めがあり，JICPA報告でも残存価額をゼロとして行った場合，妥当な会計処理と認めています。

備忘価額は，耐用年数が経過し，償却が完了してもまだ使用している減価償却資産については，個別償却資産の場合は，その実在を示すために財産目録において１円や10円の価額を付することをいいます。

【設　例】
　　車両の取得価額200,000円，前年度までの償却額の累計190,000円について当期の減価償却額を計算する。残存価額ゼロ，耐用年数５年と仮定。
　　(イ)　200,000円÷５年＝40,000円
　　(ロ)　取得価額200,000円－償却累計額190,000円＝10,000円
　　(注)　(イ)と(ロ)を比べて(ロ)のほうが少ないので，備忘価額１円を残すため最終年度の当期償却額は10,000円－１円＝9,999円として計算します。

⑤　耐用年数

耐用年数は，使用可能年数ともいいますが，企業会計では，税法（財務省令）の定めに基づいて決定することが一般的です。学校法人では，会計基準でとくに定められていませんが，一般的には次のａ，ｂ，ｃのいずれかに基づいています。そのうち，最も多く利用されているものがａまたはａを学校法人の実情によって若干変更したものです。

　　　ａ……日本公認会計士協会の耐用年数表（例）
　　　ｂ……財務省令による個別の耐用年数（税法）
　　　ｃ……学校法人独自の耐用年数その他
次の図表はａの耐用年数表です。

固定資産の耐用年数（標準例）

種　　　類		構　　　造	耐用年数
建　物	建　物	鉄骨・鉄筋コンクリート造 ブロック造，レンガ造，石造 金　　属　　造 木　　　　　造 簡　易　建　物	50　年 40 30 20 10
	建物附属設備	電　気　設　備 冷暖房ボイラー設備 昇　降　機　設　備 給排水衛生設備 消化災害報知設備 簡　易　間　仕　切	15 15 15 15 10 5
構　築　物		鉄筋コンクリート造 コ　ン　ク　リ　ー　ト　造 金　　属　　造 そ　　の　　他	30 15 15 10
教育研究用機器備品 管理用機器備品		構造，用途，使用状況等に応じて，右欄の耐用年数を選択適用するものとする。	15 10 5
車　　　　　両			5
施　設　利　用　権			15

（出所）「学校法人の減価償却に関する監査上の取扱い」（JICPA報告第28号，平成13年5月14日）

(注) (1) 附属病院，研究所等における機器備品については，別途考慮することができる。

(2) この表にない資産またはこの表の区分によりがたい資産については，学校法人が別途定めるものとする。

(3) 平成25年会計基準の適用により，「その他の機器備品」は「管理用機器備品」へ名称が変更されている。

中古資産の取得に伴う耐用年数は，その資産の経過年数等を考慮して見積もります。見積りが困難な場合は，以下の方法で求めます。

（法定耐用年数－経過年数）＋（経過年数×20％）

⑥ 期中で取得した資産のその年度の償却

年度の中途で取得した資産については，原則として年度の減価償却額の月数按分によりますが，重要性がない場合には，次の簡便法が認められます（JICPA報告第28号）。

- 取得時の会計年度は，償却額年額の２分の１の額によって行う方法
- 取得時の会計年度は償却を行わず，翌会計年度から行う方法
- 取得時の会計年度から償却額年額によって行う方法

以上の各種の方法がありますが，東京都通知では，①個別償却資産は償却額年額の月数按分とし，②総合償却資産は取得年度の翌年度から償却する，と定めています。

【設　例】
車両1,000,000円を９月25日に取得した場合の当年度の償却計算

$$\frac{取得価額1,000,000 - 残存価額0}{耐用年数5年} \times \frac{7カ月}{12カ月} = 減価償却額116,666円$$

(**注**) (1) 分子の７カ月は１カ月未満の端数を１カ月として繰り上げたものです（税法）。
(2) 減価償却額の計算上，円未満の金額は切り捨てます（税法）。

⑦ 個別償却

減価償却資産を１点ごとに償却計算を行う方法で，すべての減価償却資産について適用することが望ましいと考えますが，中規模以上の学校法人では機器備品の数量が多く，その計算が煩雑になるため，次に述べる一括償却（総合償却またはグループ償却）によることが実務的です。

第6章 事業活動収支計算と貸借対照表計算のすすめ方

減価償却明細表（個別償却用）

平成28年3月31日（単位：円）

部門	科目または細目	細目	取得年月	耐用年数	取得価額	過年度償却累計 経過年数	過年度償却累計 平成27年度末迄	期首帳簿価額	当期償却額（平成27年度分）	期末帳簿価額	備考
建物		鉄筋3階建校舎	H23.4	50	12,000,000	4	960,000	11,040,000	240,000	10,800,000	
	〃	上記改修工事	H27.10	50	3,000,000	—	—	(3,000,000)	6/12 30,000	2,970,000	
		計			15,000,000		960,000	14,040,000	270,000	13,770,000	
車両		スクールバス	H23.10	5	2,000,000	4.5	1,800,000	200,000	199,999	1	備忘価額
(教)機器備品		実習用コンピュータ	H27.11	10	1,200,000	—	—	1,200,000	5/12 50,000	1,150,000	
		計									

しかし，建物（附属設備を含む），構築物，車両については，個別償却が望ましいとされています。また，機器備品でも1点が多額に上るものは個別償却が望ましいでしょう（東京都通知でも，機器備品はグループ償却によることができますが，100万円を超えない金額で学校法人が定めた一定金額以上の機器備品は個別償却によるものと定めています）。前頁に個別償却明細表の計算例を示しています。

⑧ 直接法と間接法の仕訳

　上記の個別償却資産について具体的な仕訳例を示してみます。仕訳する方法として，直接法と間接法があります。直接法は，資産の価値を直接当該資産の口座から減価する方法で，間接法は，資産の取得価額をそのまま帳簿上据え置き，一方で減価償却累計額という口座を設けて，その口座で減価償却の累計額を記録しておく方法です。会計基準では，いずれの方法をとっても差し支えないとしていますが，一般的に間接法が採用されています。間接法は，当初の取得価額が帳簿上明らかにされる点で優れていて，後述の固定資産明細表（253頁）の作成にも役立つ方法です。この場合，帳簿価額とは固定資産の取得価額から減価償却累計額を控除した金額をいいます。

〔間接法による仕訳と帳簿記入例〕

借　　　方		貸　　　方	
㈱減価償却額	50,000	㈱機器備品 減価償却累計額	50,000

（教育用）減価償却額（事業活動支出科目）

3/31 減価　　50,000
　　　償却
　　　累計額

㈱機器備品
減価償却累計額（資産控除科目）

3/31 減価　　50,000
　　　償却

教育研究用機器備品（資産科目）

11/1 取得　　1,200,000

　間接法では，総勘定元帳に「建物減価償却累計額」，「構築物減価償却累計額」，「教育研究用機器備品減価償却累計額」，「管理用機器備品減価償却累計額」，「車両減価償却累計額」などの口座を設ける必要があります。さらに管理上，「建物附属設備減価償却累計額」を設ける場合もあります。

⑨　グループ償却および総合償却

　個別償却は減価償却資産１件ごとに減価償却額を計算する方法で，建物，構築物，車両などに適していますが，機器備品を多量に保有している場合には，その計算はきわめて煩雑です。そこで，あるグループごとにまとめて減価償却を行う方法が考えられます。たとえば，耐用年数の同一の機器備品を一括して償却を行う方法，つまり耐用年数ごとのグループ償却があります。または，ある機能別（たとえば，１つの生産設備のグループに属する資産を１つの機能としてまとめるもの）にグループをまとめて一括して減価償却を行う総合償却があります。

学校法人の機器備品は，耐用年数ごとに一括して行うグループ償却が適当です。しかし，個々の機器備品ごとに行う個別償却を採用する方法のほうが優れていることはもちろんです。東京都では，機器備品について総合償却（取得年度別グループ償却を称している）によることができるとし，ただし，1点が100万円を超えない金額で学校法人が定めた金額以上のものは，総合償却によらず個別償却によるものと定めています。このことは大型設備などは個別償却が望ましいとする趣旨です。

　機器備品の耐用年数は，その物品の性質により，15年，10年，5年などが多いようですが，簡便的に一律10年と定めている事例が多いです。グループ償却は，年度ごとで取得した耐用年数の同じ機器備品をまとめて一括して行う方法ですから，年度の中途で取得したもののその年の償却については，東京都の通知のように取得年度に償却せず翌年度から償却する方法が簡便でしょう。

　グループ別の償却方法を採用した場合は，すべての資産について備忘価額を残すことは意味がないので，償却が終了した段階で帳簿価額をゼロとし，備忘価額を残さない方法が多く利用されています。この場合，耐用年数が経過しても現実になお稼働している資産もあるため，簿外資産が生じますが，別途，「簿外備品台帳」を設け現品管理を行う必要があります。次にその具体的計算例を示してみます。

〔当期の仕訳例〕

（借）⑨減価償却額　　40,000　　（貸）⑨機器備品減価償却累計額　　40,000

　このほか注意すべき点として，耐用年数が経過し，かつ，償却が完了した資産があります。

　次頁の表の事例では，平成17年度に取得した資産は，11年目（償却が翌年から始まるので耐用年数10年とした場合は，10年＋1年）で償却が完了するので，帳簿上すべて除却してしまう関係上，平成27年度において50,000円を簿外処理

減価償却明細表（グループ別総合償却用）

○○短期大学　教育研究用機器備品　管理用機器備品

（耐用年数10年と仮定）
平成28年3月31日（単位：円）

部門 取得年度	取得価額	経過年数	償却累計 平成26年度末	期首帳簿価額	当期償却額（平成27年度分）	期末帳簿価額	平成27年度中廃棄除却 件数	取得価額	償却累計	備考
平成17年度分	50,000	9	45,000	5,000	5,000	0	25	50,000	50,000	
平成18年度分	45,000	8	36,000	9,000	4,500	4,500				
平成19年度分	30,000	7	21,000	9,000	3,000	6,000				
平成20年度分	（※5,000）25,000	6	15,000	10,000	2,500	7,500	6	5,000	3,000	
平成21年度分	（※15,000）10,000	5	5,000	5,000	1,000	4,000	11	15,000	7,500	
平成22年度分	40,000	4	16,000	24,000	4,000	20,000				
平成23年度分	（※5,000）60,000	3	18,000	42,000	6,000	36,000	4	5,000	1,500	
平成24年度分	50,000	2	10,000	40,000	5,000	35,000				
平成25年度分	35,000	1	3,500	31,500	3,500	28,000				
平成26年度分	55,000	－	－	55,000	5,500	49,500				
平成27年度分	20,000	－	－	20,000	－	20,000				
合計	※は除却 420,000		169,500	250,500	40,000	210,500	46	75,000	62,000	

（注） 年度中廃棄除却に記入した金額は、左欄の取得価額より除外すること。取得した年度の翌年度から償却を開始する。

とします。

〔仕訳例〕

(借)	㈹機器備品 減価償却累計額	50,000	(貸)	㈹機器備品	50,000

　この場合は，2通りの考えかたがあり，①廃棄するかしないかにかかわらず，その資産があるものとして償却を続けていく方法，②廃棄した年度，たとえば前頁の表の平成27年度において，平成20年度取得分（取得価額で5,000円），平成21年度分（同15,000円），平成23年度分（同5,000円）のものを除却した場合に，それぞれの経過年数に対応する償却累計を見積もって除却処理する方法とがあります。①，②いずれの場合でも継続的な処理を行っていれば妥当な会計処理と考えられますが，備品台帳と整合する点で②の方法が優れています。この場合，平成20年度分は，前年（平成19年度）まで6年の償却を計算しているので，

$$(5,000 \div 10年) \times 6年 = 3,000円$$

が償却額累計と計算できます。平成21年度，平成23年度分も同様です。したがって，除却の処理は，

$$取得価額 5,000円 + 15,000円 + 5,000円 = 25,000円 \begin{pmatrix} これに対する償却 \\ 累計 12,000円 \end{pmatrix}$$

を一括して処理すればよいわけです。

(借)	㈹機器備品 減価償却累計額	12,000	(貸)	㈹機器備品	25,000
	機器備品除却差額 （または処分差額）	13,000			

(3) 固定資産の売却および除却

① 固定資産の売却収入と売却差額

　資金収支計算において固定資産を売却した場合，具体的な名称を付した「○○売却収入」という科目で処理することはすでに説明しました。この売却収入は事業活動収支計算上，原価たる資産の取得価額を減少させ，同時に売却によ

る売却益または売却損を計算の上，会計処理をしなければ当年度の経営成績を明らかにすることはできません。学校会計では，企業のように売却益，売却損という用語を用いずに，単に「○○売却差額」という科目で表示します。したがって，売却差額が貸方(右)に生ずれば益，借方(左)に生ずれば損という意味を表わしています。

会計のしくみでは，本書の方式をとると，資金収支月計表から合計転記により総勘定元帳の「○○売却収入」に一括転記します。しかし，この科目は仮の科目で，総勘定元帳に移記すると同時に次のような仕訳で消去されます。

(資金収支元帳)

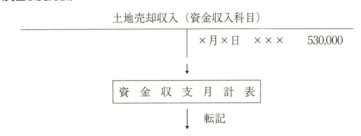

(総勘定元帳)

【設例1】

土地売却収入530,000円（その取得価額280,000円）について調整仕訳を行う。
(借) 土 地 売 却 収 入   530,000 　(貸) 土 　　　　 地   280,000
　　　　　　　　　　　　　　　　　　　　　　土 地 売 却 差 額   250,000

以上の結果，総勘定元帳の「土地」口座の貸方に280,000円の減少記録を行い，その結果，「土地売却差額」（大科目「資産売却差額」のうちの小科目）の貸方（益）に250,000円を記録します。

【設例2】

車両を450,000円で購入し,旧車両(取得価額380,000円,減価償却累計額340,000円)を50,000円で下取り,残金400,000円を小切手で支払った。

(資金収支計算の仕訳)

(借)車両支出	450,000	(貸)車両売却収入	50,000
		当座預金	400,000

(事業活動収支計算の仕訳)

(借)車両売却収入	50,000	(貸)車両	380,000
車両減価償却累計額	340,000	車両売却差額	10,000

② 資産除却の処理

固定資産を廃棄・除却した場合は,資金収支計算に関係なく,事業活動収支計算のみで仕訳を行います。この場合の科目は,大科目「資産処分差額」により小科目は具体的名称を付した「○○処分差額」または「○○除却差額」という科目で処理します。具体的な科目として建物除却差額,構築物除却差額,機器備品除却差額,車両除却差額,図書除却差額などがあります。

【設 例】

車両(取得価額5,000円,減価償却累計額4,810円)を除却処理する。

(借)車両減価償却累計額	4,810	(貸)車両	5,000
車両除却差額	190		

(4) 固定資産の評価

① 有姿除却

大規模な災害等により学校法人が保有する固定資産の使用が困難となり,かつ処分もできないような状況となる場合がありますが,このような固定資産はどのように取り扱えばよいのかが問題となります。

この点,使用が困難で処分もできない固定資産を貸借対照表に資産として計

上を続けることは，学校法人の財務の状況を適切に表わさないと考えられます。そこで，現に使用することをやめ，かつ，将来も転用するなどにより，使用する予定のないものについては，理事会および評議員会（私立学校法42条2項の規定に基づき，寄附行為をもって評議員会の議決を要することとしている場合に限る）の承認を得た上で，備忘価額を残して貸借対照表の資産計上額から除くことが可能です（25高私参第8号）。

損失の処理科目は，事業活動収支計算書の「特別収支」の大科目「資産処分差額」，小科目「有姿除却等損失」等を設けて表示します。

なお，貸借対照表の資産計上額から除いた固定資産に対応する基本金は，備忘価額を含めて，取崩しの対象としなければならないので留意してください。

② 有姿除却が適用される場合

有姿除却を無制限に認めると，貸借対照表の固定資産の金額が過少に評価されるおそれがあり，また，統一見解が図られないと計算書類の比較可能性が保たれないおそれがあります。そのため，有姿除却については，一定の条件のもとで適用されます。

固定資産について備忘価額を残して貸借対照表の資産計上額から除くことができるのは，現に使用することをやめ，かつ，将来も転用するなどにより，使用する予定のない状態にあるものであり，以下の(ア)から(ウ)までの条件にすべて該当する場合のみ認められます。

(ア) 固定資産の使用が困難である場合

社会通念上，誰にとっても使用することが困難である場合であり，当該学校法人の個別的な事由で使用が困難な場合は含みません。なお，当該固定資産の使用を継続するために巨額な支出を要するなど，使用目的から考えて明らかに合理的でない場合も，使用が困難である場合に該当します。

(イ) 処分ができない場合

通常想定される方法で処分できない場合であり，たとえば以下のようなケースが該当します。

- 物理的なアクセスが制限されている場合
- 当該固定資産を処分するためには教育活動を長期にわたり中断しなければならないなど事業を行う上で重要な支障を来し，直ちに処分することが合理的でない場合
- 法令の規制など，学校法人の都合によらない外部要因により直ちに処分することができない場合

(ウ) 上記(ア)および(イ)に該当する固定資産であって，備忘価額を残して貸借対照表の資産計上額から除くことについて理事会および評議員会（評議員会については私立学校法（昭和24年法律第270号）42条2項の規定に基づき，寄附行為をもって評議員会の議決を要することとしている場合に限る）の承認を得た場合

上記(ア)および(イ)の条件を満たす場合として以下が考えられます。

- 立入禁止区域にある固定資産
- 地中に空洞があり，崩落の危険があるような場合で，埋め戻して使用可能な状態にするためには巨額な支出を要する土地・建物
- 使用が困難となった構築物だが，校舎と一体となっており，処分するためには長期にわたり校舎を閉鎖しなければならない場合
- 倉庫に保管しているPCB入りトランス（変圧器）等で，外部要因により処分するのに相当期間を要すると想定されるもの

【設 例】

1,000円で取得した固定資産（土地建物）が使用できない状態となっている。当該固定資産は当期末時点で使用不能となっており，有姿除却の適用条件をすべて満たしたため，固定資産を減少した。なお，当期末の減価償却累計額は700円である。

| （借）減価償却累計額 | 700 | （貸）固　定　資　産 | 999 |
| 有姿除却等損失 | 299 | | |

基本金取崩しの仕訳は以下になります。

| （借）第 1 号 基 本 金 | 1,000 | （貸）基 本 金 取 崩 額 | 1,000 |

　有姿除却の処理をした場合，固定資産は備忘価額（上記の設例では1円）を残しますが，基本金は全額が取崩しの対象となるため，両者は一致しません。

　なお，有姿除却をした場合，第八号様式（第36条関係）の注4にある「贈与，災害による廃棄その他特殊な事由による増加若しくは減少があった場合」に該当するため，固定資産明細表の摘要欄に記載することが求められます。

　また，基本金明細表では注記は求められていませんが，要組入高の取崩額および当期末残高と固定資産明細表の当期減少額および期末残高が一致しないことになります。そのため，差異内容を基本金明細表等に記載することが望ましいです（JICPA実務指針第45号3－9参照）。

（5）　販売用品，貯蔵品の処理

①　販売用品

　売店，食堂，購買部などの補助活動事業では，年度末に在庫を有する場合があります。この期末在庫は，棚卸を実施し，適正な評価額をもって決算時に計上しなければなりません。この場合の評価方法には，個別法，最終仕入原価法，先入先出法，移動平均法，総平均法，後入先出法，売価還元法などがあり，そのほか，時価と原価とを比較して，時価が低い場合は時価を選択する低価法があります。法人税法では，評価方法の届出を行っていない場合は「最終仕入原価法」で評価します。

　本来，在庫については，その種類別に受払簿を設け，数量，単価，金額の移動を記録することが管理上望ましい方法ですが，数量のみ記録し金額については簡便法として最終仕入原価法によっても差し支えありません。最終仕入原価

法は，決算期末の実際数量に決算日に最も近い日で取得した単価を一律に乗ずる方法です。

その結果，算定された販売用品について補助活動事業に係る収支の調整仕訳を行います。計算書類に記載する金額は，第4章2．（6）「付随事業・収益事業収入」で説明したとおり純額経理方式と総額経理方式とがあります。

(ア) 純額経理方式

純額経理方式は，補助活動の収入と支出とを相殺して表示する方式で，売上と仕入とは必ず相殺しますが，この事業に要した人件費，諸経費について相殺するかどうかは経常費補助との関係を踏まえ，各学校法人の判断になります。

【設　例】
　　補助活動事業たる売店の収支差額3,000円を資金収支計算書において，純額経理方式を採用し「補助活動事業収入」3,000円と表示した。なお，年度初めの在庫は600円，年度末の在庫は700円である（事業活動収支取引として仕訳）。

（借）	補助活動事業収入	600	（貸）	販　売　用　品	600
	販　売　用　品	700		補助活動事業収入	700

（注）　この結果，事業活動収支計算書では「補助活動事業収入」は3,000円－600円＋700円＝3,100円として表示されます。なお，純額経理方式の場合は「事業」という名称を付します。

(イ) 総額経理方式

本来，会計基準では，総額で表示することが原則ですが，会計基準では補助活動収入については純額経理が認められています。本来の総額経理方式で経理した場合は，資金収支計算上，収入は「補助活動収入」，支出は「補助活動仕入支出」となり，そのまま総勘定元帳（事業活動収支計算）に移記されていますから，補助活動仕入の金額を修正する仕訳を行います。

【設　例】
　　売店の補助活動仕入支出科目の金額は8,000円であり，年度初めの在庫は600円，年度末の在庫は700円であった（事業活動収支取引として仕訳）。

（借）補助活動仕入	600	（貸）販 売 用 品	600
販 売 用 品	700	補助活動仕入	700

以上により，資金収支計算書上の「補助活動仕入支出」を，事業活動収支計算書では「補助活動収入原価」に修正して表示する必要が生じます。

（借）補助活動収入原　　　　　価	7,900	（貸）補助活動仕入	7,900

② 貯蔵品

年度末に有する消耗品，消耗備品などの在庫は，適正に評価して「貯蔵品」として計上する必要があります。ただし，一般の会計慣行では金額が少額で重要性に乏しい場合は貯蔵品を計上しないことができます。

（6） 徴収不能引当金と徴収不能額の処理

学生生徒納付金の未収入金や貸付金などの金銭債権について，徴収不能のおそれがある場合には，決算整理で徴収不能引当金を設けなければなりません（会計基準28条）。ただし，知事所轄の学校法人で高等学校を設置していない法人は，この引当金を設けなくてもよいことになっています（会計基準38条）。

徴収不能見込額の計算は，①未収入金や貸付金などの内容を，相手先ごとに1つひとつ検討してとらえる方法と，②過去数年間の回収不能額の実績率等，一定の経験率をもとにして計算する方法があります。前者を実質基準，後者を形式基準と呼んでいます。

【設例1】
　当年度の授業料等未収入金のうち，回収が困難と思われる残高90,000円に対して徴収不能引当金を設ける。

（借）徴収不能引当金繰　　入　　額（事業活動支出科目）	90,000	（貸）徴収不能引当金（資産評価科目）	90,000

【設例2】
　　翌年度に至り前年度の未収入金のうち，80,000円が回収不能となる。
　（借）徴収不能引当金　　　80,000　　（貸）未 収 入 金　　　80,000
　この例で，仮に前年度徴収不能引当金を設けていなかった場合には，（借方）は徴収不能額として仕訳します。
　（借）徴 収 不 能 額　　　80,000　　（貸）未 収 入 金　　　80,000

（7）　退職給与引当金の設定

　教職員の退職金支給に備えるため，その退職金債務をあらかじめ計算して負債の部に計上する科目を退職給与引当金と呼んでいます。退職給与引当金は，教職員の退職の事実が生じたときに債務が確定するので「条件付債務」といい，会計基準では，このような債務があれば必ず計上することを定めています。

①　退職給与引当金繰入れのしかた

　設定の基準は，毎年度末において給与規程または退職金規程等に基づいて教職員が退職したと仮定した場合の各人別の退職金債務を算出する作業から始まります。次に，その債務額合計を基準として，退職金の期末要支給方式（100％）によって退職給与引当金を計上します（22高私参第11号，平成23年2月17日）。
　具体的に，年度末における各人別の退職金要支給額から年度末における総勘定元帳の退職給与引当金帳簿残高（決算修正前の金額）を差し引いた金額を事業活動支出の人件費項目の小科目に次のような科目で仕訳します。

【設例1】
　　年度末における教職員全員の退職金要支給額は120,000円，総勘定元帳の退職給与引当金残高は88,000円である（100％計上方式では120,000円－88,000円＝32,000円が当期の繰入額となる）。
　（借）退職給与引当金繰入額　　　32,000　　（貸）退職給与引当金　　　32,000
　　　　（事業活動支出の人件費）　　　　　　　　　（負　　債）

【設例2】
　翌年度において教員Aが退職し，退職金12,000円を現金で支給した。
（資金収支計算の仕訳）
　（借）退 職 金 支 出　　　12,000　　（貸）現　　　　　金　　　12,000
（事業活動収支計算の仕訳）
　（借）退職給与引当金　　　12,000　　（貸）退　 職 　金　　　12,000
　（注） このほか，特別功労金を支給した場合は，退職給与引当金から控除することも考えられますが，簡便法では退職金支給規程外であるため，退職金支出12,000円に特別功労金としてたとえば5,000円を加えて17,000円として計上するのが妥当です。なお，退職給与引当金から控除した場合には，引当金の減少は事業活動収支計算書に計上することになります。

【設例3】
　翌年度末における教職員全員の退職金要支給額の合計は130,000円であった。上記設例1～2に基づいて引当金を計上する。この場合の退職給与引当金帳簿残高は108,000円（120,000円－12,000円）で，繰入額は，
130,000円－（帳簿残高120,000円－12,000円）＝22,000円となる。
　　　　　　　　　　　　108,000円

　（借）退職給与引当金
　　　　繰　 入　 額　　　22,000　　（貸）退職給与引当金　　　22,000

　なお，退職給与引当金は，将来の退職金債務を見積もって計算することになりますので，現在価値から支給予想時までの利子率と平均引当期間を考慮して一定の現価率をもって計上する現価方式（所定の割合または年金現価方式）が理論的であると考えられますが，学校会計では期末要支給方式を採用しています。

② 都道府県私学退職金団体に加入している場合の処理

　私立学校の教職員の退職金負担を補助するため，各都道府県ごとに私立学校退職金団体（財団法人または社団法人）が設けられており，主として高等学校以下の教職員の退職金補助を行っています。これらの団体に加入している場合は，各団体の交付要項等に基づいて一定の入会金，登録料，掛金等を学校法人

が負担しています。この場合の会計処理は次のようになります。

(ア) 入会金，登録料，掛金（負担金等）はすべて事業活動支出（人件費のうちの教員人件費または職員人件費の細分科目，たとえば所定福利費，私学退職金団体負担金等）とします。

(イ) 退職時をもって都道府県の私学退職金団体に請求したときは，雑収入のうち，「退職金社団（財団）交付金収入」を計上します。

(ウ) 年度末における教職員の退職金要支給額から年度末における各人別の退職金団体交付金収入の合計を積算した残高を学校法人の債務負担額として退職給与引当金を計上します。

【設例1】

　年度末における教職員全員の退職金要支給額は180,000円，同じく県の退職金財団に各人の交付金を請求したと仮定した場合の合計額は110,000円であり，年度末の退職給与引当金の帳簿残高は52,000円であった。

　この場合の実際の債務負担額は180,000円－110,000円＝70,000円であるから次の仕訳となる（70,000円－52,000円＝18,000円）。

（借）退職給与引当金繰入額	18,000	（貸）退職給与引当金	18,000

【設例2】

　翌年度において教員Aが退職し，正規の退職金4,000円を現金で支給し，Aに係る県の退職金財団に2,900円の交付金を請求する。

（資金収支計算の仕訳）

（借）退職金支出	4,000	（貸）現　金	4,000
未収入金	2,900	退職金財団交付金収入	2,900

（事業活動収支計算の仕訳）……私立大学退職金財団に加入している場合は相殺できない。

（借）退職金財団交付金収入	2,900	（貸）退職金	4,000
退職給与引当金	1,100		

【設例３】

翌年度末における教職員全員の退職金要支給額は210,000円，県の退職金財団交付金の合計額は130,000円であった。

この場合には実際の負担額80,000円（210,000円－130,000円），退職給与引当金の残高は68,900円（52,000円＋18,000円－1,100円）であるから，11,100円を繰入れする。

(借) 退職給与引当金繰入額　　11,100　　(貸) 退職給与引当金　　11,100

③　私立大学退職金財団に加入している場合の処理

私立大学の教職員に対する退職金補助制度については，前述の都道府県の補助金制度の創設から大きく遅れていましたが，昭和56年8月28日に「財団法人私立大学退職金財団」が設立され，退職金の準備措置が講ぜられました。しかし，都道府県と異なり国の財政負担の抑制によって各私学の相互扶助方式を原則とし，一部を国が補助する方策によっています。そのため，会計処理については前述の都道府県の場合と若干異なっていましたが，平成23年2月17日文部科学省から「退職給与引当金の計上等に係る会計方針の統一について（通知）」（22高私参第11号）が発表され，統一が図られました。詳細な会計処理は，「「退職給与引当金の計上等に係る会計方針の統一について（通知）」に関する実務指針」（JICPA実務指針第44号，平成26年12月2日），「私立大学退職金財団及び私立学校退職金団体に対する負担金等に関する会計処理に関するQ&A」（JICPA研究報告第22号，平成26年7月29日）を参考にしてください。

④　退職給与引当金の計上に係る変更時差異を均等繰入れする場合の処理

従来，退職金の期末要支給額50％をもとに退職給与引当金を計算する方法（50％方式）などを採用している場合，平成22年度末における退職金の期末要支給額100％をもとにして計算された金額と，平成22年度末における退職給与

引当金の残高との差額（変更時差異）は，大科目「その他の特別支出」小科目「退職給与引当金特別繰入額」を設けて平成23年度から計上します。ただし，平成23年度において一括計上することが困難な場合は，10年以内の期間をもって変更時差異を毎期均等額繰入れすることができます。変更時差異の全額を一括計上すると膨大な金額が事業活動収支計算書および貸借対照表に計上されてしまい，計算書類に与える影響が大きいため，経過措置として毎年度均等額の繰入れが認められています。なお，退職給与引当金特別繰入額は臨時的な活動に区分されますので，事業活動収支計算書の特別収支に表示します。注記事項の記載については，本章5を参照してください。資産の部に計上する退職給与引当金特定資産は，負債の退職給与引当金と同額に設けることが望ましいと考えますが，資産計上が難しい場合でも将来的に積み立てる努力が必要でしょう。

【設　例】

平成22年度末における教職員の退職金要支給額（100％）は200,000円で退職給与引当金残高は100,000円（50％方式）である。当法人は従来50％方式を採用していたが，「退職給与引当金の計上等に係る会計方針の統一について（通知）（22高私参第11号）」の適用に伴い，差額の100,000円（変更時差異）は10年で均等償却する。

（借）退職給与引当金特別繰入額　10,000　（貸）退職給与引当金　10,000
　　　（事業活動支出の人件費）　　　　　　　　（負　　債）

（注）翌期以降も毎年10,000円を繰り入れていき，最終的に差額の100,000円（変更時差異差額も含む）は負債として貸借対照表に表示されます。

（注）本設例は10年で均等償却をしていますが，10年より短い期間で均等償却することもできます。

⑤　新規で私立大学退職金財団に加入した場合

新たに私立大学退職金財団に加入した場合，過年度分を含めた退職給与引当金の計上が必要となる場合がありますが，この場合に生じる変更時差異は大科目「人件費」，小科目「退職給与引当金繰入額」に含めて表示します。そして，

当該金額が含まれている旨およびその金額を事業活動収支計算書および貸借対照表に注記することが望ましいです。

前述の通知（22高私参第11号）では，変更時差異として表示する「退職給与引当金特別繰入額」は「平成22年度における退職給与引当金の残高との差額」としていることから，新規加入などの変更に伴う退職給与引当金の不足額は，「退職給与引当金特別繰入額」として計上することは妥当ではないからです（前述のJICPA研究報告第22号参考）。

（8） 消費支出準備金の廃止

消費支出準備金は，将来における消費支出の計画的な均衡を図るため，将来の特定の会計年度の消費支出に充当する目的をもって留保する準備金ですが，平成25年会計基準の適用により廃止となりました。新たに事業活動収支計算書が導入されて，区分経理されるようになり，経常的な収支と臨時的な収支を分けて表示することになったためです。

また，実務上，使用実績がほとんどないことも廃止の理由としてあげられます。

なお，旧会計基準で消費支出準備金を計上している場合，平成25年会計基準が適用される平成27年度（都道府県知事所轄法人は平成28年度）の決算では，貸借対照表の大科目「繰越収支差額」の小科目「翌年度繰越収支差額」の前に，小科目「〇〇年度消費支出準備金」に記載します。事業活動収支計算書では，「前年度繰越収支差額」の次に，「〇〇年度消費支出準備金取崩額」として記載します。

2．事業活動収支計算書と事業活動収支内訳表のつくり方

（1） 事業活動収支計算書のつくり方

　事業活動収支計算書は，3つの活動（①教育活動収支，②教育活動以外の経常的な活動収支，③特別収支）に対応する事業活動収支の内容を明らかにするとともに，年度の基本金組入額を控除した事業活動収支の均衡を明らかにすることが目的です（会計基準15条）。

　この目的の前段「3つの活動」は，前章で説明した活動区分資金収支計算書に似ていますが，考え方が異なります。また，①教育活動収支と②教育活動以外の経常的な活動収支の2つの活動は経常的なものに分類され，③特別収支は臨時的なものに分類されます。

①　教育活動収支とは

　「教育活動収支」は，文部科学省参事官通知（25高私参第8号）では，「経常的な事業活動収入及び事業活動支出のうち，教育活動外に係る事業活動収入及び事業活動支出を除いたもの」と定義しています。すなわち，「教育活動外収支」に該当しない場合は，「教育活動収支」に区分することになります。教育活動は広範囲にわたるため，教育活動を定義するには「教育活動以外」を先に定義したほうが実務上わかりやすく，区分しやすいからです（「学校法人会計基準の改正に関する説明会」への質問回答集Q&A8）。

　会計基準別表第二に記載されている大科目および小科目は以下のとおりです。

(収入の項目)

学生生徒等納付金	授業料，入学金，実験実習料，施設設備資金
手数料	入学検定料，試験料，証明手数料
寄付金	特別寄付金，一般寄付金，現物寄付
経常費等補助金	国庫補助金，地方公共団体補助金
付随事業収入	補助活動収入，附属事業収入，受託事業収入
雑収入	施設設備利用料，廃品売却収入

(支出の項目)

人件費	教員人件費，職員人件費，役員報酬，退職給与引当金繰入額，退職金
教育研究経費	
管理経費	
徴収不能額等	

(注) 寄付金，補助金，付随事業・収益事業の区分については，第5章参照

② 教育活動外収支とは

「教育活動外収支」は，経常的な財務活動および収益事業に係る事業活動収入および事業活動支出をいい，財務活動とは，資金調達および資金運用に係る活動を意味します（25高私参第8号）。すなわち，「教育活動外収支」は，財務活動と収益事業の2つの活動に係る収支が表示されます。

財務活動の具体的な科目として，収入の大科目には「受取利息・配当金」，小科目には「第3号基本金引当特定資産運用収入」，「その他の受取利息・配当金」があり，支出の大科目には「借入金等利息」，小科目には「借入金利息」，「学校債利息」があります。

収益事業は，大科目「その他の教育活動外収入」，小科目「収益事業収入」に分類され，支出の大科目は「その他の教育活動外支出」に表示します。

会計基準別表第二に記載されている大科目および小科目は以下のとおりです。

(収入の項目)

受取利息・配当金	第3号基本金引当特定資産運用収入,その他の受取利息・配当金
その他の教育活動外収入	収益事業収入

(支出の項目)

借入金等利息	借入金利息,学校債利息
その他の教育活動外支出	

③ 特別収支とは

「特別収支」は,特殊な要因によって一時的に発生した臨時的なものをいいます。25高私参第8号では,具体的に,「資産売却差額」,「施設設備寄付金」,「現物寄付」,「施設設備補助金」,「資産処分差額」,「過年度修正額」,「災害損失」,「デリバティブ取引の解約に伴う損失又は利益」,「退職給与引当金特別繰入額」(変更時差異を一括計上していない場合)が該当すると定義しています。なお,「災害損失」とは,資産処分差額のうち災害によるものをいいます。これら9項目については,金額の多寡を問わず,特別収支に計上します。

会計基準別表第二に記載されている大科目および小科目は以下のとおりです。

(収入の項目)

資産売却差額	
その他の特別収入	施設設備寄付金,現物寄付,施設設備補助金,過年度修正額

(支出の項目)

資産処分差額	
その他の特別支出	災害損失,過年度修正額

(留意点)

a. 有価証券評価損(有価証券評価差額)は,資産処分差額に含まれるので,特別収支に該当します。

b．過年度修正額は，過去に計上した人件費や減価償却費の訂正，過年度に徴収不能額として処理した債権を当年度に回収した場合等が該当しますが，補助金の返還があった場合は過年度修正には該当せず，教育活動収支の管理経費となります。

c．災害損失は，台風や地震等の異常な現象により生じた支出をいい，盗難や事故，通常の火災は該当しません。また，災害に対応する復旧や原状回復に係る支出は災害損失ではなく，教育活動収支になります。

(注) JICPA実務指針第45号参照。

d．特別収支に該当する項目がない場合であっても「特別収支」の部は省略できません。この場合，大科目は予算０，決算０，差異０で表示します（「学校法人会計基準の改正に関する説明会」への質問回答集Q&A９，平成26年２月）。

④ **予備費以降の記載事項**（かっこ内は219～222頁の図表内の番号を示す）

(ア) **予備費**

教育活動収支，教育活動外収支，特別収支の３つの活動の次は「予備費」を記載します。予備費の記載方法については第８章を参照してください。

(イ) **基本金組入前当年度収支差額（図表⑪）**

予備費の次に「基本金組入前当年度収支差額」として教育活動収支，教育活動外収支，特別収支の３つの活動の収支差額の合計額を記載します。

なお，基本金組入前当年度収支差額は，従来は帰属収支差額と呼ばれていましたが，旧会計基準で作成していた消費収支計算書には表示されていませんでした。基本金組入れ前の収支は毎期の収支バランスを分析するのに有用な情報となるため，平成25年会計基準の適用で「基本金組入前当年度収支差額」の名称で表示することになりました。

(ウ) 基本金組入額合計（図表⑫）

基本金組入前当年度収支差額の次に「基本金組入額合計」を記載します。基本金組入額合計は，旧会計基準でも消費収支計算書の帰属収入の次に記載していました。

(エ) 当年度収支差額（図表⑬）

基本金組入額合計の次に基本金組入前当年度収支差額と基本金組入額合計の合計額を「当年度収支差額」として記載します。当年度収支差額は，旧会計基準で記載されていた当年度消費収入超過額（または当年度消費支出超過額）と同じです。

(オ) 前年度繰越収支差額（図表⑭）

当年度収支差額の次に前年から繰り越された収支差額を「前年度繰越収支差額」として記載します。前年度繰越収支差額は，旧会計基準で記載されていた前年度繰越消費収入超過額（または前年度繰越消費支出超過額）と同じです。

(カ) 基本金取崩額（図表⑮）

前年度繰越収支差額の次に「基本金取崩額」を記載します。基本金取崩額は，旧会計基準で記載されていた基本金取崩額と同じです。

(キ) 翌年度繰越収支差額（図表⑯）

基本金取崩額の次に「翌年度繰越収支差額」を記載します。翌年度繰越収支差額は，当年度収支差額と前年度繰越収支差額と基本金取崩額の合計額となります。

(ク) 事業活動収入計および事業活動支出計（図表⑰，⑱）

翌年度繰越収支差額の次に「（参考）」の見出しを付けて，「事業活動収入計」および「事業活動支出計」を記載します。事業活動収入計は，教育活動収入計と教育活動外収入計と特別収入計の合計額となります（図表①＋④＋⑧）。旧学校法人会計基準では帰属収入と呼ばれていました。また，事業活動支出計は，教育活動支出計と教育活動外支出計と特別支出計の合計額となります（図表②

第6章　事業活動収支計算と貸借対照表計算のすすめ方

+⑤+⑨)。旧学校法人会計基準では消費支出と呼ばれていました。

なお，事業活動収支計算書の予算の欄に記載される「予備費」については，未使用額を「事業活動支出計」に含めますので留意してください。

【事業活動収支計算書の様式と留意点】

		科目	計算式	留意点
教育活動収支	事業活動収入の部	学生生徒等納付金		
		授業料		
		入学金		
		実験実習料		
		施設設備資金		
		(何)		
		手数料		
		入学検定料		
		試験料		
		証明手数料		
		(何)		
		寄付金		
		特別寄付金		施設設備寄付金がある場合，資金収支計算書の「特別寄付金収入」の金額と一致しない
		一般寄付金		
		現物寄付		事業活動収支計算書のみに記載され，資金収支計算書および活動区分資金収支計算書には記載されない
		経常費等補助金		
		国庫補助金		施設設備補助金がある場合，資金収支計算書の「補助金収入」の金額と一致しない
		地方公共団体補助金		
		(何)		
		付随事業収入		
		補助活動収入		
		附属事業収入		
		受託事業収入		
		(何)		
		雑収入		

	科目	計算式	留意点
	施設設備利用料		
	廃品売却収入		
	(何)		
	教育活動収入計	①	教育活動収入の合計を記載する
事業活動支出の部	科目	計算式	留意点
	人件費		
	教員人件費		
	職員人件費		
	役員報酬		
	退職給与引当金繰入額		事業活動収支計算書のみに記載され，資金収支計算書および活動区分資金収支計算書には記載されない
	退職金		
	(何)		
	教育研究経費		
	消耗品費		
	光熱水費		
	旅費交通費		
	奨学費		
	減価償却額		事業活動収支計算書のみに記載され，資金収支計算書および活動区分資金収支計算書には記載されない
	(何)		
	管理経費		
	消耗品費		
	光熱水費		
	旅費交通費		
	減価償却額		事業活動収支計算書のみに記載され，資金収支計算書および活動区分資金収支計算書には記載されない
	(何)		
	徴収不能額等		事業活動収支計算書のみに記載され，資金収支計算書および活動区分資金収支計算書には記載されない
	徴収不能引当金繰入額		
	徴収不能額		
	教育活動支出計	②	教育活動支出の合計を記載する

第6章 事業活動収支計算と貸借対照表計算のすすめ方

		教育活動収支差額	③=①-②	教育活動収支の合計額
教育活動外収支	事業活動収入の部	科目	計算式	留意点
		受取利息・配当金		
		第3号基本金引当特定資産運用収入		
		その他の受取利息・配当金		
		その他の教育活動外収入		
		収益事業収入		
		(何)		
		教育活動外収入計	④	教育活動外収入の合計を記載する
	事業活動支出の部	科目	計算式	留意点
		借入金等利息		
		借入金利息		
		学校債利息		
		その他の教育活動外支出		
		(何)		
		教育活動外支出計	⑤	教育活動外支出の合計を記載する
		教育活動外収支差額	⑥=④-⑤	教育活動外収支の合計額
		経常収支差額	⑦=③+⑥	教育活動収支と教育活動外収支の合計額を記載する
特別収支	事業活動収入の部	科目	計算式	留意点
		資産売却差額		事業活動収支計算書のみに記載され、資金収支計算書および活動区分資金収支計算書には記載されない
		(何)		
		その他の特別収入		
		施設設備寄付金		教育活動収入による寄付金がある場合、資金収支計算書の「特別寄付金収入」の金額と一致しない
		現物寄付		事業活動収支計算書のみに記載され、資金収支計算書および活動区分資金収支計算書には記載されない
		施設設備補助金		教育活動収入による補助金がある場合、資金収支計算書の「補助金収入」の金額と一致しない
		過年度修正額		
		(何)		

	科目	計算式	留意点
事業活動支出の部	特別収入計	⑧	特別収入の合計を記載する
	資産処分差額		事業活動収支計算書のみに記載され，資金収支計算書および活動区分資金収支計算書には記載されない
	（何）		
	その他の特別支出		
	災害損失		
	過年度修正額		
	（何）		
	特別支出計	⑨	特別支出の合計を記載する
特別収支差額		⑩ = ⑧ - ⑨	特別収支の合計額
〔予備費〕			
基本金組入前当年度収支差額		⑪ = ⑦ + ⑩	3つの活動の収支の合計額を記載する
基本金組入額合計		⑫	当年度の基本金組入額の合計額を記載する
当年度収支差額		⑬ = ⑪ + ⑫	基本金組入前当年度収支差額と基本金組入額の合計額を記載する
前年度繰越収支差額		⑭	前年度の事業活動収支計算書の「翌年度繰越収支差額」および貸借対照表の前年度末「翌年度繰越収支差額」と一致する
基本金取崩額		⑮	当年度の基本金取崩額の合計額を記載する
翌年度繰越収支差額		⑯ = ⑬ + ⑭ + ⑮	貸借対照表の本年度末「翌年度繰越収支差額」と一致する

（参考）

	計算式	留意点
事業活動収入計	⑰ = ① + ④ + ⑧	教育活動収入計，教育活動外収入計，特別収入計の合計額を記載する（旧学校法人会計基準の帰属収入と同じ性質を有する）
事業活動支出計	⑱ = ② + ⑤ + ⑨	教育活動支出計，教育活動外支出計，特別支出計の合計額を記載する（旧学校法人会計基準の消費支出と同じ性質を有する） ※予算欄については，「予備費」の未使用額を含める

（2） 事業活動収支内訳表のつくり方
① 様式の区分

　事業活動収支内訳表は，事業活動収支計算書と同様，「教育活動収支」，「教育活動外収支」，「特別収支」の３つの区分に分けて記載します。ただし，事業活動収支計算書で記載する「予備費」，「前年度繰越収支差額」，「基本金取崩額」，「翌年度繰越収支差額」については，事業活動収支内訳表では記載しません。

　なお，どの部門の事業活動収入または事業活動支出であるか明らかでない事業活動収入または事業活動支出は，教員数または在籍者数等を勘案して，合理的に各部門に配賦することになります（会計基準第六号様式，注４）。

② 部門の区分

　事業活動収支内訳表の部門の区分は，資金収支内訳表よりも少し大まかな区分になっています。大学は学部，短期大学は学科，高等学校では課程ごとの区分を必要とせず，それぞれ学校別に一本で表示されます。

　なお，知事所轄学校法人（準学校法人を含む）で単数の学校（各種学校を含む）のみを設置する法人については，第９章３．（６）の簡略規定を参照してください。

（3） 精算表作成のポイントと決算書の作成例

　事業活動収支計算書と貸借対照表を作成する場合，「精算表」を作成することが便利です。精算表は，作成義務ではありませんが，学校法人内部の決算資料として利用できます。

① 具体的な決算手続の仕訳と精算表

　事業活動収支にかかる決算修正取引を仕訳し，精算表を作成すると次のようになります。

番号	取引	借方 科目	借方 金額	貸方 科目	貸方 金額
①	前年度繰越校舎工450が当年度完成につき振替	建物	450	建設仮勘定	450
②	スクールバス60が使用不能につき廃車（取得価額60,減価償却累計額48)。	車両減価累計額 車両除却差額	48 12	車両	60
③	㈲機器備品80（減価償却累計額65）除却処理する。	㈲機器備品減価累計額 機器備品除却差額	65 15	㈲機器備品	80
④	当年度償却は下記のとおり。 建物｛教育用55／管理用15 構築物｛教育用20／管理用10 ㈲機器備品84 ㈲機器備品25 車両｛教育用9／管理用5	㈲減価償却額 ㈲減価償却額	168 55	建物減価累計額 構築物減価累計額 ㈲機器備品減価累計額 管理用機器備品減価累計額 車両減価累計額	70 30 84 25 14
⑤	㈲機器備品10,㈲機器備品25の耐用年数経過し、帳簿価額ゼロにつき簿外処理する（総合償却分）。	㈲機器備品減価累計額 ㈲機器備品減価累計額	10 25	㈲機器備品 管理用機器備品	10 25
⑥	現物寄贈額 ㈲機器備品35 図書20	㈲機器備品 図書	35 20	現物寄付	55
⑦	図書8を除却処理する。	図書除却差額	8	図書	8
⑧	土地売却収入（原価200）を整理する。	土地売却収入	430	土地 土地売却差額	200 230
⑨	退職金30を退職財団収入と相殺し、残額は退職給与引当金を取り崩す。	退職金財団交付金収入 退職給与引当金	16 14	退職金支出	30

⑩	期末退職金要支給額619に達するまで，その差額を繰り入れる（金額算定の事）。	退職給与引当金繰入額	105	退職給与引当金	105
⑪	未収入金期末残45について13（約3割）の徴収不能引当金を設定する。	徴収不能引当金繰入額	13	徴収不能引当金	13
⑫	未収入金残高を検討した結果，徴収不能につき整理する（金額算定の事）。	徴収不能引当金徴収不能額	10 5	未 収 入 金	15
⑬	期首販売用品65と期末販売用品棚卸高88について補助活動事業収入勘定を用いて整理する（純額経理）。	補助活動事業収入 販 売 用 品	65 88	販 売 用 品 補助活動事業収入	65 88
⑭	㈲消耗品における貯蔵品の期首残高15と期末棚卸高18の整理を行う。	㈲消耗品費 貯 蔵 品	15 18	貯 蔵 品 ㈲消耗品費	15 18
⑮	長期借入金残高のうち，1年以内の返済分210を短期借入金に振り替える。	長 期 借 入 金	210	短 期 借 入 金	210
⑯	学校債残高のうち，1年以内償還予定分60を「1年以内償還予定学校債」に振り替える。	学 校 債	60	1年以内償還予定学校債	60
⑰	基本金当年度繰入額を計上する。 　　第1号基本金　166 　　第2号基本金△100 （取崩しは前年度繰越収支差額の下欄で直接加減算） 　　第2号基本金△100 　　第3号基本金　△70	基本金組入額 第 2 号 基 本 金 第 2 号 基 本 金 第 3 号 基 本 金	166 100 100 70	第 1 号 基 本 金 第 1 号 基 本 金 基 本 金 取 崩 額 基 本 金 取 崩 額	166 100 100 70
⑱	学生寮廃止につき建物除却（取得原価200　減価償却累計額120）する。	減価償却累計額 建物処分差額	120 80	建　　　　物	200
⑲	当年度収支差額の整理する。	当年度収支差額	45	事業活動収支（集合）	45

精　算　表（総勘定元帳）

平成○○年４月１日から
平成○○年３月31日まで

（単位：円）

丁数	勘定科目	残高試算表 借方	残高試算表 貸方	決算修正仕訳 借方	決算修正仕訳 貸方	事業活動収支計算書 借方	事業活動収支計算書 貸方	貸借対照表 借方	貸借対照表 貸方
(1)	土　　　　　地	3,200			⑧200			3,000	
(2)	建　　　　　物	2,800		①450	⑱200			3,050	
(3)	構　築　　物	480						480	
(4)	㈲機器備品	1,025		⑥35	③80 / ⑤10			970	
(5)	㈲機器備品	290			⑤25			265	
(6)	図　　　　　書	166		⑥20	⑦8			178	
(7)	車　　　　　両	130			②60			70	
(8)	建設仮勘定	630			①450			180	
(9)	電話加入権	20						20	
(10)	退職給与引当特定資産	346						346	
(11)	減価償却引当特定資産	430						430	
(12)	第２号基本金引当特定資産	300						300	
(13)	第３号基本金引当資産	110						110	
(14)	奨学費引当特定資産	100						100	
(15)	現　金　預　金	1,003						1,003	
(16)	有　価　証　券	450						450	
(17)	未　収　入　金	60			⑫15			45	
(18)	販　売　用　品	65		⑬88	⑬65			88	
(19)	貯　蔵　品	15		⑭18	⑭15			18	
(20)	前　払　金	12						12	
(21)	長期借入金		770	⑮210					560
(22)	学　校　債		490	⑯60					430
(23)	退職給与引当金		528	⑨14	⑩105				619
(24)	短期借入金		30		⑮210				240
(25)	１年以内償還予定学校債		0		⑯60				60
(26)	未　払　金		47						47
(27)	支　払　手　形		50						50

第6章　事業活動収支計算と貸借対照表計算のすすめ方

(28)	前　受　　　金	454						454
(29)	預　り　　　金	16						16
(30)	建物減価償却累計額	670	⑱120	④ 70				620
(31)	構築物減価償却累計額	210		④ 30				240
(32)	㊙機器備品減価償却累計額	340	③ 65 ⑤ 10	④ 84				349
(33)	管理用 機器備品減価償却累計額	120	⑤ 25	④ 25				120
(34)	車両減価償却累計額	80	② 48	④ 14				46
(35)	徴 収 不 能 引 当 金	10	⑫ 10	⑪ 13				13
(36)	第 1 号 基 本 金	6,414		⑰166 ⑰100				6,680
(37)	第 2 号 基 本 金	500		⑰100 ⑰100				300
(38)	第 3 号 基 本 金	180	⑰ 70					110
(39)	第 4 号 基 本 金	136						136
(40)	前年度繰越収支差額	△100				△100		
(41)	当 年 度 収 支 差 額				25			25
(42)	授　　業　　料	1,350				1,350		
(43)	入　　学　　金	460				460		
(44)	施 設 設 備 資 金	370				370		
(45)	入 学 検 定 料	45				45		
(46)	特 別 寄 付 金	57				57		
(47)	一 般 寄 付 金	23				23		
(48)	現 物 寄 付	0	⑥ 55			55		
(49)	国 庫 補 助 金	10				10		
(50)	○ ○ 県 補 助 金	230				230		
(51)	受 取 利 息 配 当 金	35				35		
(52)	施 設 設 備 利 用 料	40				40		
(53)	土 地 売 却 収 入	430	⑧430			0		
(54)	補 助 活 動 事 業 収 入	55	⑬ 65	⑬ 88		78		
(55)	退職金財団交付金収入	16	⑨ 16			0		
(56)	雑　　収　　入	20				20		
(57)	教 員 人 件 費	1,345				1,345		
(58)	職 員 人 件 費	385				385		

(59)	役員報酬	100				100			
(60)	退職金	30			⑨ 30	0			
(61)	退職給与引当金繰入額	0		⑩105		105			
(62)	㈹消耗品費	115		⑭ 15	⑭ 18	112			
(63)	㈹光熱水費	85				85			
(64)	㈹修繕費	70				70			
(65)	㈹その他経費	60				60			
(66)	㈹減価償却額	0		④168		168			
(67)	㈲消耗品費	70				70			
(68)	㈲創立記念事業費	52				52			
(69)	㈲その他経費	98				98			
(70)	㈲減価償却額	0		④ 55		55			
(71)	借入金利息	45				45			
(72)	土地売却差額	0			⑧230	230			
(73)	建物処分差額			⑱ 80		80			
(74)	機器備品除却差額	0		③ 15		15			
(75)	図書除却差額	0		⑦ 8		8			
(76)	車両除去差額	0		② 12		12			
(77)	徴収不能引当金繰入額	0		⑪ 13		13			
(78)	徴収不能額	0		⑫ 5		5			
(79)	過年度修正額	4	5			4	5		
(80)	基本金組入額			⑰166		166			
(81)	基本金取崩額				⑰170	170			
	合計	14,091	14,091	2,596	2,596	3,078	3,078	11,115	11,115

② 事業活動収支計算書の具体的作成例

前の精算表から事業活動収支計算書を作成すると次のとおりです。

第五号様式（第23条関係）

事 業 活 動 収 支 計 算 書

平成○○年4月1日から
平成○○年3月31日まで

(単位：円)

		科目	予算	決算	差異
教育活動収支	事業活動収入の部	学生生徒等納付金	(2,180)	(2,180)	(0)
		授業料	1,380	1,350	30
		入学金	450	460	△ 10
		施設設備資金	350	370	△ 20
		手数料	(44)	(45)	(△ 1)
		入学検定料	44	45	△ 1
		寄付金	(55)	(53)	(2)
		特別寄付金	30	30	0
		一般寄付金	25	23	2
		経常費等補助金	(205)	(210)	(△ 5)
		国庫補助金	10	10	0
		地方公共団体補助金	195	200	△ 5
		付随事業収入	(80)	(78)	(2)
		補助活動収入	80	78	2
		雑収入	(60)	(76)	(△ 16)
		施設設備利用料	40	40	0
		退職金財団交付金収入	0	16	△ 16
		その他雑収入	20	20	0
		教育活動収入計(1)	2,624	2,642	△ 18
		科目	予算	決算	差異
		人件費	(1,940)	(1,951)	(△ 11)
		教員人件費	1,345	1,345	0
		職員人件費	385	385	0
		役員報酬	110	100	10
		退職給与引当金繰入額	100	105	△ 5

		科目	予算	決算	差異
事業活動支出の部		退職金	0	16	△ 16
		教育研究経費	(500)	(495)	(5)
		消耗品費	110	112	△ 2
		光熱水費	90	85	5
		旅費交通費	60	60	0
		減価償却額	165	168	△ 3
		修繕費	75	70	5
		管理経費	(275)	(275)	(0)
		消耗品費	75	70	5
		旅費交通費	100	98	2
		減価償却額	50	55	△ 5
		創立記念事業費	50	52	△ 2
		徴収不能額等	(15)	(18)	(△ 3)
		徴収不能引当金繰入額	15	13	2
		徴収不能額	0	5	△ 5
		教育活動支出計(2)	2,730	2,739	△ 9
	教育活動収支差額(3)＝(1)－(2)		△ 106	△ 97	△ 9
教育活動外収支		科目	予算	決算	差異
	収入	受取利息・配当金	(40)	(35)	(5)
		第3号基本金引当特定資産運用収入	40	35	5
		その他の教育活動外収入	0	0	0
		教育活動外収入計(4)	40	35	5
		科目	予算	決算	差異
	支出	借入金等利息	(46)	(45)	(1)
		借入金利息	46	45	1
		その他の教育活動外支出	0	0	0
		教育活動外支出計(5)	46	45	1
	教育活動外収支差額(6)＝(4)－(5)		△ 6	△ 10	4
	経常収支差額(7)＝(3)＋(6)		△ 112	△ 107	△ 5
		科目	予算	決算	差異
		資産売却差額	(250)	(230)	(20)
		土地売却差額	250	230	20
		その他の特別収入	(115)	(117)	(△ 2)

		科目	予算	決算	差異
特別収支	収入	施設設備寄付金	30	27	3
		現物寄付	50	55	△5
		施設設備補助金	30	30	0
		過年度修正額	5	5	0
		特別収入計(8)	365	347	18
		科目	予算	決算	差異
	支出	資産処分差額	(100)	(115)	(△15)
		建物処分差額	80	80	0
		機器備品除却差額	10	15	△5
		図書除却差額	10	8	2
		車両除却差額	0	12	△12
		その他の特別支出	(4)	(4)	(0)
		過年度修正額	4	4	0
		特別支出計(9)	104	119	△15
		特別収支差額(10)=(8)−(9)	261	228	33
【予備費】(11)			(26)　4		4
基本金組入前当年度収支差額(12)=(7)+(10)−(11)			145	121	24
基本金組入額合計(13)			△150	△166	16
当年度収支差額(14)=(12)+(13)			△5	△45	40
前年度繰越収支差額(15)			△100	△100	0
基本金取崩額(16)			270	170	100
翌年度繰越収支差額(17)=(14)+(15)+(16)			165	25	140

(参考)

	予算	決算	差異
事業活動収入計(18)=(1)+(4)+(8)	3,029	3,024	5
事業活動支出計(19)=(2)+(5)+(9)	2,884	2,903	△19

③ 事業活動収支内訳表の具体的作成例

第六号様式（第24条関係）

事業活動収支内訳表

平成○○年４月１日から
平成○○年３月31日まで

（単位：円）

科目		部門	学校法人	○○大学	○○高等学校	総額
教育活動収支	事業活動収入の部	学生生徒等納付金	(0)	(1,300)	(880)	(2,180)
		授業料	0	815	535	1,350
		入学金	0	270	190	460
		施設設備資金	0	215	155	370
		手数料	(0)	(23)	(22)	(45)
		入学検定料	0	23	22	45
		寄付金	(3)	(8)	(42)	(53)
		特別寄付金	0	0	30	30
		一般寄付金	3	8	12	23
		経常費等補助金	(0)	(10)	(200)	(210)
		国庫補助金	0	10	0	10
		地方公共団体補助金	0	0	200	200
		付随事業収入	(0)	(43)	(35)	(78)
		補助活動収入	0	43	35	78
		雑収入	(13)	(25)	(38)	(76)
		施設設備利用料	5	18	17	40
		退職金財団交付金収入	0	0	16	16
		その他雑収入	8	7	5	20
		教育活動収入計(1)	16	1,409	1,217	2,642
		人件費	(182)	(939)	(830)	(1,951)
		教員人件費	0	742	603	1,345
		職員人件費	75	160	150	385
		役員報酬	100	0	0	100
		退職給与引当金繰入額	7	37	61	105
		退職金	0	0	16	16

第6章 事業活動収支計算と貸借対照表計算のすすめ方

事業活動支出の部		教育研究経費	(	0)	(	283)	(	212)	(	495)
		消耗品費		0		58		54		112
		光熱水費		0		45		40		85
		旅費交通費		0		35		25		60
		減価償却額		0		95		73		168
		修繕費		0		50		20		70
		管理経費	(	100)	(	95)	(	80)	(	275)
		消耗品費		15		30		25		70
		旅費交通費		23		40		35		98
		減価償却額		10		25		20		55
		創立記念事業費		52		0		0		52
		徴収不能額等	(	0)	(	15)	(	3)	(	18)
		徴収不能引当金繰入額		0		10		3		13
		徴収不能額		0		5		0		5
		教育活動支出計(2)		282		1,332		1,125		2,739
		教育活動収支差額(3)=(1)−(2)		△266		77		92		△97
教育活動外収支	収入	受取利息・配当金	(	22)	(	8)	(	5)	(	35)
		第3号基本金引当特定資産運用収入		22		8		5		35
		その他の教育活動外収入		0		0		0		0
		教育活動外収入計(4)		22		8		5		35
	支出	借入金等利息	(	8)	(	30)	(	7)	(	45)
		借入金利息		8		30		7		45
		その他の教育活動外支出		0		0		0		0
		教育活動外支出計(5)		8		30		7		45
		教育活動外収支差額(6)=(4)−(5)		14		△22		△2		△10
		経常収支差額(7)=(3)+(6)		△252		55		90		△107
	収入	資産売却差額	(	230)	(	0)	(	0)	(	230)
		土地売却差額		230		0		0		230
		その他の特別収入	(	0)	(	38)	(	79)	(	117)
		施設設備寄付金		0		0		27		27
		現物寄付		0		35		20		55
		施設設備補助金		0		0		30		30
		過年度修正額		0		3		2		5

特別収支		特別収入計(8)	230		38		79		347
	支出	資産処分差額	(	0)	(	15)	(	100)	(115)
		建物処分差額		0		0		80	80
		機器備品除却差額		0		10		5	15
		図書除却差額		0		5		3	8
		車両除却差額		0		0		12	12
		その他の特別支出	(	0)	(	2)	(	2)	(4)
		過年度修正額		0		2		2	4
		特別支出計(9)		0		17		102	119
		特別収支差額(10)=(8)-(9)		230		21		△23	228
基本金組入前当年度収支差額(11)=(7)+(10)				△22		76		67	121
基本金組入額合計(12)				△7		△77		△82	△166
当年度収支差額(13)=(11)+(12)				△29		△1		△15	△45
(参考)									
事業活動収入計(14)=(1)+(4)+(8)				268		1,455		1,301	3,024
事業活動支出計(15)=(2)+(5)+(9)				290		1,379		1,234	2,903

(注) 「事業活動収入の部」,「事業活動支出の部」は一部「収入」,「支出」に省略している。

3. 貸借対照表のつくり方

(1) 貸借対照表のしくみと財産目録の例示

　貸借対照表は，期末日の資産，負債，純資産の状態を明らかにするために作成するものです。平成25年会計基準の適用により，新たに「純資産」が設けられました。

　純資産は，旧会計基準の基本金の部と消費収支差額の部を合わせたもので，資産と負債の差額と一致します。貸借対照表のしくみについては，第3章の3.「事業活動収支計算と財産計算のしかた」を参照してください。

　財産目録は，財務情報等の閲覧に供する義務（私学法47条）の規定により，情報公開の対象となります。財産目録の様式は，以下のような形式で作成して

いることが一般的ですが，文部科学省参事官通知（「財務情報の公開等について（通知）（16文科高第304号，平成16年7月23日）」別添1および「学校法人会計基準の一部改正に伴う私立学校法第47条の規定に基づく財務情報の公開に係る書類の様式参考例等の変更について（通知）」（25文科高第616号，平成25年11月27日））を参考にして，各学校法人の規模等に応じて適切な形式で作成することが望ましいです。

財　産　目　録
平成〇〇年3月31日

（単位：円）

科　　目	摘　　　　　要	金　　額
土　　地	東京都千代田区麹町1丁目1番地の1　校地〇〇m^2	30,000,000

（2）　貸借対照表のつくり方

①　様式の区分

貸借対照表は，「資産の部」，「負債の部」，「純資産の部」の3区分に分かれ，それぞれの区分の末尾に合計額を記載します。

「負債の部」と「純資産の部」の合計額は「負債及び純資産の部合計」として記載します。この「負債及び純資産の部合計」は，「資産の部合計」と一致します。

各項目の金額については，本年度末と前年度末を対比して記載し，増減額は本年度末の金額から前年度末の金額を差し引いて記載します。

②　記載科目

科目の配列は「固定性配列法」によっています。学校法人の主要な財産は，校地，校舎，機器備品などの固定資産から構成されているところから，これら

をまず配列する方法が採用されました。

一般企業の貸借対照表が、現金預金などの流動資産から配列する「流動性配列法」をとっているのと比較して、学校法人の特徴を示したものといえます。

③ 注記事項

平成17年3月31日、「学校法人会計基準の一部を改正する省令」（文部科学省令第17号）により、学校法人の財政および経営の状況をより明確にする観点から、引当金の計上基準などの重要な会計方針等を貸借対照表の脚注に記載して注記事項を充実する改正が行われました。そして、平成25年会計基準では、さらに注記の充実が図られました。詳細は後述します。

前に掲げた精算表をもとにして貸借対照表の具体例を示してみましょう。

第七号様式（第35条関係）

貸 借 対 照 表
平成〇〇年3月31日

（単位：円）

資産の部			
科　　目	本年度末	前年度末	増　　減
固定資産	（　8,124）	（　8,290）	（　△166）
有形固定資産	〈　6,818〉	〈　6,930〉	〈　△112〉
土地	3,000	3,200	△200
建物	2,430	2,130	300
構築物	240	240	0
教育研究用機器備品	621	580	41
管理用機器備品	145	130	15
図書	178	150	28
車両	24	50	△26

科　　目	本年度末	前年度末	増　　減
建設仮勘定	180	450	△ 270
特定資産	〈　　286〉	〈　1,340〉	〈　△ 54〉
第2号基本金引当特定資産	300	500	△ 200
第3号基本金引当特定資産	110	180	△ 70
退職給与引当特定資産	346	270	76
減価償却引当特定資産	430	340	90
記念事業引当特定資産	0	50	△ 50
奨学費引当特定資産	100	0	100
その他の固定資産	〈　　20〉	〈　　20〉	〈　　0〉
電話加入権	20	20	0
施設利用権	0	0	0
流動資産	（　1,603)	（　1,340)	（　263)
現金預金	1,003	770	233
未収入金	32	40	△ 8
貯蔵品	106	80	26
有価証券	450	450	0
前払金	12	0	12
資産の部合計	9,727	9,630	97

負債の部

科　　目	本年度末	前年度末	増　　減
固定負債	（　1,609)	（　1,738)	（　△ 129)
長期借入金	560	720	△ 160
学校債	430	490	△ 60
退職給与引当金	619	528	91
流動負債	（　867)	（　762)	（　105)
短期借入金	240	200	40

1年以内償還予定学校債	60	60	0
手形債務	50	0	50
未払金	47	35	12
前受金	454	455	△1
預り金	16	12	4
負債の部合計	2,476	2,500	△24
純資産の部			
科　　目	本年度末	前年度末	増　　減
基本金	(7,226)	(7,230)	(△4)
第1号基本金	6,680	6,414	266
第2号基本金	300	500	△200
第3号基本金	110	180	△70
第4号基本金	136	136	0
繰越収支差額	(25)	(△100)	(125)
翌年度繰越収支差額	25	△100	125
純資産の部合計	7,251	7,130	121
負債及び純資産の部合計	9,727	9,630	97

（3）　資産および負債の計上基準

　貸借対照表に記載する金額は，複式簿記の原理に基づいて処理された日々の取引記録の結果，誘導的に計算される金額によります。

　取引の仕訳と会計処理を行うに際しての資産の評価方法その他の取扱いは，会計基準等で定められています。

①　取得原価基準

　資産の評価は，公正な取引に基づいた取得価額で行います。ただし，資産の

取得のために通常要する価額より著しく低い価額で取得（贈与含む）した場合，通常要する価額（時価等）で評価します（会計基準25条）。

② 減価償却資産の貸借対照表計上額

減価償却資産の貸借対照表計上額は，取得価額から減価償却累計額を差し引いた額とされています（会計基準34条）。

③ 有価証券の評価換え

有価証券は取得価額で評価しますが，取得価額と比較して時価が著しく低くなった場合は，その回復が可能と認められるときを除き，時価で評価します（会計基準27条）。

旧会計基準ではこの取扱いが明確ではなかったため，平成25年会計基準では具体的な処理の基準が以下のとおり定められました（25高私参第8号）。

(ア) 当該有価証券が市場で取引され，そこで成立している価格（以下「市場価格」という）がある場合は，それを時価とします。

市場価格のない有価証券のうち，債券等については当該有価証券を取引した金融機関等において合理的に算定した価額を時価とします。これらの時価が取得価額に比べて50％以上下落した場合には，とくに合理的と認められる理由が示されない限り，時価が取得価額まで回復が可能とは認められません。

時価の下落率が30％以上50％未満の場合には，著しく低くなったと判断するための合理的な基準を設けて判断します。この合理的な基準は，主観的判断を伴う可能性がありますので，学校法人の実態に合った基準等を文書で作成して継続的に運用することが必要です（JICPA実務指針第45号参考）。

(イ) 市場価格のない有価証券のうち，株式については当該株式の発行会社の

実質価額（一般に公正妥当と認められた企業会計の基準に従い作成された財務諸表を基礎とした1株当たりの純資産額，配当還元方式等の合理的な算定方法）を時価とみなすものとし，取得価額に比べて50％以上下落した場合には，十分な証拠によって裏づけられない限り，その回復が可能とは認められません。

なお，有価証券の詳細な会計処理については，「有価証券の会計処理等に関するQ&A」（JICPA研究報告第29号，平成26年7月29日）もあわせて参照してください。

④ 金銭債権の貸借対照表計上額

未収入金，貸付金などの金銭債権の貸借対照表計上額は，債権額から徴収不能引当金を差し引いた額とされています（会計基準34条）。

⑤ 簿外の資産・負債

学校会計は，定められた会計の処理の方法に従って正確な計算を行うべきですが，財政および経営の状況を誤りなく判断する上において支障とならない程度の，たとえば少額資産の経費処理などの重要性の乏しい資産・負債については，本来の厳密な会計処理によらないで，他の簡便な方法によることも認められています。

（4） 資産，負債等の個別科目の内容

① 有形固定資産

有形固定資産の主なるものをあげると次表のとおりです。

大 分 類	中 分 類	留 意 点
土　　　　地	校舎敷地，運動場敷地，厚生施設用地，その他の用地	
建　　　　物	校舎，体育館，図書館，実験実習館，厚生補導用建物，その他の建物および簡易建物	
建 物 附 属 設 備	電気設備，冷暖房換気設備，給排水衛生設備，ボイラー設備，昇降機設備，防火災害報知設備，その他の設備および簡易間仕切り	この科目は総勘定元帳使用科目で，計算書類上，建物に含めて表示することが原則である。
構　　築　　物	運動場施設，競技場スタンド，プール，門塀，擁壁，井戸，貯水槽，貯油槽，掲示板，時計塔，庭園，舗装道路，その他の構築物	立木（庭木，山林の植林費など）の金額が大なるときは，小科目として計上する場合がある（東京都通牒）。
教育研究用機器備品 管理用機器備品	機械器具 ｛ 教育研究用 　　　　　　管理用 備　　品 ｛ 教育研究用 　　　　　　管理用 標本模型（主として教育研究用）	1．少額重要資産は資産計上しなければならない。 2．動物などの生物も含む。 3．備品計上基準は，各都道府県通知に留意する。
図　　　　書	和書，洋書，定期刊行物，マイクロフィルム，レコード，ビデオ，CD，DVD，その他	
車　　　　両	教育研究用，管理用	乗用車，二輪車，貨物自動車，スクールバス，実験実習用車輪等がある。
建 設 仮 勘 定		建物完成までの支出額である。
船　舶　等	船舶，航空機，その他	

㋐ 土　地

　校舎，寄宿舎，寮などの敷地，あるいは運動場用地など学校法人の所有する土地を指します。その取得に要した仲介料や整地費用など，付帯するすべての費用を含みます。なお，土地を取得する目的で建物付土地を購入し，短期間にその建物を取り壊したときの建物部分の価額および取壊し費用は，その土地の価額に含まれます。

㋑ 建　物

　学校法人が所有する校舎，体育館，寄宿舎，車庫または渡り廊下などの建物本体のほか，建物附属設備（電気，給排水，衛生，冷暖房，昇降機などの各施設）を含みます。建物と建物附属設備に科目を区分することも認められます。

㋒ 構築物

　プール，競技場，門塀，貯水槽，庭園など，建物および建物附属設備以外の工作物であって，土地に固定されたものをいいます。

㋓ 教育研究用機器備品

　教育研究のために使用される機械設備，工具器具備品であって，学生用の机，椅子，理科教育用の実験設備，運動具など多くのものが含まれます。教育研究で使用するパソコンは，原則として購入時に教育研究用機器備品として資産計上します。

　なお，学生の在籍中はパソコン貸与であっても卒業時に無償で譲渡される場合で備品管理台帳などの帳簿に記録されないときは，教材として使用した時点で実質的に譲渡したと考えられます。この場合は教育研究経費として処理することができますが，規程などの内規を厳重に整備する必要があります。

㋔ 管理用機器備品

　教育研究用機器備品以外の機器備品をいい，旧会計基準では「その他の機器備品」と呼んでいました。理事長室，事務室などにある管理部門の什器備品や，食堂，寮などのちゅう房設備，什器備品などが含まれます。上記の教育研究用

機器備品とともに，金額の僅少なものについての取扱いは，第4章「資金収支計算のすすめ方」を参照してください。

(カ) 図　書

取得価額の多寡にかかわらず，長期間にわたって保存，使用する図書をいいます。学習用または事務用の図書，新聞雑誌などは，この図書に含めず，購入した年度の支出とすることができます。図書と類似の役割をもつテープ，レコード，フィルム，ビデオなどは，利用の態様に従い図書に準じて取り扱います（文部省通知，雑管第115号，昭和47年11月14日）。CD，DVDなどで教育研究に資するものも該当します。

なお，図書の大量購入等による値引きを受けた場合，雑収入とすることができますが，図書として資産計上しない雑誌等については値引き分を差し引いた金額を経費として計上するので留意してください。

(キ) 車　両

乗用車，スクールバス，トラック，自転車等で学校法人の所有するものを指します。

(ク) 立木，動物

校庭や玄関前などに植樹するために取得した樹木は「構築物」に含まれますが，樹木に関する専門教育を行う場合に，その目的のために取得したものは「立木」として記載することが適切です（東京都56総学二第284号，昭和56年11月2日）。築山，池，石などとともに一定の設計が施された庭園の中の樹木は，構築物としての「庭園」に含まれます。

なお，医科大学などで実験用として取得した動物は固定資産というよりも実験材料費に該当する場合が多いでしょう。立木，動物の計上基準については，備品と同様に僅少額のものについては消耗品として取り扱うことが適当です。

(ケ) 建設仮勘定

有形固定資産を建設する場合の手付金，工事内金，材料費などの支払金額を

完成までの間，一時的に処理するためのものをいいます。完成した場合には目的の科目に振り替えます。

(ﾛ) その他

有形固定資産で，以上の(ｱ)～(ｹ)までの科目に計上することが適当でないもの，たとえば船舶や航空機などがあれば，それぞれ独立した小科目で記載することになります。建物を「建物」と「建物附属設備」に細分することは帳簿上可能ですが，計算書類では「建物」に含めて表示します。

② 特定資産

平成25年会計基準の適用により，固定資産の中科目として新たに「特定資産」を設けることになりました。旧会計基準では貸借対照表の「固定資産」は，中科目として「有形固定資産」および「その他の固定資産」の2つに分類されていました。しかし，「その他の固定資産」には引当特定資産が占めていることが多く，「その他の固定資産」の「その他」に一括りにするには固定資産全体に占める割合が大きくなるため，資産の構成内容の把握が難しくなるとの指摘がありました。そこで，新たな区分を設けることで，学校法人の財政状態がより明確になるとの観点から，新たに中科目として「特定資産」を記載します。

(ｱ) 第2号基本金引当特定資産

第2号基本金は，学校法人が新たな学校の設置または既設の学校の規模の拡大もしくは教育の充実向上のために将来取得する固定資産の取得に充てる金銭その他の資産の額をいいます（会計基準30条）。この第2号基本金に対応する資産は，施設設備引当特定資産や具体的な計画に合った名称を付して「その他の固定資産」に表示していましたが，平成25年会計基準の適用により，理事会で決議した基本金組入計画に基づいて組み入れた第2号基本金に対応する特定資産については，中科目「特定資産」の小科目「第2号基本金引当特定資産」として一括表示することになりました。すなわち，計画が複数ある場合でも合算

して「第２号基本金引当特定資産」の１つの小科目で表示します。これにより，第２号基本金の計画が複数あった場合，内訳が不明確になるという欠点が生じます。そこで，新たに「第２号基本金の組入れに係る計画集計表」（会計基準様式第一の一）を作成します。

なお，第２号基本金組入計画を理事会で決議できるほど具体的になっておらず，基本金に組み入れられずに将来の施設整備に備える特定資産については，中科目「特定資産」の小科目「施設設備引当特定資産」等の名称で記載します。

(イ) 第３号基本金引当特定資産

第３号基本金は，基金として継続的に保持し，かつ，運用する金銭その他の資産の額をいいます（会計基準30条）。

第３号基本金引当特定資産は，上記(ア)の第２号基本金引当特定資産と同様の考えにより，中科目「特定資産」の小科目「第３号基本金引当特定資産」として一括表示します。そして，第３号基本金の計画が複数あった場合，新たに「第３号基本金の組入れに係る計画集計表」（会計基準様式第二の一）を作成します。

(ウ) その他の引当特定資産

校舎の建設や修繕，機器備品の取替え，退職金の支払など，将来の特定の支出に備えるために資金を留保する場合に，減価償却引当特定資産，退職給与引当特定資産，施設拡充引当特定資産，記念事業引当特定資産，奨学費引当特定資産などを計上することがあります。これらの目的のために留保される資産の内容は，主として貸付信託，金銭信託，定期預金，公社債，金融債などですが，引当資産が預金だけの場合は○○引当特定預金とすることが妥当です。

(エ) 平成25年会計基準移行時の留意事項

旧会計基準において貸借対照表の中科目「その他の固定資産」，小科目「○○引当特定資産」を計上している場合，平成25年会計基準が適用になる平成27年度（都道府県知事所轄法人は平成28年度）では，貸借対照表の中科目「特定

資産」，小科目「○○引当特定資産」に計上します。

③ その他の固定資産
(ア) 借地権
他人の所有する土地を，建物や構築物の敷地，校庭や運動場などのために使用する権利で，地上権を含み有償で取得したものをいいます。

(イ) 電話加入権
一般公衆との通話その他の通信を目的とした加入電話の設備に要する負担金をいいます。電話加入権は原則として償却は行いません。

(ウ) 施設利用権
電気，ガス，水道などの供給施設を新たに設置する場合に，電力会社，ガス会社，地方公共団体などに支払う設備負担金（電気施設利用権，ガス施設利用権，水道施設利用権など）や，上記の電信電話専用施設利用権などをいいます。
また，建物や運動施設（たとえばプールなど）などを長期間（年度末後１年を超える期間）にわたって賃借する場合に支払った権利金なども含みます。

(エ) ソフトウエア
平成25年会計基準では，中科目「その他の固定資産」の小科目「ソフトウエア」が設けられました。
ソフトウエアは，学校法人の教育研究活動や管理運営業務の効率化に欠かすことのできない大切な資産であり，近年は重要性が増していますので，小科目として表示します。
ソフトウエアの会計処理については，その利用により将来の収入獲得または支出削減が確実であると認められる場合は資産として計上し，それ以外の場合は経費として処理します。
ソフトウエアの詳細な会計処理については，「ソフトウェアに関する会計処理について（通知）」（20高私参第３号，平成20年９月11日），「ソフトウェアに関

する会計処理について（通知）」に関する実務指針（JICPA実務指針第42号，平成26年7月29日）を参照してください。

なお，文科省によると教育研究のためのソフトウエアの利用は少なく，主に管理目的のソフトウエアの利用が多いようです。

(オ) 有価証券

会計年度末後1年を超えて所有する目的の国債，地方債，社債，金融債，株式などをいいます。ただし，長期所有の有価証券でも，特定資産に含まれるものは除かれます。

また，有限会社，組合等に対する出資金は有価証券ではなく「出資金」として表示します。なお，有価証券の評価については，本節の（3）を参照してください。

(カ) 収益事業元入金

学校法人は，寄附行為に定めた収益事業を営むことができますが，この収益事業会計に対する元入金（出資金）をいいます。

(キ) 長期貸付金

教職員や学生生徒などに対する貸付金で，会計年度末後1年を超えて返済期限が到来するものをいいます。学生生徒に対する長期貸付金としては，奨学金貸付や地方公共団体からの入学支度金貸付などがあります。

(ク) その他

以上のほかに，たとえば出資金，敷金，保証金，長期の前払保険料などは，それぞれの科目名で計上することができます。

④ 流動資産

(ア) 現金預金

現金，銀行預入れの各種の預金，郵便貯金などのほか，他から受け取った当座小切手，送金小切手，送金為替手形，預金手形，郵便為替証書，振替貯金払

出証書などが含まれます。

「現金預金」の額は，資金収支計算書の「翌年度繰越支払資金」と一致します。

(イ) 未収入金

授業料や入学金など学生生徒の納付金，補助金，資産の売却代金等の会計年度末における未収額です。固定資産の売却代金などで，会計年度末後1年を超えて回収される見込みのものは，「その他の固定資産」に記載されます。未収入金については，回収不能のおそれがある場合には，その見込額を控除した額を貸借対照表に計上します。

回収不能見込額は，貸借対照表の末尾の「重要な会計方針」に注記することとされています。

(ウ) 貯蔵品

実験用の薬品やその他の材料，ノート，用紙その他の文房具など未使用の消耗品類や，スクラップとして売却予定の除却済みの固定資産などです。なお，貯蔵品の合計額が僅少の場合には，貸借対照表に計上しなくても差し支えありません。

(エ) 販売用品

学内売店や食堂など，補助活動事業の教材，その他の商品，原材料等の棚卸高です。会計年度末の保有額を棚卸によって把握するところは貯蔵品と同様ですが，貯蔵品が使用を目的として保有されるのに対して，販売用品は，販売されることが目的とされているところに違いがあります。また，販売用品についても，少額の場合には資産に計上しないことができます（文管振第87号，昭和49年3月29日）。

(オ) 短期貸付金

貸付金のうち，会計年度末後1年以内に回収される見込みのある金額です。また，長期貸付金のうち，会計年度末後1年以内に回収される予定の部分についても短期貸付金に含まれます。回収不能額の取扱いについては，本章1．（6）

「徴収不能引当金と徴収不能額の処理」を参照してください。

(カ) 有価証券

一時的な保有を目的とした国債，地方債，社債，金融債，株式などをいいます。主に支払資金を有利に運用するために短期的に所有するもので，随時売却できる市場性のある有価証券に限られます。有価証券の評価については，本節の（3）を参照してください。また，仕組債，デリバティブ，外貨建資産の取扱いについては，とくに留意してください。

(キ) その他

上記のほかに，流動資産には，前払金，立替金，仮払金，手形債権などがあります。

⑤ 固定負債

(ア) 長期借入金

返済期限が，年度末後1年を超えて到来する借入金です。したがって，分割返済期日が年度末後1年以内に到来することとなった部分の金額は，「短期借入金」となり流動負債に記載されます。土地，建物についての抵当権の設定，有価証券についての質権の設定などを行っている場合には，貸借対照表の末尾に注記をすることとされています。注記する担保資産の金額は帳簿価額によります。

(イ) 学校債

学校法人が資金を調達するために，学生生徒の父兄，卒業生等，広く社会一般から募集した借入金です。学校債は，「長期借入金」と区別して，独立の科目で計上します。返済期限が年度末後1年以内に到来することとなった学校債については，「1年以内償還予定学校債」として「流動負債」に計上します。

(ウ) 退職給与引当金

将来の教職員の退職金支給に充てるため，一定の基準で引き当てられた「条

件付債務」です。退職金は，労働協約や就業規則（退職金規程）によって，時の経過に従って支払債務が累積されていきます。ただし，退職という事実が生じてはじめて具体的な支払義務（支払金額と支払期日）が確定しますので，教職員の在職中には，学校法人は条件付きの債務を負っていることになります。一般に退職給与引当金は，この退職金についての条件付債務を表示するものといわれています。

(エ) その他

固定負債には上記のほか，たとえば，校舎建築費について1年以上の長期分割支払いとした場合およびリース取引の「長期未払金」などがあります。

⑥ 流動負債

(ア) 短期借入金

借入金のうち，返済期限が年度末後1年以内に到来するものをいいます。長期借入金のうち，返済期限が年度末後1年以内に到来する部分については，「短期借入金」に含めて表示します。

(イ) 1年以内償還予定学校債

返済期限が年度末後1年以内に到来することとなった学校債は，固定負債から区分して流動負債の「1年以内償還予定学校債」として表示します。

(ウ) 手形債務

固定資産や消耗品などの購入に際して，その代金として振り出した約束手形や為替手形をいいます。したがって，資金の借入れの際に発行する手形は含みません。これは借入金の支払いのために振り出されるもので，債権者の債権回収の便宜のためであって，会計上の手形債務ではありません。なお，支払期日が年度末後1年を超えて到来する手形については，固定負債に計上します。

(エ) 未払金

機器備品や消耗品などの物品の購入代金，あるいは電力料，水道料，修繕料

など用役または役務の提供を受けた場合の代金等の未払額です。建物や車両などの固定資産の購入やリース取引の場合に，代金の支払いが1年以上にわたる場合があります。このような場合の年度末後1年を超えて支払われる予定の額は，固定負債に計上されます。

　(オ)　前受金

　翌年度の入学生にかかわる入学金，授業料，その他の納付金の受入れ額で，入学金前受金，授業料前受金，施設設備資金前受金などをいいます。

　(カ)　預り金

　給料・報酬等にかかわる源泉所得税，教職員の給与にかかわる住民税，教職員共済掛金，財形貯蓄掛金などのほか，学生生徒から徴収する校友会費，後援会費，修学（研修）旅行費，副教材費など，学校法人の収入とならないもので，他に支払うための一時的な金銭の受入れ額をいいます。修学（研修）旅行費については，学校法人が管理上の都合等により特別会計として区分経理している場合であっても，預り金の収支として一般会計に合併した上で計算書類を作成しなければならないものと考えます（JICPA報告第24号，昭和53年7月10日）。

　(キ)　その他

　上記のほかに流動負債には，未払費用や仮受金などがあります。

⑦　基本金

　第7章「基本金会計のしくみ」を参照してください。

⑧　繰越収支差額

　繰越収支差額は，事業活動収支計算書で計算された当年度の収支差額（基本金組入額合計の控除後）である「当年度繰越収支差額」と前年度までの収支差額の累積である「前年度繰越収支差額」と「基本金取崩額」の合計額です。

　旧会計基準と異なり，純資産の部の繰越収支差額はプラスであってもマイナ

スであっても名称は変わりませんので、留意してください。

　また、消費支出準備金は廃止されました。詳細は本章１．（８）を参照してください。

　なお、平成25年会計基準の適用前年である平成26年度（都道府県知事所轄法人は平成27年度）の計算書類は旧会計基準で作成しますが、旧会計基準で計上している「消費収支差額の部」の「翌年度繰越消費収入超過額（または翌年度繰越消費支出超過額）」については、平成27年度の計算書類（都道府県知事所轄法人は平成28年度）では貸借対照表の大科目「繰越収支差額」の小科目「翌年度繰越収支差額」に表示します。

４．附属明細表のつくり方

　貸借対照表の重要項目である固定資産、借入金および基本金について、その増減の状況や事由などを明らかにした計算書類の作成が必要です。これを附属明細表と呼んでいます。固定資産明細表、借入金明細表および基本金明細表の３種類が定められています（会計基準36条）。

（１）　固定資産明細表のつくり方

　固定資産明細表は会計基準第八号様式のとおりですが、その記載例を掲げると次頁の表のとおりです。なお、平成25年会計基準の適用により、新たに中科目「特定資産」の欄が設けられ、また、「その他の機器備品」は「管理用機器備品」に名称が変更となりました。

①　取得価額による記載と科目の省略

　期首残高、当期増加額、当期減少額および期末残高は、取得価額で記入します。期末残高は、

第八号様式（第36条関係）

固定資産明細表

平成〇〇年4月1日から
平成〇〇年3月31日まで

（単位：円）

科目		期首残高	当期増加額	当期減少額	期末残高	減価償却額の累計額	差引期末残高	摘要
有形固定資産	土地	3,200	0	200	3,000		3,000	※1
	建物	2,800	450	200	3,050	620	2,430	※2
	構築物	450	30	0	480	240	240	
	教育研究用機器備品	920	140	90	970	349	621	※3
	管理用機器備品	250	40	25	265	120	145	
	図書	150	36	8	178	0	178	※4
	車両	130	0	60	70	46	24	
	建設仮勘定	450	180	450	180		180	※5
	計	8,350	876	1,033	8,193	1,375	6,818	
特定資産	第2号基本金引当特定資産	500	0	200	300	0	300	
	第3号基本金引当特定資産	180	0	70	110	0	110	
	退職給与引当特定資産	270	76	0	346	0	346	
	減価償却引当特定資産	340	90	0	430	0	430	
	記念事業引当特定資産	50	0	50	0	0	0	
	奨学費引当特定資産	0	100	0	100	0	100	
	計	1,340	266	320	1,286	0	1,286	
その他の固定資産	電話加入権	20	0	0	20		20	
	計	20	0	0	20		20	
	合計	9,710	1,142	1,353	9,499	1,375	8,124	

※1 当期減少額は山林売却による。
※2 当期増加額は高校校舎東館建設による。当期減少額は学生寮売却による。
※3 当期増加額は現物寄付35円を含む。
※4 当期増加額は現物寄付20円を含む。
※5 当期増加額は図書館建設による。当期減少額は建物勘定への振替による。

　　　　期首残高＋当期増加額－当期減少額＝期末残高

の計算の結果が記入されます。この計算の結果，期末残高がゼロとなる場合があっても，期首残高（つまり前年度のこの表の期末残高）がある場合，あるいは期中増減のある場合には，必ず記入されることになります。しかし，計上すべき金額がない科目については省略します。

　有形固定資産のうち，減価償却資産およびその他の固定資産のうちの償却を行うべき資産（施設利用権など）についての「期首残高」ならびに「期末残高」は，それぞれ貸借対照表の「前年度末」ならびに「本年度末」の金額とは一致しません。貸借対照表の金額は減価償却後の帳簿価額で記載されるからです。しかし，固定資産明細表の「差引期末残高」と一致します。

②　減価償却額の累計額

　会計年度末に所有する固定資産の毎年度の減価償却額の合計額が記入されます。当年度において売却または除却されたもの（当期減少額欄に記入されたもの）についての減価償却累計額は，差引計算します。減価償却額の累計額の欄の一番下の合計欄の額は，貸借対照表の注記または減価償却引当金の合計額と一致することとなります。また，固定資産明細表の作成のためには，減価償却の経理方法は間接法で行うのが便利です。なお，「期末残高」から「減価償却額の累計額」を差し引いた額は，貸借対照表のそれぞれの資産科目の記載額と一致します。

③　摘　要

　当期増加額および当期減少額のうち，次のような事由によるものについて，その内容を簡潔に記入します。
　㈦　寄贈を受けたことによる増加などがあった場合

(イ)　災害等による廃棄（減少）があった場合
　(ウ)　その他売買以外の特殊な事由による増加または減少があった場合
　(エ)　同一科目についての増加額または減少額が，資産総額の１％かあるいは3,000万円のいずれかの額を超える場合
　なお，記載内容が多く摘要欄に記入できない場合には，明細表の下部に注記する方法もあります。
　摘要欄の具体的な内容については253頁記載例を参照ください。

(2) 借入金明細表のつくり方

　借入金明細表は会計基準第九号様式のとおりですが，その記載例を掲げると次頁の表のとおりです。

① 記載項目

　長期借入金および短期借入金のそれぞれについて，借入先を「公的金融機関」，「市中金融機関」および「その他」にそれぞれ区分して記載することとされています。仮に，記載すべき借入先のない区分（たとえば「その他」の区分に記載する借入先がない場合）についても，この区分の様式を省略せず，小計欄に「０」と記入するのが妥当でしょう（『学校法人会計基準詳説』野崎弘編著，130頁）。なお，この明細表には「学校債」について記載しません。

② 返済期限が１年以内の長期借入金

　長期借入金のうち，分割返済期日が年度末後１年以内に到来する部分の金額は，この表の短期借入金のうち，「返済期限が１年以内の長期借入金」の区分に記載します。
　注意する点は，当年度末で新たに「返済期限が１年以内の長期借入金」となった金額については，長期借入金の「当期減少額」欄，および短期借入金の「返

第九号様式

借入金明細表

平成○○年4月1日から
平成○○年3月31日まで

(単位：円)

区分	借入先		期首残高	当期増加額	当期減少額	期末残高	利率	返済期限	摘要(目的)	摘要(担保)
長期借入金	公的金融機関	日本私学振興共済事業団 A	250	0	50	200	○○%	○年○月	施設	土地
		〃 B	200	0	20	180	○○%	○年○月	〃	土地・建物
		小計	450	0	70	380				
	市中金融機関	東洋銀行 A	170	0	30	140	○○%	○年○月	施設	定期預金
		〃 B	80	0	80	0	○○%	○年○月	経常費	なし
		〃 C	0	70	30	40	○○%	○年○月	〃	〃
		小計	250	70	140	180				
	その他	甲財団法人	20	0	20	0	○○%	繰上償還	経常費	役員保証
		小計	20	0	20	0				
	計		720	70	※20 210	560				
短期借入金	公的金融機関		0	0	0	0				
	市中金融機関	東洋銀行	120	0	120	0	○○%	○年○月	経常費	なし
		東西銀行	0	30	0	30	○○%	○年○月	〃	〃
		小計	120	30	120	30				
	その他		0	0	0	0				
	返済期限が1年以内の長期借入金		80	※210	80	210				
	計		200	※30 210	200	240				
合計			920	※100 210	※220 210	800				

済期限が1年以内の長期借入金」の区分の「当期増加額」欄にそれぞれ記載し，金額の頭に※印をつけてその関連を明らかにします。なお，長期借入金の期限前返済があったときは，長期借入金の「当期減少額」欄に前記※印金額と区分して二段書をします。また，上記の※印をつけた金額は資金収支と関連がないため，当期増加額欄および当期減少額欄の合計欄（小計および計の欄も同じ）においても※印をつけた金額とその他の金額とを区分して二段書にします。この具体的記載方法は前表の記載例のとおりです（JICPA報告第20号，昭和50年5月7日）。

③ 利率，返済期限，摘要

これらの項目の記入に際して，同一の借入先について複数の契約口数がある場合には，借入先別に一括し，項目ごとに要約して記載することができます（会計基準第九号様式注2）。「摘要」欄には，借入金の使途および担保物件の種類を記載しますが，記載内容が多い場合は，摘要欄に記載することに代えて，この表の下部に注記することができます。この場合には，摘要欄に注番をつけ，注記との関連を明確にする必要があります。

（3） 基本金明細表のつくり方

第7章「基本金会計のしくみ」で詳しく述べますので，ここでは省略します。

5．注記事項の記載のしかた

平成25年4月22日，「学校法人会計基準の一部を改正する省令」（文科省令第15号）が交付され，学校法人の財政および経営の状況をより明確にする目的から，他の公共的法人と同様に重要な会計方針等を脚注に記載するなど注記事項の充実が図られました。

また，平成26年12月2日，「計算書類の注記事項の記載に関するQ＆A」（JICPA研究報告第16号）が改正されて，実務指針の明確化が図られました。

（1） 会計基準第34条および文部科学省参事官通知

以下の8項目については，会計基準第35条（貸借対照表の様式）に示す第七号様式に定められているため，これらの項目を記載する必要があります。該当する事項がない場合であっても，該当がない旨を記載しなければなりません。平成25年会計基準で追加されたのは，「⑦当該会計年度の末日において第4号基本金に相当する資金を有していない場合のその旨と対策」です。

① 重要な会計方針
② 重要な会計方針の変更等
③ 減価償却額の累計額の合計額
④ 徴収不能引当金の合計額
⑤ 担保に供されている資産の種類および額
⑥ 翌年度以後の会計年度において基本金への組入れを行うこととなる金額
⑦ 当該会計年度の末日において第4号基本金に相当する資金を有していない場合のその旨と対策
⑧ その他財政および経営の状況を正確に判断するために必要な事項

また，平成25年9月2日に公表された文部科学省参事官通知（25高私参第8号）により，新設された活動区分資金収支計算書の末尾に「活動区分ごとの調整勘定等の加減の計算過程の注記」を記載します（第5章参照）。

さらに，「その他財政及び経営の状況を正確に判断するために必要な事項」に関する追加として，「有価証券の時価情報に係る注記」（保有する有価証券の種類ごとの情報に係る明細が追加）と「学校法人間取引についての注記」が注記事項になります。

なお，退職給与引当金特別繰入額については，事業活動収支計算書の末尾に

注記する必要があります。

（2） 注記の記載内容
① 重要な会計方針

注記に係る重要な会計方針については，「引当金の計上基準」と「その他の重要な会計方針」を記載しますが，「引当金の計上基準」に関して「徴収不能引当金」および「退職給与引当金」については必ず記載しなければなりません。仮に引当金を計上していない場合であっても，計上していない旨を記載することになります。

「その他の重要な会計方針」については，重要性があると認められる場合，記載します。

以下の5つの項目が具体的な例示となります。

(ア) 有価証券の評価基準および評価方法
(イ) たな卸資産の評価基準および評価方法
(ウ) 外貨建資産・負債等の本邦通貨への換算基準
(エ) 預り金その他経過項目に係る収支の表示方法
(オ) 食堂その他教育活動に付随する活動に係る収支の表示方法，等

② 重要な会計方針の変更等
(ア) 会計方針の変更

会計方針の変更とは，従来採用していた一般に公正妥当と認められる会計方針から他の一般に公正妥当と認められる会計方針に変更することをいいます。重要な会計方針を変更したときは，変更の旨，変更の理由およびその変更が計算書類に与える影響額を注記します。ただし，その変更または変更による影響が軽微である場合は注記する必要はありません。

会計方針は，正当な理由により変更を行う場合を除いて毎期継続して適用し

ます。正当な理由による会計方針の変更に該当するものは以下のとおりです。

(a) 会計基準等の改正に伴う会計方針の変更

　会計基準等の改正によって特定の会計処理の原則および手続が強制される場合や，従来認められていた会計方針を任意に選択する余地がなくなる場合など，会計基準等の改正に伴って会計方針の変更を行うことをいいます。

　会計基準等の改正には，既存の会計基準等の改正または廃止のほか，新たな会計基準等の設定が含まれます。

(b) (a)以外の正当な理由による会計方針の変更

　正当な理由に基づき自発的に会計方針の変更を行うことをいいます。この場合の正当な理由については，次のとおり判断することが適当です。

- 会計方針の変更は学校法人の事業内容および学校法人内外の経営環境の変化に対応して行われるものであること。
- 変更後の会計方針が一般に公正妥当と認められる学校法人の会計基準に照らして妥当であること。
- 会計方針の変更は会計事象等を計算書類により適正に反映するために行われるものであること。
- 会計方針の変更が財務情報を不当に操作することを目的としていないこと。

(c) 会計方針の変更に類似する事項

　以下の事項は，会計処理の対象となっていた事実に係る見積りの変更，または新たな会計処理の採用等であり，会計方針の変更には該当しませんので留意してください。

- 会計上の見積りの変更
- 重要性が増したことに伴う本来の会計処理への変更
- 新たな事実の発生に伴う新たな会計処理の採用

(イ) 表示方法の変更

　表示方法の変更とは，従来採用していた一般に公正妥当と認められる表示方法から他の一般に公正妥当と認められる表示方法に変更することをいいます。

　表示方法は，次のいずれかの場合を除き，毎期継続して適用します。

(a) 表示方法を定めた会計基準または法令等の改正により表示方法の変更を行う場合

(b) 会計事象等を計算書類により適切に反映するために表示方法の変更を行う場合

　表示方法とは，一般に計算書類項目の科目分類，科目配列および報告様式をいい，表示方法の変更には，貸借対照表の固定資産または流動資産の区分や収支計算書の同一区分内での勘定科目の区分掲記，統合もしくは勘定科目名の変更等を行うものと，その区分を超えての表示方法の変更をするものがあります。前者は単なる表示方法の変更ですが，後者の区分を超えての表示方法の変更は，重要な表示方法の変更として扱い，重要な会計方針の変更と同様に「重要な会計方針の変更等」に含めて注記します。

　重要な表示方法を変更したときは，変更の旨，変更理由およびその変更が計算書類に与える影響額を注記します。ただし，その変更または変更による影響が軽微である場合は注記する必要はありません。

(ウ) 会計上の見積りの変更

　会計上の見積りの変更は，会計方針の変更には該当しませんが，計算書類に重要な影響を与える場合には，重要な会計方針の変更に準じてその内容および計算書類に与える影響額を注記することが望まれます。

　平成25年会計基準が適用される年度では，以下のような注記を記載することになります。

(記載例)

重要な会計方針の変更等

> 学校法人会計基準の一部を改正する省令(平成25年4月22日,文部科学省令第15号)に基づき,計算書類の様式を変更した。なお,貸借対照表(固定資産明細表を含む。)について前年度末の金額は改正後の様式に基づき,区分及び科目を組み替えて表示している。

③ **減価償却額の累計額の合計額**

貸借対照表に計上されている減価償却資産については,減価償却累計額を直接控除した後の金額となるため,貸借対照表からは減価償却累計額の金額を把握することはできません。そのため,減価償却額の累計額を注記します。

なお,貸借対照表に注記される減価償却額の累計額の金額と固定資産明細表に記載される減価償却額の累計額の金額は一致します。

④ **徴収不能引当金の合計額**

貸借対照表に計上されている未収入金等の金銭債権については,徴収不能引当金の額を控除した後の金額となるため,貸借対照表からは徴収不能引当金の金額はわかりません。そのため,徴収不能引当金の累計額を注記します。

⑤ **担保に供されている資産の種類および額**

貸借対照表に計上されている資産について,担保の有無に関する情報を記載します。担保に供されている資産がある場合,学校独自の判断で資産の売却等ができませんので,担保資産の種類および額を注記します。

⑥ **翌年度以後の会計年度において基本金への組入れを行うこととなる金額**

基本金組入れの対象資産を取得するも当期末時点では未だ支払をしていない

負債相当額（借入金や未払金等）については，翌年度以降に基本金に組み入れることになります。そのため，将来において基本金に組み入れなければならない金額を貸借対照表に注記します。

なお，貸借対照表に注記される翌年度以後の会計年度において基本金への組入れを行うこととなる金額と基本金明細表の未組入額の合計金額は一致します。

⑦ 当該会計年度の末日において第4号基本金に相当する資金を有していない場合のその旨と対策

平成25年会計基準の適用で新たに追加された注記事項です。近年は，学校経営の悪化により資金不足に陥るといった事例がありますが，第4号基本金に相当する資金を有していない場合は，経営状況に問題が生じていると考えられます。そのため，学校法人の継続性に関する重要な情報として，以下の記載例2のように，その旨と対策を注記します。

- 記載例1（通常の学校法人の場合）

> 第4号基本金に相当する資金を有しており，該当しない。

- 記載例2（財務状況に問題がある学校法人の場合）

> 第4号基本金に相当する資金を以下のとおり有していない。
> 第4号基本金×××円
> 　資金
> 　　現金預金　　　　　　　×××円
> 　　有価証券（※1）　　　　×××円
> 　　〇〇特定資産（※2）　　×××円
> 　　　　計　　　　　　　　×××円
> ※1　有価証券は現金預金に類する金融商品である。
> ※2　〇〇特定資産は第4号基本金に対応した特定資産である。
> 　現在，主要な債権者である〇〇等と協議の上，平成〇〇年度から平成〇〇年度までの経営改善計画を作成し，〇〇等の経営改善に向けた活動を行っている。

(**注**) 第4号基本金に相当する金額に達していないが，たとえば，目的外の引当特定資産を取り崩せば第4号基本金に相当する金額に達する場合は，会計処理の改善が望まれます。

⑧ その他財政および経営の状況を正確に判断するために必要な事項

以下の項目は，文部科学省参事官通知（25高私参第8号）の注記の例示としてあげられており，重要性があると認められる場合，注記します。

(ア) 有価証券の時価情報
(イ) デリバティブ取引
(ウ) 学校法人の出資による会社に係る事項
(エ) 主な外貨建資産・負債
(オ) 偶発債務
(カ) 通常の賃貸借取引に係る方法に準じた会計処理を行っている所有権移転外ファイナンス・リース取引
(キ) 純額で表示した補助活動に係る収支
(ク) 関連当事者との取引
(ケ) 後発事象
(コ) 学校法人間の取引　等

このうち，「(ア)　有価証券の時価情報」については，近年の金融商品の多様化や経済状況の変動により，学校法人が保有する金融資産の価値の低下による損失が問題となる事例があり，学校法人の資産運用に関するリスク情報をより明確化することが重要となっているため，有価証券の時価情報を種類別に注記します。すなわち，旧会計基準における有価証券の時価情報の注記に加えて，保有する有価証券の種類ごとの情報を記載します。

「(コ)　学校法人間の取引」については，学校法人の経営状況や財政状態についてより透明性を高める観点から，関連当事者の注記に該当しない場合につい

ても，広く貸付金・債務保証等の学校法人間の取引について注記することになります。学校法人間取引についての注記は，関連当事者との取引に該当する場合であっても注記します。また，(ク)「関連当事者との取引」についての注記は，学校法人間取引にも該当する場合であっても注記します。

学校法人間の財務取引の範囲については，一律に定められない面があるため，重要性があると認められる場合は，原則として有償・無償にかかわらず，明らかに財政的な支援取引ではないものを除き，学校法人間におけるすべての取引が対象となります。注記の対象とならない取引としては，たとえば，科学研究費補助金により取得した教育研究用機器備品を教員の移籍に伴い移籍元の学校法人から移籍先の学校法人に寄付する場合のように，法令等の要請による取引など明らかに財政的な支援取引ではないものが該当します（JICPA実務指針第45号5－4「学校法人間取引の範囲」）。

なお，重要性の判断については，学校法人の規模によって異なるため，学校法人が決定し毎年度継続的に採用することが望ましいですが，事業活動収入の一定割合や所定金額を超える取引または残高についてはすべて注記するなどとすることも考えられます。

(3) 注記の記載例

注記事項の記載について，文部科学省参事官通知（25高私参第8号）により文部科学大臣所轄学校法人（大学・短大等に直轄する中学高校以下の学校を含む）および知事所轄学校法人（高等学校以下の学校および専修学校設立法人等）に対して，その記載例が次の＜例1＞のとおり示されています。

なお，各大科目に該当する事項がない場合や金額がゼロの場合でも省略せずに「なし」，「該当なし」，「0円」といった記載が必要になるので留意してください。

知事所轄学校法人の場合には，所轄庁の指示によりますが，幼稚園等のみを

設置している小規模な学校法人等の場合には，次の＜例2＞を参考にしてください。

＜例1＞

1．重要な会計方針
　(1)　引当金の計上基準
　　　徴収不能引当金
　　　　…未収入金の徴収不能に備えるため，個別に見積もった徴収不能見込額を計上している。
　　　退職給与引当金
　　　　…退職金の支給に備えるため，期末要支給額×××円の100％を基にして，私立大学退職金財団に対する掛金の累積額と交付金の累積額との繰入れ調整額を加減した金額を計上している。
　(2)　その他の重要な会計方針
　　　有価証券の評価基準及び評価方法
　　　　…移動平均法に基づく原価法である。
　　　たな卸資産の評価基準及び評価方法
　　　　…移動平均法に基づく原価法である。
　　　外貨建資産・負債等の本邦通貨への換算基準
　　　　…外貨建短期金銭債権債務については，期末時の為替相場により円換算しており，外貨建長期金銭債権債務については，取得時又は発生時の為替相場により円換算している。
　　　預り金その他経過項目に係る収支の表示方法
　　　　…預り金に係る収入と支出は相殺して表示している。
　　　食堂その他教育活動に付随する活動に係る収支の表示方法
　　　　…補助活動に係る収支は純額で表示している。

2．重要な会計方針の変更等
　　学校法人会計基準の一部を改正する省令（平成25年4月22日文部科学省令第15号）に基づき，計算書類の様式を変更した。なお貸借対照表（固定資産明細表を含む。）について前年度末の金額は改正後の様式に基づき，区分及び科目を組み替えて表示している。

3．減価償却額の累計額の合計額　　　×××円

4．徴収不能引当金の合計額　　　　×××円

5．担保に供されている資産の種類及び額
　　担保に供されている資産の種類及び額は，次のとおりである。
　　土　　地　　×××円
　　建　　物　　×××円
　　定期預金　　×××円

6．翌会計年度以後の会計年度において基本金への組入れを行うこととなる金額
　　×××円

7．当該会計年度の末日において第4号基本金に相当する資金を有していない場合のその旨と対策
　　第4号基本金に相当する資金を以下のとおり有していない。
　　　第4号基本金　　　×××円
　　　資金
　　　　現金預金　　　　　　×××円
　　　　有価証券（※1）　　 ×××円
　　　　○○特定資産（※2） ×××円
　　　　　　計　　　　　　　×××円
　　※1　有価証券は現金預金に類する金融商品である。
　　※2　○○特定資産は第4号基本金に対応した特定資産である。

　現在，主要な債権者である○○等と協議の上，平成○○年度から平成○○年度までの経営改善計画を作成し，○○等の経営改善に向けた活動を行っている。

8．その他財政及び経営の状況を正確に判断するために必要な事項
 (1) 有価証券の時価情報
  ① 総括表

(単位：円)

	当年度（平成××年3月31日）		
	貸借対照表計上額	時　　価	差　　額
時価が貸借対照表計上額を超えるもの	×××	×××	×××
（うち満期保有目的の債券）	(××)	(××)	(××)
時価が貸借対照表計上額を超えないもの	×××	×××	△×××
（うち満期保有目的の債券）	(××)	(××)	(△××)
合　　　　計	×××	×××	×××
（うち満期保有目的の債券）	(××)	(××)	(××)
時価のない有価証券	××		
有価証券合計	×××		

  ② 明細表

(単位：円)

種　　　　類	当年度（平成××年3月31日）		
	貸借対照表計上額	時　　価	差　　額
債券	×××	×××	(△)××
株式	×××	×××	(△)××
投資信託	×××	×××	(△)××
貸付信託	×××	×××	(△)××
その他	×××	×××	(△)××
合　　　　計	×××	×××	×××
時価のない有価証券	××		
有価証券合計	×××		

(2) デリバティブ取引
　　デリバティブ取引の契約額等，時価及び評価損益

(単位：円)

対　象　物	種　　類	当年度（平成××年3月31日）			
		契約額等	契約額等のうち1年超	時　価	評価損益
為替予約取引	売建米ドル	×××	×××	××	××
金利スワップ取引	受取固定・支払変動	×××	×××	××	××
合　　　　計		×××	×××	××	××

(注) 1．上記，為替予約取引及び金利スワップ取引は将来の為替・金利の変動によるリスク回避を目的としている。
　　　 2．時価の算定方法
　　　　　　為替予約取引…先物為替相場によっている。
　　　　　　金利スワップ取引…取引銀行から提示された価格によっている。

(3) 学校法人の出資による会社に係る事項
　　当学校法人の出資割合が総出資額の2分の1以上である会社の状況は次のとおりである。
　① 名称及び事業内容　　株式会社○○　清掃・警備・設備関連業務の委託
　② 資本金の額　　×××円
　③ 学校法人の出資金額等及び当該会社の総株式等に占める割合並びに当該株式等の入手日
　　　　　　平成××年××月××日　　　×××円　　　×××株
　　　　　　総出資金額に占める割合　　　××％

　④ 当期中に学校法人が当該会社から受け入れた配当及び寄附の金額並びにその他の取引の額
　　　　　　受入配当金××円　　　寄付金××円
　　　　　　当該会社からの長期借入金×××円
　⑤ 当該会社の債務に係る保証債務
　　　学校法人は当該会社について債務保証を行っていない。

(4) 主な外貨建資産・負債

(単位：円)

科　　目	外　貨　建	貸借対照表計上額	年度末日の為替相場による円換算額	換算差額
その他の固定資産（定期預金）	米ドル　××	××	××	△××
長期借入金	ユーロ　××	××	××	××

(5) 偶発債務

　　下記について債務保証を行っている。
　　　　教職員の住宅資金借入れ　　　　　　　　　　　×××円
　　　　役員の銀行借入金　　　　　　　　　　　　　　×××円
　　　　A学校法人（姉妹校）の銀行借入金　　　　　　×××円
　　　　B社（食堂業者）の銀行借入金　　　　　　　　×××円
　　　　理事（又は監事）が取締役であるC社の銀行借入金　×××円

(6) 通常の賃貸借取引に係る方法に準じた会計処理を行っている所有権移転外ファイナンス・リース取引

　① 平成21年4月1日以降に開始したリース取引

リース物件の種類	リース料総額	未経過リース料期末残高
教育研究用機器備品	××円	××円
管理用機器備品	××円	××円
車両	××円	××円
教育研究用消耗品	××円	××円

　② 平成21年3月31日以前に開始したリース取引

リース資産の種類	リース料総額	未経過リース料期末残高
教育研究用機器備品	××円	××円
管理用機器備品	××円	××円
車両	××円	××円

(7) 純額で表示した補助活動に係る収支

　　純額で表示した補助活動に係る収支の相殺した科目及び金額は次のとおりである。

第6章 事業活動収支計算と貸借対照表計算のすすめ方　271

（単位：円）

支　出	金　額	収　入	金　額
人件費支出	×××	補助活動収入（売上高）	×××
管理経費支出（経費支出）	×××	その他の受取利息・配当金収入	×××
借入金等利息支出	××	雑収入	××
計	×××	計	×××
純　額			××

(8) 関連当事者との取引

関連当事者との取引の内容は，次のとおりである。

（単位：円）

属　性	役員,法人等の名称	住　所	資本金又は出資金	事業内容又は職業	議決権の所有割合	関係内容		取引の内容	取引金額	勘定科目	期末残高
						役員の兼任等	事業上の関係				
理事	鈴木一郎	－	－	A社代表取締役	－	－	－	資金の貸付	××	貸付金	××
理事長××が議決権の過半数を有している会社	B社	東京都××区	××	不動産の賃貸及び管理他	×％	兼任1人	不動産の賃貸借契約の締結	家賃の支払	××	敷金	××
理事	田中二郎	－	－	－	－	－	－	無償の土地使用	0	－	0

（注） 貸付金については，市場金利を勘案して貸付金利を合理的に決定している。

(9) 後発事象

平成××年5月×日，○○高等学校本館が火災により焼失した。この火災による損害額及び保険の契約金額は次のとおりである。

　　　　　（損害額）　　　（契約保険金額）
　建　物　　××円　　　　××円
　構築物　　××円　　　　××円

なお，機器備品の損害額は調査中である。

(10) 学校法人間の財務取引
　　学校法人間取引の内容は，次のとおりである。

（単位：円）

学校法人名	住所	取引の内容	取引金額	勘定科目	期末残高	関連当事者
○○学園	東京都○○区	資金の貸付	×××	貸付金	×××	
●●学園	大阪府○○市	債務保証	×××	－	×××	

＜例２＞（筆者注）**小規模法人の場合**（幼稚園のみを設置している場合等）

1．重要な会計方針
　　引当金の計上基準
　　　　徴収不能引当金
　　　　　　…未収入金の徴収不能に備えるため，個別に見積もった徴収不能見込額を計上している。
　　　　退職給与引当金
　　　　　　…期末要支給額×××円は，退職金財団よりの交付金と同額であるため，退職給与引当金は計上していない。
2．重要な会計方針の変更等
　　学校法人会計基準の一部を改正する省令（平成25年4月22日文部科学省令第15号）に基づき，計算書類の様式を変更した。なお貸借対照表（固定資産明細表を含む。）について前年度末の金額は改正後の様式に基づき，区分及び科目を組み替えて表示している。
3．減価償却額の累計額の合計額　　　×××円
4．徴収不能引当金の合計額　　　　　0円
5．担保に供されている資産の種類及び額
　　担保に供されている資産の種類及び額は，次のとおりである。
　　　土　　地　　　×××円
　　　建　　物　　　×××円
　　　定期預金　　　×××円
6．翌会計年度以後の会計年度において基本金への組入れを行うこととなる金額
　　×××円

7．当該会計年度の末日において第4号基本金に相当する資金を有していない場合のその旨と対策
　　第4号基本金に相当する資金を有しており，該当しない。
8．その他財政及び経営の状況を正確に判断するために必要な事項　　　なし

第7章

基本金会計のしくみ

1. 基本金とは

　基本金は，学校会計のうちで難解といわれている項目の1つです。企業会計の資本金と混同されがちですが，本質的に異なります。基本金の特色を要約すると以下の点があげられます。
① 　基本金は学校法人の資産維持のために継続して保持するものであること。
② 　教育の用に供する固定資産等の増加（資金の恒常的所要額を含む）に伴い，各年度の事業活動収入から基本金の組入れを行うこと（有形固定資産は，その取得価額を組み入れる）。
③ 　基本金の取崩しは，諸活動の廃止や，経営の合理化，将来計画等の見直しなど一定の要件に該当し，教育の質的水準の低下を招かない場合には認められること（平成17年改正点）。恒常的に保持すべき資金の額（第4号基本金）については，当年度の計算額が前年度の保持すべき資金の額に比べて大幅に下がった場合には，学校法人の財政状態等をより適正に表わすために，それに合わせて恒常的に保持すべき資金の額を下げること（平成25年改正点）。
④ 　貸借対照表の正味財産として各号別に基本金の額を明らかにし，併せて

その年で組み入れなかった「未組入額」を注記すること。
⑤ 基本金の当年度組入れの具体的事項を明らかにするため「基本金明細表」を作成し，併せて各号別の期末残高を示すこと。
⑥ 基本金明細表の付表として，第2号基本金の計画表（様式第一の二）および第3号基本金の計画表（様式第二の二，様式第二の三）の作成が義務づけられ，計画的，段階的に基本金組入れを行うこと。第2号基本金および第3号基本金について，組入計画が複数ある場合には，新たに集計表を作成するものとすること（様式第一の一および様式第二の一，平成25年改正点）。

＜会計基準抜粋＞

第29条　学校法人が，その諸活動の計画に基づき必要な資産を継続的に保持するために維持すべきものとして，その事業活動収入のうちから組み入れた金額を基本金とする。
（基本金への組入れ）
第30条　学校法人は，次に掲げる金額に相当する金額を，基本金に組み入れるものとする。
　一　学校法人が設立当初に取得した固定資産（法附則第2条第1項に規定する学校法人以外の私立の学校の設置者にあっては，同条第3項の規定による特別の会計を設けた際に有していた固定資産）で教育の用に供されるものの価額又は新たな学校（専修学校及び各種学校を含む。以下この号及び次号において同じ。）の設置若しくは既設の学校の規模の拡大若しくは教育の充実向上のために取得した固定資産の価額
　二　学校法人が新たな学校の設置又は既設の学校の規模の拡大若しくは教育の充実向上のために将来取得する固定資産の取得に充てる金銭その他の資産の額
　三　基金として継続的に保持し，かつ，運用する金銭その他の資産の額
　四　恒常的に保持すべき資金として別に文部科学大臣の定める額
2　前項第2号又は第3号に規定する基本金への組入れは，固定資産の取得又は基金の設定に係る基本金組入計画に従い行うものとする。
3　学校法人が第1項第1号に規定する固定資産を借入金（学校債を含む。以下この項において同じ。）又は未払金（支払手形を含む。以下この項において同じ。）

により取得した場合において，当該借入金又は未払金に相当する金額については，当該借入金又は未払金の返済又は支払（新たな借入金又は未払金によるものを除く。）を行った会計年度において，返済又は支払を行った金額に相当する金額を基本金へ組み入れるものとする。
（基本金の取崩し）
第31条　学校法人は，次の各号のいずれかに該当する場合には，当該各号に定める額の範囲内で基本金を取り崩すことができる。
　一　その諸活動の一部又は全部を廃止した場合　その廃止した諸活動に係る基本金への組入額
　二　その経営の合理化により前条第１項第１号に規定する固定資産を有する必要がなくなった場合　その固定資産の価額
　三　前条第１項第２号に規定する金銭その他の資産を将来取得する固定資産の取得に充てる必要がなくなった場合　その金銭その他の資産の額
　四　その他やむを得ない事由がある場合　その事由に係る基本金への組入額

２．基本金制度の改正

（１）　平成17年の改正

　昭和63年の会計基準改正では，第１号基本金と第２号基本金の改正および第２号基本金と第３号基本金の計画的組入れとその計画表の作成が義務づけられました。
　平成17年度施行の会計基準では，基本金取崩し要件の緩和による諸活動に見合った取崩額の会計処理が大きな改正点です。その要点は次のとおりです。
　①　基本金取崩し要件の見直し
　学校法人が設置する学校を運営していく上で，キャンパス統合や設備の保有形態の変更（購入から賃借への切替），第３号基本金などの奨学事業の見直しなどに即して取崩し要件の改正を行ったものです（会計基準31条）。
　②　基本金の取崩しの方法
　㈦　会計基準第30条第１項各号の基本金ごと（第１号から第４号まで）に組

入額が取崩額を超える場合は，その超過額を基本金組入額とします。
(イ) 同じく上記の組入額が取崩額より下回る場合は，基本金取崩額とします。
(ウ) ただし，固定資産を取得するために，第２号基本金を第１号基本金に振り替える場合には，この計算に含めないこととします。

(筆者注) 結果として，(ア)，(イ)を記載し，(ウ)も振替額として記載することから，基本金明細表の組入高欄に記入することにはなる。

③ 基本金組入れの繰延額

平成17年４月１日現在で，過年度から有している「基本金の組入れを繰延べた額」は，基本金の実態に即さないため平成17年度決算では，原則としてすべて取り崩すこととされました。ただし，学校法人の諸活動の計画に基づき必要な資産で，今後継続的に保持するために維持すべきものは，繰延額としてそのまま基本金として維持することができます。たとえば，近く建物建設など施設設備を取得することが予算書や理事会議事録などで明らかであるならば，その取得年度で繰延額を控除できるからです。

以上の内容について，文科省通知を示しておきます。

基本金取崩しの留意事項　　　　　　　　（17文科高122号，平成17年５月13日）

> 第三　留意事項
> 基本金の取崩し要件の見直し（第31条関係）
> (1) 今回の改正は，これまで，学校法人が設置する学校を運営していく上で，キャンパス統合や，医療機器，パソコンなどの備品の保有形態の変更（購入から賃借への切り替え）など，学校法人の資産の整理合理化が進められても，これらについては，「諸活動の一部又は全部の廃止」を伴わないため，基本金を取り崩すことができなかったところであるが，学校法人を取り巻く状況の変化を踏まえ，これを取り崩すことができることとしたものであること。すなわち，経営の合理化により第１号基本金の対象固定資産の価額を維持する必要がなくなった場合や，将来計画等の見直しなどにより施設整備計画を変更又は廃止したため第２号基本金の金銭その他の資産を将来取得する固定

資産の取得に充てる必要がなくなった場合や，第3号基本金の金銭その他の資産を奨学事業等に充てる必要がなくなった場合等にも基本金を取り崩すことができることとしたこと。
(2) 基本金は，学校法人が，その諸活動の計画に基づき必要な資産を継続的に保持するために維持しなければならない金額であるので，学校法人の定める適正な手続きを踏まえ，その取崩しが安易に行われないようにする考え方については従来と変わるものではないこと。
(3) 基本金を取り崩す場合には，教育の質的水準の低下を招かないよう十分に留意する必要があること。
(4) 今回の改正は，学校法人が，経営の合理化，将来計画の見直し等により資産を継続的に保持しないこととした場合には，当該基本金の取崩しができることとしたほか，基本金の取崩し限度額を定めたものであること。
なお，第31条各号に該当する場合は，資産を他に転用するなどして継続的に保持する場合のほかは基本金取崩しの対象としなければならないこと。
(5) 第31条第1号の「諸活動の一部又は全部の廃止」とは，その設置する学部，学科等の廃止，定員の減少等の学校規模の縮小や，奨学事業等の基金事業の縮小又は廃止が該当するものであること。
(6) 第31条第4号の「やむを得ない事由」とは，地方公共団体等による土地収用の場合など，学校法人の自己都合による資産の処分ではなく外的要因によるものが該当するものであること。
(7) 「『基本金設定の対象となる資産及び基本金の組入れについて（報告）』について」（昭和49年2月14日付け文管振第62号文部省管理局長通知）の別添の学校法人財務基準調査研究会報告書の3(2)イは，平成17年度以後の会計年度に係る会計処理については適用されないこと。

〔平成17年会計基準のポイント〕

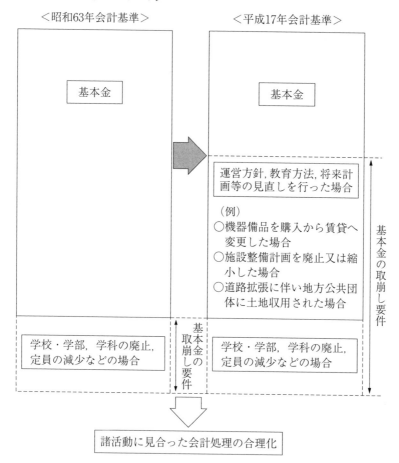

（2） 平成25年の改正

　平成25年会計基準では，ある一定の場合には，恒常的に保持すべき資金の額（第4号基本金）の引下げが強制され，また第4号基本金の金額に相当する資金が年度末時点で保有されていない場合には，その旨と対応策を注記すべきも

のとされました。第4号基本金を除く基本金各号の算定方法や表示方法について変更はありません。なお，第2号基本金および第3号基本金に相当する金額については，貸借対照表の中科目「特定資産」に計上することになりました。

① 恒常的に保持すべき資金の額（第4号基本金）の引下げ
　従来の文部大臣裁定に基づく恒常的に保持すべき資金の額は，当年度の計算額が前年度の保持すべき資金の額に比べて大幅に下がった場合でも，前年度の額を維持することとされていました。しかし，平成25年会計基準では，学校法人の財政状態等をより適正に表わすために，支出が大幅に下がった場合には，それに合わせて恒常的に保持すべき資金の額を引き下げるものとされました（文部科学大臣裁定，文科高第381号，平成25年9月2日）。詳細は，本章4．（1）を参照してください。

② 第4号基本金の金額に相当する資金が年度末時点で保有されていない場合の注記
　会計基準第34条第7項では，「当該会計年度の末日において第30条第1項第4号に掲げる金額に相当する資金を有していない場合には，その旨及び当該資金を確保するための対策を脚注として記載するものとする。」と規定しています。これは，前年度の経常的経費の1カ月分に相当する金額である第4号基本金についての資金的裏付けを確保し，もって学校運営の健全性を計算書類の利用者に対して示すことを目的として新設されています。第4号基本金に相当する資金を有していない場合，学校法人の事業の継続性に疑義が生じているといえますので，当該疑義を解消するための経営改善計画を作成するなど経営改善に向けた活動が求められます。注記の記載例については，第6章5．（2）を参照してください。
　実務上，第4号基本金が足りないことはほとんどありませんが，第4号基本

金が不足している場合は，特定資産と連動して考えることが大切です。

3．基本金対象資産とは

　基本金対象資産とは，会計基準第30条第1項に定める第1号基本金から第4号基本金までの貸方金額に対応する借方資産をいいます。この規定は，貸借対照表の貸方，つまり純資産の内訳を示すことを定めており，学校法人の資金調達源泉のうち，自己資本による部分を示しているともいえます。

　一方で，貸借対照表の借方側である資産は，調達した資金の運用形態を示しています。このうち，自己資本により運用されている資産が基本金対象資産といえるわけですから，学校法人の運営が永続的かつ安定的に行われるためには，自己資本の充実を図ると同時に，それに対応する運用資産を安全かつ確実に保持することが求められます。そこで，平成25年会計基準では，貸借対照表の貸方に表示される第2号基本金に対応する資産として，「第2号基本金引当特定資産」が新設され，また第3号基本金に対応する資産として，「第3号基本金引当特定資産」が新設されました。これらの科目は，同じく新設された中科目である「特定資産」に属する小科目として表示されます。

　平成25年会計基準により，貸借対照表の資産と基本金との対応関係は，従来より明確化が図られましたが，一方で第1号基本金は課題があります。貸借対照表の資産と第1号基本金は，金額的な面も含めてすべて一致することはなく，通常は資産を超える第1号基本金が計上されます。これは，建物のように年々価値が減少する資産でも，第1号基本金は当初の取得価額をそのまま維持しなければなりませんが，これに対応する建物（資産）は減価償却累計額控除後の帳簿価額で計上されます。そのため，建物（資産）と第1号基本金の関連性が不明確となるのです。

(1) 基本金の組入れ

以上の基本金の概略を会計基準第30条第1項の各号別に具体的に説明していきましょう。

① 第1号基本金

会計基準第30条第1項の第1号基本金は，設立当初に取得した固定資産ならびに設立後新たな学校の設置，学部学科の増設，定員や実人員の増加による規模の拡大（量的規模という）および教育の充実向上（質的拡大という）のために取得した固定資産の価額（取得価額）を組み入れるものです。

(ア) 教育研究の用に供する固定資産とは

教育研究の用に供する固定資産というのは，昭和49年2月14日通知の「基本金設定の対象となる資産及び基本金組入れについて（報告）」（文管振第62号）に述べられているように，広く教育研究を成り立たせるために必要な固定資産を指しています。

基本金設定の対象となる資産について　　　　　　　　　　　（文管振第62号）

> (1) 基本金は，「学校法人が，その諸活動の計画に基づき必要な資産を継続的に保持する」（学校法人会計基準第29条）ことを目的とするものであるから，学校法人会計基準第30条第1項第1号及び第2号の資産についても，狭義の教育用固定資産に限定することなく，広く教育研究用の固定資産及び教育研究を成り立たせるために必要なその他の固定資産（借地権，施設利用権等の無形固定資産を含み，投資を目的とする資産を除く。）も含めて考えるのが適当である。したがって，法人本部施設，教職員の厚生施設等もこれに該当する。
>
> (2) 学校法人の所有する机，椅子，書架，ロッカー等の少額重要資産（学校法人の性質上基本的に重要なもので，その目的遂行上常時相当多額に保有していることが必要とされる資産をいう。）は，固定資産として管理し，かつ，基本金設定の対象とする。

　　（注）　(1)の文中第30条第1項第1号および第2号の資産は，昭和62年改正によりすべて第1号資産となる。

以上のうち，基本金設定対象は，単に狭義の教育研究用の固定資産（取得価額が原則）だけでなく，広く教育研究を成り立たせるための資産で，①有形固定資産（建設仮勘定も含む）のほか，教育研究に必要な無形固定資産など，たとえば借地権，電話加入権，施設利用権などを含みます。ただし，資金運用目的の有価証券などは除かれます。②広義の固定資産で，法人本部の施設設備や，教職員，学生生徒等の福利厚生施設の設備，たとえば，教職員寮，学生生徒寮，食堂，売店などの施設設備も含まれます。③学校法人の性質上，基本的に重要な資産で常時相当多額（多量）に保有している資産，たとえば，学生生徒園児等の机，椅子，ロッカー，図書館等の書架などは，金額が僅少であっても機器備品に計上するとともに，基本金に組み入れなければなりません。たとえば，ある法人の備品計上基準が1個または1組が5万円以上と定めた場合，5万円未満の少額備品で常時相当多量に保有することが教育上必要である資産は機器備品に計上し，基本金対象資産とします。なお，教育上必要な図書は金額の多寡に関係なく資産に計上し，基本金対象資産にします。

　(イ)　固定資産の取替更新

　固定資産の取替更新を行った場合は，前記文管振第62号により，下記のように定めています。

固定資産の取替更新に伴う基本金組入れについて　　　　　　　　　（文管振第62号）

---

(1)　固定資産の取替更新をした場合は，原則として，個々の固定資産ごとに基本金要組入額を改訂すべきかどうかについての判断をすることが適当である。

(2)　機器備品の取得の場合は，新旧の個別対応関係が必ずしも明確でない場合が多いので，機器備品の取替更新に伴う基本金組入れについては，(1)にかかわらず，次のような取扱いによることができるものとする。

　ア　機器備品の取得は，すべて基本金要組入額の増加要因とする。ただし，機器備品の取得価額のうち，当該年度中に除去した機器備品（又は前年度末をもって耐用年数が経過した機器備品。以下同じ。）の取得価額相当額については，機器備品の取替更新分とみなし，両者の差額を基本金要組入額とする。

> イ　機器備品の取得価額が当該年度中に除却した機器備品の取得価額を下回る場合は，その下回る額は後年度に繰り延べたうえ，上記アに準じて取り扱うこととする（注）。

（注） 平成17年改正に伴い，当該報告(2)イは，平成17年度以後の会計年度に係る会計処理については適用されなくなりました。つまり，機器備品の繰延べは，強制ではなく，継続的に保持するかどうかにより検討されるものという取扱いになりました（17文科高第122号，平成17年5月13日）。

固定資産を取替更新した場合は，新たに取得した資産の取得価額から，除却した旧資産の取得価額を控除した金額を要組入額とします。建設仮勘定は，その発生年度で基本金に組み入れるため，建設完了年度においては，建設費総額から前年度の建設仮勘定のうちの組入高を差し引いた残額がその要組入額になります。

【設例1】

本年度の建設費支出は350万円，前年度の建設仮勘定支出は150万円である。

(借) 建 物 支 出　　3,500,000　　(貸) 現 金 預 金　　3,500,000
〔事業活動収支仕訳〕……本年度工事完成
(借) 建　　　　物　　1,500,000　　(貸) 建 設 仮 勘 定　　1,500,000
(借) 基 本 金 組 入 額　　3,500,000　　(貸) 第 1 号 基 本 金　　3,500,000

【設例2】

本年度の(教)機器備品の増加による取得価額の合計は800,000円，除却等に係る(教)機器備品の取得価額の合計は630,000円。図書の取得価額合計は310,000円，除却等に係る図書の取得価額の合計は400,000円である。

基 本 金 明 細 表

事　　項	要組入高	組入高	未組入高	摘　要
第1号基本金				
教育研究用機器備品				
当　期　取　得　高	800,000			
当　期　除　却　高	△630,000			
小　　　　計	170,000	170,000	0	
図　　　書				
当　期　取　得　高	310,000			
当　期　除　却　高	△400,000			
翌年度基本金組入れの繰延高	90,000	（注1）		
小　　　　計	0	0	0	

（注1）　次年度，図書の取得が予定されているため取り崩さず繰り延べている。

【設例3】

翌年度図書（増加320,000円，減少120,000円）の処理

基 本 金 明 細 表

事　　項	要組入高	組入高	未組入高	摘　要
第1号基本金				
図　　　書				
当　期　取　得　高	320,000			
当　期　除　却　高	△120,000			
過年度基本金繰延高の取崩し	△90,000			
小　　　　計	110,000	110,000	0	

以上のうちの翌年度図書の増減に係る仕訳を示すと次のとおりです。

（借）図　書　支　出　　320,000　　（貸）現　金　預　金　　320,000
〔事業活動収支仕訳〕
（借）図 書 除 却 差 額　　120,000　　（貸）図　　　　　書　　120,000
（借）基 本 金 組 入 額　　110,000　　（貸）第 1 号 基 本 金　　110,000

㋒　第2号基本金からの振替え

先行組入れによる第2号基本金を，校舎の完成などといった当初計画の目的

たる固定資産取得時において、第1号基本金に振り替える必要があります。

【設 例】
　　第2号基本金引当特定資産500,000円を取り崩して建設資金に充当する（建物完成）。

（借）現 金 預 金	500,000	（貸）第2号基本金引当特定資産取崩収入	500,000
（借）建 物 支 出	500,000	（貸）現 金 預 金	500,000

〔事業活動収支仕訳〕
　　（借）第 2 号 基 本 金　　500,000　　　（貸）第 1 号 基 本 金　　500,000

② 第2号基本金

　第2号基本金は、いわゆる先行組入れとして将来取得する固定資産のために、事前に計画的、段階的に組み入れようとするものです。

　持続的な収支の均衡を図る観点から、将来、多額な固定資産を取得しようとする場合は、取得年度に基本金組入れが集中することのないよう、取得年度に先行して年次的、段階的に早めに基本金組入計画を樹立し、基本金組入れの平準化を図るべきです。したがって、各年度の収支差額のいかんによって組入額を調整しないように会計基準第30条第2項では、「基本金組入計画に従い行うものとする。」と定めています。

(ア) 第2号基本金の組入計画

　第2号基本金については、将来、固定資産を取得するために事前に組入れを行うものであって、その取得資金に充てられるものとして設定することが望ましいです。そのため、資金のうちから「第2号基本金引当特定資産」として留保することとしています。会計基準では特定の資金を拘束することを明確に定めていませんが、第1号基本金、第3号基本金、第4号基本金が何らかの形で資産と係わりが生じているため、学校法人全体の財政状態からみて、第2号基本金に相当する純資産を留保しておくことが必要です。資産留保が伴わなけれ

ば，将来の多額な固定資産取得の準備資金が用意できなくなるからです。

基本金組入計画は，事業計画ごとに，理事会，評議員会の議決を経ておくことが必要です。

議決は寄附行為に基づき，理事会は，評議員会の意見を徴した上で計画の決定を行うのが通常ですから，計画表には理事会の議決日のみを記載します。理事会のほか，評議員会の議決を要する旨の定めがある場合に限り，両者の議決日を記載します。

以下，様式第一の二の計画表の記載について文部省通知その他から重要な留意点をあげてみます。

① 計画表は，当該固定資産を取得するまで，毎年度作成します。

② 計画表は，1つの独立した事業計画ごとに作成します。

③ 基本金の組入計画は，計画的に行うものであるので，取得予定年度まで均等額でもよいし，または合理的な計算に基づく逓減法，逓増法（級数法など）でも差し支えないと考えられます。ただし，事業活動収入の一定割合という方式による組入計画は望ましくありません。

④ 固定資産の取得計画があっても，これに伴う基本金組入計画がなければ「計画表」の作成は不要です。ただし，将来，多額な資産の取得を予定している場合は，取得年度に基本金組入額が集中することもありうるので，収支の均衡を維持するため取得に先行して第2号基本金の組入計画を策定することとされています。

⑤ 基本金組入計画総額は，取得する固定資産の額に達する必要はなく，その法人の収支および財政の実態に基づいて計画額を算定します。たとえば，将来，グラウンド用地の取得を計画し，取得予定価額10億円，取得時借入予定額6億円とするならば，第2号基本金組入計画総額は4億円または4億円以下の金額を設定し，計画的に計上するようにします。

⑥ 組入計画の実施に伴う第2号資産の名称は，従来，具体的に「校舎更新

第7章　基本金会計のしくみ　　289

引当特定預金（資産）」などの科目を用いるものとされていましたが、平成25年会計基準により、第2号基本金に対応する借方資産であることを明確にするため、中科目「特定資産」に小科目「第2号基本金引当特定資産」として計上すべきものとされています。

⑦　当年度組入額（実行額）が組入予定額を下回った場合、または上回った場合、計画額に基づいて、次年度の組入実行額を調整することとします。

(イ)　様式第一の二の記載事例

以下、事例に基づいて様式第一の二の記載例を示してみます。

【設　例】　組入初年度の場合

　　新校舎改築予定額を8億2千万円とし、除却に係る旧校舎の取得価額（既組入基本金）を1億2千万円とすると、基本金の要組入額の見込額は7億円となる。これに対して10年計画で5千万円ずつ計5億円の基本金組入計画を立てる。

〔仕訳例〕……初年度

（借）第2号基本金引　　50,000,000　　（貸）現金または預金　　50,000,000
　　　当特定繰入支出

〔事業活動収支仕訳〕

（借）基 本 金 組 入 額　　50,000,000　　（貸）第 2 号 基 本 金　　50,000,000

(ウ)　様式第一の二の添付

以上の様式第一の二は、事業計画単位ごとに1枚ずつ作成し、計画年度から固定資産取得達成年度まで毎年度、第十号基本金明細表の次に添付し、計算書類に含めて袋とじをしなければなりません。事業計画単位が5計画あれば5表を添付することとなります。なお、このように計画が複数ある場合には、計画表を合算しないと貸借対照表の金額と一致しないため、平成25年会計基準の適用により、新たな集計表として「第2号基本金の組入れに係る計画集計表」（様式第一の一）を作成することとなりました。様式第一の一は以下のとおりとなります。

様式第一の二の記載例

第2号基本金の組入れに係る計画表

(単位：円)

計画の名称	○○中学校校舎改築資金			
固定資産の取得計画及び基本金組入計画の決定機関及び決定年月日	決定機関	当初決定の年月日	変更決定の年月日	摘
	理事会（評議員会）	平成20年3月1日（平成20年3月1日）		要
固定資産の取得計画及びその実行状況	取得予定固定資産（種類）	取得予定年度	取得年度	取得額	摘
	校舎2棟	平成30〜32年度			第2号基本金から第1号基本金への振替額
	計				所要見込総額　7億円 要
基本金組入計画及びその実行状況	組入計画年度	組入予定額	組入額	摘
	平成20年度	50,000,000		
	平成21〜29年度　毎年度	50,000,000		要
	計　500,000,000	計　50,000,000	第2号基本金当期末残高　50,000,000円

（注）文科省作成例　評議員会の議決は、寄附行為で評議員会が議決機関と定めた場合のみ記載。以下同じ。

様式第一の一（新規）
第2号基本金の組入れに係る計画集計表

(単位：円)

番号	計画の名称	第2号基本金当期末残高
	計	

(注) 計画が1件のみの場合は本表の作成を要しない。

③ **第3号基本金**

㋐ **第3号基本金とは**

　奨学基金，研究基金，海外交流基金などの目的で設定し，元本を維持すべき基金は，「第3号基本金引当特定資産」とされ，貸借対照表の「特定資産」の部に計上されます。これらの基金については，設定目的ごとに事業運営の規則などを作成し，その運用は基金から生ずる果実をもって賄うのが原則です。

　すでに基金を目標どおり設定し，運用段階に入っている場合，しかも元本の追加がなければ，付表たる様式第二の二，様式第二の三を作成する必要はありません。計画表の記載を要する場合とは，将来，基金を運用して行う事業を定め，その目標額に対し年次的，段階的に資産を積み立てていくもの，または現に積立て中のものです。したがって，第3号基本金は設定目標額と基本金組入計画総額とが原則として一致します。

　基本目標額を達成し，その運用を実施している年度以降において，運用果実

の未使用残高および学校法人の募集によらない特別寄付金（一時的，臨時的に受ける寄付）をさらに元本に追加するような場合は，その年度のみ付表たる様式第二の三に記載します。様式第二の二の計画表にも，このような資金を追加する場合は，組入目標額を記載し，併せて様式第二の二の記載例のように目標額の下部にその旨を記載します。当年度の組入額が計画額を下回った場合，または上回った場合は，第2号基本金の留意事項で述べた点と同様です。なお，運用果実の未使用残高については，必ずしも基金に追加する必要はなく，次年度以降の事業運用資金として使用する予定であれば，様式第二の三には関係ありません。また，平成10年度から私立学校振興・共済事業団を通じた受配者指定寄付金制度に，取崩型の基金が加えられました。この取崩型基金は元本を維持せず果実も含めて事業経費に使用できる方法であるので，第3号基本金の対象資産にはなりません。

　第3号基本金は奨学などの支援のために設定するものであるため，その目的が達せられなければ所定の議決により取崩しを行い，当初の目的たる他の資産，たとえば，奨学費引当特定資産などで計上すべきです。

　(イ)　第3号基本金の記載例

　以下，様式第二の二と様式第二の三の記載例を示します（文科省作成配布資料）。様式第二の二は，様式第一の二（第2号基本金組入計画表）と同様に目標額に達するまで基金ごとに作成します。様式第二の三は，目標達成後，基金の増額があった場合，その増額した年度のみ作成すれば足ります。

　(ウ)　様式第二の二，第二の三の添付

　様式第二の二および第二の三ともに，様式第一の二と同様に基本金明細表の様式第一の二の次に基金の種類ごとに添付し，袋とじをします。

第7章 基本金会計のしくみ　293

様式第二の二の記載例
（計画進行中の年度の場合）

第3号基本金の組入れに係る計画表

（単位：円）

基金の名称（目的）	○○奨学基金			
基金の設定計画及び基本金の組入計画の決定機関及び決定年月日	決定機関	当初決定の年月日	変更決定の年月日	摘要
	理事会	平成20年3月10日	平成22年3月1日	計画総額の増額（8千万円から1億円へ）及びこれに伴う組入期間の延長（最終を平成22年度から平成26年度へ）
	（評議員会）	（平成20年3月10日）	（平成22年3月1日）	
基金を運用して行う事業	「○○大学学生奨学基金規程」に基づき、○○大学学生のうちから奨学生を選考し経済活動援助を行う事業（平成20年度から開始する。）			
組入目標額	計画総額 100,000,000円　組入額が計画総額に達した後、基金の運用果実の事業使用残額及び学校法人の募集によらない特別寄付金の額を引き続き基本金へ組み入れる。			
基本金組入計画及びその実行状況	組入計画年度	組入予定額	組入額	摘要
	過年度分（平成20～22年度）	60,000,000	60,000,000	
	平成23年度	10,000,000	10,000,000	
	平成24～26年度　毎年度	10,000,000		
	計	100,000,000	計　70,000,000	第3号基本金当期末残高　70,000,000

（注）文科省作成例・評議員会の議決も様式1で述べたとおり寄附行為で定めている場合のみ記載。

様式第二の三の記載例

第3号基本金の組入れに係る計画表

(単位:円)

基金の名称	基金設定計画の当初決定年月日	基金の期首額	運用果実の事業使用残額	特別寄付金の額	基金の期末額	摘要
○○奨学基金	平成23年3月1日	100,000,000	30,000	2,000,000	102,030,000	

(注) 文科省記載例

なお、平成25年会計基準で導入された様式第二の一は以下のとおりとなります。

様式第二の一(新規)

第3号基本金の組入れに係る計画集計表

(単位:円)

番号	基金の名称	第3号基本金引当特定資産運用収入	第3号基本金当期末残高
	計		

(注) 計画が1件のみの場合は本表の作成を要しない。

④　第4号基本金

　第4号基本金たる恒常的に保持すべき資金の定めは，将来学校法人の不測の事態に備えて所定の運転資金の留保を義務づけたものです。

　ここでいう「資金」は，現金預金およびこれに類する金融商品とするものとされています。この現金預金とは貸借対照表上の現金預金であり，これに類する金融商品とは，他の金融商品の決済手段として用いられるなど，支払資金としての機能をもっており，かつ，当該金融商品を支払資金と同様に用いている金融商品をいい，第4号基本金に対応する名称を付した特定資産を含み，その他の特定資産は含めないものとされています。また，短期的に決済可能な資金として，譲渡性預金やMMF（マネー・マネジメント・ファンド）等の有価証券も含まれますが，含み損が生じるようなリスクの高い金融商品はここでいう「資金」には含まれませんので注意が必要です。

　なお，高等学校を設置しない知事所轄学校法人（幼稚園のみ設置する法人など）は，従前どおり第4号基本金の全部または一部を組み入れないことができます（会計基準39条）。

(ア)　第4号基本金の算定方法

　第4号基本金の算定方法は，文部科学大臣の定める額とされています（25高私参第9号，平成25年9月2日）。

　すなわち，当年度の保持すべき資金の額は，前年度の事業活動収支計算書における教育活動収支の人件費（退職給与引当金繰入額および退職金を除く），教育研究経費（減価償却額を除く），管理経費（減価償却額を除く），および教育活動外収支の借入金利息の決算額の合計を12で除した額（100万円未満の端数切捨て）とするとされています。簡単にいうと，1年間の資金的な事業活動支出の1カ月分となります。

　なお，平成25年会計基準では，上記により計算した額（以下「計算額」とします）が前年度の保持すべき資金の額を下回るときは，その差額を取崩しの対

象としなければならないものとされています。

　ただし，この差額取崩しの処理については，以下のような特例と平成27年度と平成28年度に係る経過措置ならびに都道府県知事所轄法人に関する特例がありますので，留意してください。

(特例)
① 上記事業活動支出が減少する場合は，計算額が前年度の第4号基本金を下回りますが，保持すべき資金の額の100分の80以上100分の100未満の場合は，前年度の額を保持すべき資金の額として維持します。
② 上記の事業活動支出が年々増加する場合は，毎年の計算改訂を行うのは煩雑であるため，100分の120の範囲内（計算額の2割アップ以内）であれば，前年度の額を保持すべき資金の額として維持することができるとされています。

(経過措置)
① 平成27年度に係る計算額
(ア) 平成27年度に係る計算額は，平成26年度の消費支出の人件費（退職給与引当金繰入額（または退職金）を除く），教育研究経費（減価償却額を除く），管理経費（減価償却額を除く）および借入金等利息の決算額の合計を12で除した額（100万円未満の端数切捨て）とし，改正会計基準に組み替えて計算額を算定する必要はありません。
(イ) (ア)により計算した額が，前年度の保持すべき資金の額を下回るときは，(ア)の規定にかかわらず，前年度の保持すべき資金の額をもって，当年度の保持すべき資金の額とします。
(ウ) (ア)により計算した額が，前年度の保持すべき資金の額の100分の100を超えて100分の120以内（計算額の2割アップ以内）の場合は，(ア)の規定にかかわらず，前年度の保持すべき資金の額をもって，当年度の保持すべき資金の額とすることができます。

② 平成28年度に係る計算額

平成28年度に係る計算額が，平成27年度に係る基本金の額を下回る場合については，(特例)①に定める規定は適用しないものとされています。すなわち，計算額が，前年度の保持すべき資金の額に比して20％以下の減少割合であっても，学校法人会計基準第31条第1項第1号に該当し，前年度の保持すべき資金の額と当年度の計算額との差額を取崩しの対象としなければなりません。

③ 都道府県知事所轄法人に関する特例

都道府県知事を所轄庁とする学校法人にあっては，(経過措置)①および②に示すものについては，「平成26年度」を「平成27年度」に，「平成27年度」を「平成28年度」に，「平成28年度」を「平成29年度」にそれぞれ読み替えます。

(2) 基本金の未組入れ

基本金の未組入れについては，会計基準第30条第2項では，「学校法人が第1項第1号に規定する固定資産を借入金（学校債を含む。以下この項において同じ。）又は未払金（支払手形を含む。以下この項において同じ。）により取得した場合において，当該借入金又は未払金に相当する金額については，当該借入金又は未払金の返済又は支払（新たな借入金又は未払金によるものを除く。）を行った会計年度において，返済又は支払を行った金額に相当する金額を基本金へ組入れるものとする。」と規定されています。未組入額の設定は，外部負債相当額（借入金，学校債，未払金，支払手形に限る）そのものとし，外部負債そのものを未組入額と限定しました。

また，翌年度以降において当該外部負債を返済または支払った場合は，その返済額または支払額のみを基本金に組み入れます。つまり，会計基準第30条第3項において「新たな借入金又は未払金によるものを除く」と定め，実質的返済の場合のみに基本金に組み入れるように限定しています。たとえば，A銀行から1億円（固定資産取得の未組入残高）を借り入れ，B銀行に1億円を返済

するような単なる借替えの場合は、負債額には何ら変更が生じないため、基本金組入れの対象から除外されます。

【設 例】 未組入れを組入れしたときの基本金明細表の作成例

固定資産の取得にあたり外部負債で充当した部分は、その年度で基本金への組入れを行わず、翌年度以降の組入れ（未組入額）として繰り延べることとなりますが、翌年度以降でその借入金等を返済した場合は、その返済額相当額を第1号基本金として組み入れることとします。

その場合の基本金明細表の作成例は次のとおりです。

基 本 金 明 細 表

事　　項	要組入高	組 入 高	未組入高	摘　　要
第1号基本金 前記繰越高 当期組入高				
過年度未組入高の当期組入高				
土地に係る借入金返済高		1,000		
建物に係る学校債返済高		1,500		
小　　　計		2,500	△2,500	

※　以上の方法のほか、土地、建物の区分ごとに記載しても差し支えない。

〔仕訳例〕

（借）借入金返済支出　　　1,000　　（貸）現　金　預　金　　2,500
　　　学校債返済支出　　　1,500

〔事業活動収支仕訳〕

（借）基本金組入額　　　　2,500　　（貸）第1号基本金　　　2,500

(3) 基本金の繰延べ

① 取替更新と繰延べ

固定資産の取替更新を行い，除却または売却した固定資産の取得価額が，当該年度に新規取得した同一種類の固定資産の取得価額を上回った場合で，除却または売却した固定資産と他の固定資産を次年度以降近い将来に再取得する計画がある場合，基本金を次年度以降に繰り延べることができます。

この場合の繰延金額は，近い将来取得する計画がある場合のみ固定資産の再取得予定価額を上限として，「従前の取得価額を上回った差額」となります。

〔事　例〕

第１号基本金前期繰越高100,000，平成25年度に機器備品2,000を取得，同年度10,000を廃棄，平成26年度に5,000取得予定，3,000については賃借契約に切り換える場合

　計算　10,000－2,000－5,000＝3,000（取崩高）

取得予定のある5,000のみが繰延べとなります。

事　項	要組入高	組入高	未組入高	摘　要
第１号基本金				
前期繰越高	100,000	100,000	0	
当期取崩高				
教育研究用機器備品				
機器備品取得高	2,000			
機器備品除却高	△10,000			
翌年度基本金組入れの繰延高	5,000			
計	△3,000	△3,000	0	

4．基本金の取崩しと修正

（1） 基本金の取崩し
① 基本金の取崩し要件
　従来，基本金の取崩しは，諸活動の一部または全部の廃止の場合に限るとし，設置する学校，学部，学科等の廃止，定員の減少など，学校法人の活動の量的規模を減少する場合のみ認められていました。しかし，平成17年度以降の会計基準第31条では，学校法人は次のいずれかに該当する場合には，次に定める額の範囲内で基本金を取り崩すことができるとされています。

一　その諸活動の一部または全部を廃止した場合，その廃止した諸活動に係る基本金への組入額

二　その経営の合理化により第1号基本金対象固定資産を有する必要がなくなった場合，その固定資産の額

三　第2号基本金対象資産を将来取得する固定資産の取得に充てる必要がなくなった場合，その金銭その他の資産の額

四　その他やむを得ない事由がある場合，その事由に係る基本金への組入額

(ｱ)　その諸活動の一部または全部を廃止した場合

　従来は，設置する学校，学部，学科等の廃止，定員の減少など，学校法人の活動の量的規模を減少する場合のみを指していましたが，改正後はこれらに加え，個々の事業の廃止，基金事業の縮小または廃止も諸活動の廃止に含められることになりました。

　これにより，学生寮の廃止など，従来は学校法人の活動の量的規模の減少とは認められない個々の事業の廃止についても，その事業に係る基本金への組入額の取崩しが認められることとなります。また，奨学基金等の第3号基本金対象事業基金についても，その縮小または廃止を決定した場合に，第3号基本金

を取り崩すことができます。

　(イ)　その経営の合理化により第１号基本金対象固定資産を有する必要がなくなった場合

　経営の合理化により固定資産を維持する必要がなくなった場合とは，所有していた固定資産を除却または売却し，同一種類の資産を継続的に保持する必要がなくなったときの他，固定資産の取替更新による同一種類資産の価額の減少も含まれます。

例）・複数のキャンパスを統合した場合
　　・学生通学用バスを売却したが，今後取得しない場合
　　・所有していた機器備品を除却または売却し，今後は同一種類の機器備品を賃借することになった場合
　　・所有していた機器備品を取替更新した際の取得価額が除却資産の取得価額より少なく，今後当該除却資産と同等の金額水準まで機器備品を取得しない場合

　(ウ)　第２号基本金対象資産を将来取得する固定資産の取得に充てる必要がなくなった場合

　これは，将来の固定資産の取得計画が縮小または廃止となった場合をいいます。

例）・施設設備計画を大幅に見直し，計画規模を縮小した場合
　　・学部設置計画や食堂拡大計画を廃止した場合

　(エ)　その他やむを得ない事由がある場合

　地方公共団体等による土地収用など，学校法人の自己都合による資産の処分ではなく外的要因によるものが該当します。

② **基本金の組入れ・取崩しの全体的な流れ**（JICPA研究報告第15号，平成26年12月2日）

【取崩しの対象】

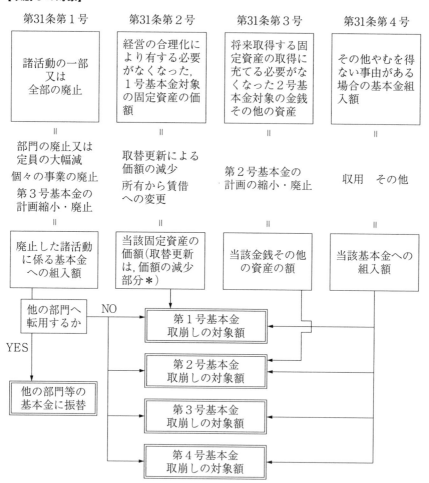

* 取替更新時の価額の減少部分を次年度以降に有する予定の場合には，当該金額を繰り延べることに留意する。

【基本金組入額または基本金取崩額】

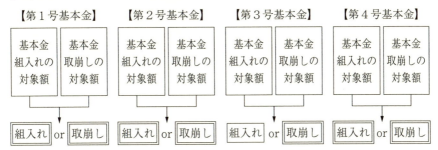

(注) 基本金の組入額と取崩額の計算は，以下の点に留意して行います。
  (ア) 基本金の組入額と取崩額の計算は，基本金の各号ごと（第1～第4号）に行います。
  (イ) 各号ごとに，組入対象額が取崩対象額を超える場合には，その超える金額を基本金の組入額として扱い，また，取崩対象額が組入対象額を超える場合には，その超える金額を基本金の取崩額として扱います。ただし，固定資産を取得するために，第2号基本金を第1号基本金に振り替える場合には，この計算に含めません。
  (ウ) 以上より，各号ごとの組入額（取崩額）の合計額は，基本金明細表の合計欄の当期組入高（当期取崩高），および事業活動収支計算書の当期組入高（当期取崩高）と一致することになります。

③ 具体的事例

事　　　項	要組入高	組入高	未組入高	摘　要
第1号基本金				
前期繰越高	10,000	10,000	0	
当期取崩高				
建　物				
校舎建築	800			
学生寮除却	△1,000			
計	△200	△200	0	
当期末残高	9,800	9,800	0	
第2号基本金				
前期繰越高	−	1,500	−	

当期取崩高			
○○講堂建築計画廃止に伴う取崩し	−	△900	−
○○建築計画	−	400	−
計	−	△500	−
当期末残高	−	1,000	−
合　　計			
前期繰越高	−	11,500	0
当期取崩高	−	△700	
当期末残高	−	10,800	0

(説　明)

- 第1号基本金は，基本金の組入対象額（800）が取崩対象額（1,000）を下回るので，その差額（200）が第1号基本金の取崩高となる。
- 第2号基本金も同様に計画廃止（900）と組入計画（400）の差額により，取崩高が500となる。
- 各号の取崩高の合計（200＋500＝700）が当期取崩高となる。

④　基本金の部門別計算

　基本金の計算は，所轄庁への固定資産（不動産）の取得・処分の届け出に十分に留意して，当初の部門別基本金組入額との調整を図り，原則として部門別に判断します。

　しかし，基本金の設定対象資産を複数の部門で共用したりすることもあるため，学校法人がその諸活動の計画に基づき必要な資産を法人全体をもって判断している場合には，基本金の計算も法人全体をもって判断することも認められ，その結果を合理的に部門別に按分計算することになります。たとえば，学校法人部門，大学部門，高等学校，中学校等の部門がある場合は，通常は中高共有のケースが多いので，中高の合理的な区分計算を行うことが通例です。また，体育館，講堂，グラウンド等で，大学，高等学校，中学校の共用のケースでは，

当初の取得による組入額を考慮して，適切な按分計算を行うことになります。

どちらの方法を採用しても，その表示場所は同じです。具体的には，基本金組入額は，計算結果に基づき，事業活動収支内訳表で部門別に表示されます（会計基準第六号様式）。一方，基本金取崩額については，事業活動収支内訳表の記載外の項目のため事業活動収支内訳表には記載されず，各部門の取崩高の合計額が事業活動収支計算書に記載されることになります（会計基準第五号様式）。

具体例を示すと次のようになります。

〔事　例〕

部門 基本金	学校法人	○○大学	○○短期大学	合計 （全体の場合）
第1号	20	90	△20	90
第2号		△20	30	10
第3号		△40	20	△20

(ｱ)　部門別に判断している場合

	学校法人	○○大学	○○短期大学
組入高	20	90	50
取崩高	－	△60	△20

事業活動収支内訳表の記載例

部門 科目	学校法人	○○大学	○○短期大学	総額
基本金組入前当年度収支差額	10	150	50	210
基本金組入額合計	△20	△90	△50	△160
当年度収支差額	△10	60	0	50

(参考)

基本金取崩額	0	60	20	80

(注) 事業活動収支内訳表では基本金取崩額は記載されませんので，総額の80を事業活動収支計算書に記載します。

基本金明細表の例

事　　　　項	組入額
第1号基本金	
当期組入高	
教育研究用機器備品	
機器備品取得高	110
当期取崩高	
機器備品除却高	△20
第2号基本金	
当期組入高	
○○講堂建築計画	30
当期取崩高	
○○整備計画廃止に伴う取崩し	△20
第3号基本金	
当期組入高	
○○奨学基金	20
当期取崩高	
○○奨学基金廃止に伴う取崩し	△40
合　　　計	
当期組入高	160
当期取崩高	△80

(イ) 法人全体で判断している場合

　法人全体の組入高（取崩高）

1号	90
2号	10
3号	△20

これを以下の按分基準により部門別に按分する。

○○大学と○○短大の共有資産の使用割合をたとえば3：2と仮定し，各々を3/5，2/5で按分計算する。○○大学と○○短大の奨学基金の使用割合をたとえば3：1とし各々を3/4，1/4で按分計算する。

按分結果

	学校法人	○○大学	○○短期大学	計
1号	20	*1 42	*2 28	90
2号		*3 6	*4 4	10
3号		*5 △15	*6 △5	△20
組入高	20	48	32	100
取崩高		△15	△5	△20

* 1 （90−20）×3/5＝42（20は学校法人部門なので按分計算から除く）
* 2 （90−20）×2/5＝28
* 3 10×3/5＝6
* 4 10×2/5＝4
* 5 △20×3/4＝△15
* 6 △20×1/4＝△5

事業活動収支内訳表の記載例

科目＼部門	学校法人	○○大学	○○短期大学	総額
基本金組入前当年度収支差額	10	150	50	210
基本金組入額合計	△20	△48	△32	△100
当年度収支差額	△10	102	18	110
（参考）				
基本金取崩額	0	15	5	20

基本金明細表の例

事　　　　項	組入額
第1号基本金	
当期組入高	
教育研究用機器備品	
機器備品取得高	90
第2号基本金	
当期組入高	
〇〇講堂建築計画	10
第3号基本金	
当期取崩高	
〇〇奨学基金廃止に伴う取崩し	△20
合　　計	
当期組入高	100
当期取崩高	△20

（2）基本金の修正

　基本金の修正とは過年度の基本金の計算に誤りがあった場合に，これを正しい額に修正することをいいます。

　計算の誤りが基本金の過大計上であった場合には修正額を取崩対象額に含め，過小計上であった場合には修正額を組入対象額に含めて把握します。その結果，基本金組入額合計あるいは基本金取崩額が事業活動収支計算書に表示されます。

基本金明細表の例

① 当期組入高となる場合（過年度修正を科目の後にまとめて記載する例）

事　　　項	要組入高	組　入　高	未組入高	摘　　要
第1号基本金				
前期繰越高	10,000	10,000	0	
当期組入高				
建物				
校舎建築	800			
学生寮除却	△1,000			
小　計	△200	△200	0	
過年度基本金の修正				
建物	※1　300			
教育研究用機器備品	※2　△50			
小　計	250	250	0	
計	50	50	0	
当期末残高	10,050	10,050	0	

② 当期取崩高となる場合（過年度修正を各科目の内訳として記載する例）

事　　　項	要組入高	組　入　高	未組入高	摘　　要
第1号基本金				
前期繰越高	10,000	10,000	0	
当期組入高				
建物				
校舎建築	800			
学生寮除却	△1,000			
過年度基本金の修正	※1　300			
小　計	100	100	0	
教育研究用機器備品				
過年度基本金の修正	※2　△50			
小　計	△50	△50	0	
計	50	50	0	
当期末残高	10,050	10,050	0	

※1は過年度の基本金の過小計上であり，不足分を当期の基本金組入対象額としている。
※2は過年度の基本金の過大計上であり，超過分を当期の基本金取崩対象額としている。
結果として，1号基本金50の組入れとなっている。

〔事　例〕
　過年度取得の機器備品が費用処理されており，組入額が過少の場合
〔事業活動収支仕訳〕
（借）教育研究用機器備品　×××　　（貸）雑　　収　　入　×××
（借）基　本　金　組　入　高　×××　　（貸）第1号基本金　×××

5．基本金明細表のつくり方

以上を総合した基本金明細表のつくり方を述べてみましょう。
記載上の留意点をあげると次のとおりです。

（1）様　式

　第十号様式（基本金明細表）は，5項目に区分します。5項目とは，第1号基本金，第2号基本金，第3号基本金，第4号基本金および合計です。そのうち，これらの事項に計上する金額がないときはこれを省略することができます。なお，付表として様式第一の二（計画が複数ある場合には，様式第一の一作成），様式第二の二および様式第二の三（様式第二の二および第二の三に係る計画が複数ある場合には，様式第二の一も作成）を必要により添付し，袋とじの対象とします。単位は円とし，期間は当該年度の4月1日から3月31日までとします。

（2） 組入れ，取崩しの事実の記載

当期組入高，当期取崩高には，具体的な原因となる事実（事由）を記載します。単に「建物増加高」としてではなく「〇号棟校舎建設に係る組入高」などと記載します。第3号基本金の組入れであれば「〇〇奨学基金設定高（または計上高）」と記載します。ただし，第3号基本金を除いて，当期組入れの原因となる事実ごとの金額が前期繰越高（組入高欄の各号別）の100分の1に相当する金額（その金額が3,000万円を超える場合は3,000万円）を超えない場合は，資産の種類等（たとえば，「校舎建設に伴う組入高」など）に一括記載ができます。

なお，機器備品，図書などで数量が多い場合，金額が前期繰越高の100分の1を超えていても，個々の内容を記載することは煩雑なため，年度取得高または除却高などと一括記載してもやむを得ないでしょう。

（3） 第2号基本金および第3号基本金

以上については，明細表の要組入高および未組入高の欄には記載せず「－」を引きます。このことは，本来，未組入高が認められないこと，要組入高が将来の取得見込高または基本金目標設定高で可変的であるからです。

（4） 基本金明細表の記載例

付表の第2号および第3号基本金組入れに係る計画表はすでに説明しました。次に，標準的な基本金明細表の具体例を示してみましょう。

基本金明細表の記載例（文科省記載例）

（単位：円）

事　項	要組入高	組入高	未組入高	摘　要
第 1 号 基 本 金				
前 期 繰 越 高	14,000,000,000	11,500,000,000	2,500,000,000	
当 期 組 入 高				
1．土　　地				
○○地区グランド用地取得に係る組入れ用地取得	1,200,000,000	350,000,000		
第2号基本金から振替		600,000,000		
小　　計	1,200,000,000	950,000,000	250,000,000	
2．建　　物				
○○学科校舎改築に係る組入れ校舎建築	500,000,000	100,000,000		
第2号基本金から振替		200,000,000		
除去した旧校舎に係る基本金額	△50,000,000			
△△学科校舎増築に係る組入れ校舎建築	150,000,000	150,000,000		
□□学科廃止に伴う取崩し	△250,000,000	△250,000,000		
小　　計	350,000,000	200,000,000	150,000,000	
過年度未組入れに係る当期組入れ				
○○体育館建築に係る組入れ		30,000,000	△30,000,000	
3．教育用機器備品				
機器備品の購入に係る組入れ	20,000,000	10,000,000		
除去した機器備品に係る基本金額	△10,000,000			
小　　計	10,000,000	10,000,000	0	
計	1,560,000,000	1,190,000,000	370,000,000	
当 期 末 残 高	15,560,000,000	12,690,000,000	2,870,000,000	
第 2 号 基 本 金				
前 期 繰 越 高		1,200,000,000		
当 期 組 入 高				
第1号基本金への振替	−	△800,000,000	−	
計	−	△800,000,000	−	
当 期 取 崩 高				
○○講堂改築資金		120,000,000		
○○学部校舎改築資金		80,000,000		
△△整備計画廃止に伴う取崩し		△300,000,000		
計	−	△100,000,000	−	
当 期 末 残 高		300,000,000		
第 3 号 基 本 金				
前 期 繰 越 高		100,000,000		
当 期 組 入 高				
○○奨学基金	−	10,000,000	−	
△△奨学基金廃止に伴う取崩し		△5,000,000		
計		5,000,000		
当 期 末 残 高		105,000,000		
第 4 号 基 本 金				
前 期 繰 越 高	300,000,000	300,000,000	0	
当 期 組 入 高	9,000,000	9,000,000	0	
当 期 末 残 高	309,000,000	309,000,000	0	
合　　　　計				
前 期 繰 越 高	−	13,100,000,000	2,500,000,000	
当 期 組 入 高		404,000,000		
当 期 取 崩 高		△100,000,000		
当 期 末 残 高		13,404,000,000	2,870,000,000	

（筆者説明）
- 各号の組入高の合計額（1号　1,190,000,000 + 2号（1号への振替）△800,000,000 + 3号　5,000,000 + 4号　9,000,000 = 404,000,000）が当期組入高と一致している。
- 取崩高は第2号基本金だけのため，△100,000,000が当期取崩高となっている。

【設例１】

基 本 金 明 細 表

平成○○年４月１日から
平成○○年３月31日まで

(単位：円)

事　　項	要組入高	組入高	未組入高	摘　　要
第１号基本金				
前期繰越高	7,694	6,414	1,280	
当期組入高				
１．建物				
高校校舎建設に伴う組入高				
校舎建築	450			
建設仮勘定振替高	△450			
第２号基本金からの振替高		100		校舎建設引当特定資産取崩高
図書館建設に伴う組入高				
建設仮勘定増加高	180	30	50	
学生寮除却	△200	△200		
小　　計	△20	△70	50	（支払手形増50）
２．構築物				
高校校舎周辺工事	30	30		
小　　計	30	30		
３．教育研究用機器備品				
当期取得高	140			
当期除却高	△90			
小　　計	50	30	20	（未払金増20）
４．管理用機器備品				
当期取得高	40			
当期除却高	△25			
小　　計	15	15		
５．図書				
当期取得高	35			
当期除却高	△8			
小　　計	27	27		
６．車両				
当期除却高	△60			高校スクールバス除却高
翌年度基本金組入れの繰延高	60	＊		

小　　　　計	0	0	
7．過年度未組入高の当期組入高			
建物に係る借入金返済高		80	
建物に係る学校債償還高		60	
機器備品に係る未払金支払高		30	
小　　　　計		170	△170
計	102	202	△100
当　期　末　残　高	7,796	6,616	1,180
第 2 号 基 本 金			
前 期 繰 越 高	－	500	－
当 期 組 入 高			
第1号基本金への振替高	－	△100	－ 　校舎建設引当資産取崩高
計		△100	
当 期 取 崩 高			
○○学部校舎改築計画縮小に伴う取崩し		△200	
計		△200	
当 期 末 残 高	－	200	－
第 3 号 基 本 金			
前 期 繰 越 高	－	180	－
当 期 取 崩 高			
○○奨学基金計上高	－	30	
□□奨学基金廃止に伴う取崩し	－	△100	
計		△70	
当 期 末 残 高	－	110	－
第 4 号 基 本 金			
前 期 繰 越 高	136	136	0
当 期 組 入 高	64	64	0
当 期 末 残 高	200	200	0
合　　　　計			
前 期 繰 越 高	－	7,230	1,280
当 期 組 入 高		166	
当 期 取 崩 高		△270	
当 期 末 残 高	－	7,126	1,180

（注） 筆者案
　　次年度において，除却分に代わる取替資産を取得する予定であるため，当該金額を繰延べている。

【設例2】

基　本　金　明　細　表

平成○○年4月1日から
平成○○年3月31日まで

(単位：円)

事　　項	要組入高	組入高	未組入高	摘　　要
第1号基本金				
前期繰越高	127,490	112,570	14,920	
当期組入高				
1.建物に係る組入高				
短大2号棟校舎建設に伴う組入高				
校舎建築	10,500	530		
建設仮勘定振替高	△8,200			
高校校舎建設に伴う組入高				
建設仮勘定増加高	5,000	350		
旧校舎に係る基本金額	△2,650			
第2号基本金からの振替高		2,000		校舎建設引当特定資産取崩高
学生寮除却	△1,500	△1,500		
小　計	3,150	1,380	1,770	
2.教育研究用機器備品に係る組入高				
当期取得高	530			
当期除却高	△300			
翌年度基本金組入れの繰延高	20			次年度取得予定
小　計	250	250	0	
3.管理用機器備品に係る組入高				
当期取得高	275			
当期除却高	△107			
小　計	168	168	0	
4.過年度未組入高の当期組入高				
土地に係る借入金返済高		400		
建物に係る借入金返済高		800		
建物に係る学校債償還高		550		
小　計		1,750	△1,750	
計	3,568	3,548	20	
当期取崩高		0		
当期末残高	131,058	116,118	14,940	

第 2 号 基 本 金				
前 期 繰 越 高	－	6,370	－	
当 期 組 入 高				
付表に係る校舎建設資金	－	300	－	
第1号基本金への振替高	－	△2,000		校舎建設引当特定資産取崩高
計		△1,700		
当 期 末 残 高		4,670		
第 3 号 基 本 金				
前 期 繰 越 高		1,000		
当 期 取 崩 高				
○○奨学基金計上高		220		
□□奨学基金廃止に伴う取崩し		△500		
計		△280	←	
当 期 末 残 高		720		
第 4 号 基 本 金				
前 期 繰 越 高	770	770	0	
当 期 組 入 高	95	95	0	
当 期 末 残 高	865	865	0	
合　　　　　　計				
前 期 繰 越 高	－	120,710	14,920	
当 期 組 入 高		1,943		
当 期 取 崩 高		△280	←	
当 期 末 残 高	－	122,373	14,940	

(注)　筆者案

＜基本金組入額総括表＞

　基本金の要組入額，組入済額，未組入額は，本来，各資産別に対応する負債の明細を記録しておくことが肝要です。ただし，この作成については，会計基準では特に示していません。未組入額は，取得資金のみではなく，これに伴う負債の内訳を明記しておくことが望ましいと考えます。負債とは，資産を取得するために要したもので，文科省通知によって借入金，学校債，未払金，支払手形の4項目に限定されています。下記の事例は前記基本金明細表【設例2】に基づいて作成されたものです。

　また，後記に示す基本金台帳は，東京都庁の作成した原案です。これをすべての固定資産別に記載することは困難ですので，未組入額があるもののみを作成して，その他は固定資産台帳で兼用することができます。

第7章 基本金会計のしくみ 317

[表1]

基本金組入額総括表

(前頁の合計の前期繰越高の内訳)

法人名又は部門名

平成○○年3月31日　(単位：円)

改正	科目	A 要組入額	B 組入済額	C(A-B) 未組入額	未組入額の内訳			摘要
					借入金	学校債	未払金	支払手形
1号基本金対象資産	土地	10,000	6,800	3,200	3,200			
	建物(附属設備も含む)	88,900	77,180	11,720	10,520	1,200		
	構築物	2,600	2,600					
	教育研究用機器備品	9,940	9,940					
	管理用機器備品	1,890	1,890					
	図書	1,420	1,420					
	車両	2,500	2,500					
	建設仮勘定	8,200	8,200					
	電話加入権	140	140					
	借地権	1,900	1,900					
	施設利用権	0	0					
	小計	127,490	112,570	14,920	13,720	1,200		
2号基本金対象資産	第2号基本金引当特定資産	—	6,370					
3号基本金対象資産	第3号基本金引当特定資産	—	1,000					
4号基本金対象資産	恒常的資金	770	770					
	合計	—	120,710	14,920	13,720	1,200		

(注) この表は筆者の私見で、前記【設例2】をもとにし、内部管理用の参考に資するものです。

【表2】

基本金組入額総括表

法人名又は部門名
平成○○年3月31日　（単位：円）

（前頁の合計の当期末残高の内訳）

科目	A 要組入額	B 組入済額	C(A-B) 未組入額	未組入額の内訳 借入金	未組入額の内訳 未払金	未組入額の内訳 学校債	未組入額の内訳 支払手形	摘要
1号基本金対象資産　土地	10,000	7,200	2,800	2,800				
建物（附属設備も含む）	95,250	83,110	12,140	11,490		650		
構築物	2,600	2,600						
教育研究用機器備品	※20 10,170	10,190						
管理用機器備品	2,058	2,058						
図書	1,420	1,420						
車両	2,500	2,500						
建設仮勘定	5,000	5,000						
電話加入権	140	140						
借地権	1,900	1,900						
施設利用権	0	0						
小計	※20 131,038	116,118	14,940	14,290		650		
2号基本金引当特定資産	―	4,670						
3号基本金引当特定資産	―	720						
4号基本金対象資産　恒常的資金	865	865						
合計	―	122,373	14,940	14,290		650		

（設例2の末尾記載）

（注）次年度基本金繰延額（次年度取得予定）はA欄で※印で各行上段に記入しています　【設例2】を参照。（筆者案）

基本金台帳

固定資産台帳番号 _____

部門名								
年月日	取得価額	資産 種類 名称又は所在地						備考
		未組入額			組入額			
		借入金	学校債	未払金			残高	

※ 未組入額のない場合は、固定資産台帳で兼用することができる。（筆者案）

第8章

予算の編成と執行のしくみ

1．予算の必要性と予算原則

(1) 予算の重要性とその役割
① 予算の重要性と評議員会の先決権

私立学校法は，学校法人の予算については理事長において，あらかじめ評議員会の意見を聞かなければならないと定めています（私学法42条）。また，私学振興助成法第14条第2項は，収支予算書を所轄庁に届け出ることを義務付けています。

予算とは，学校法人の教育研究活動の具体的計画を所定の計算体系に基づいて科目と金額で表示したものです。学校法人の会計ではなぜ予算が必要なのか，学校法人財務基準調査研究会「学校法人の予算制度に関する報告（第1号）について」（昭和47年3月16日）では以下のように述べています。

(ア) 資金源泉の公共性

学校法人の資金源泉の主要なものは，学生生徒等納付金であり，また，近時，国，地方公共団体等からの補助金が占める割合が増加してきています。さらに，学校法人の多様な資金源泉の中には，学費負担者以外の第三者による善意の寄附金も多かれ少なかれ含まれています。

(イ) 収入，支出要因の固定性

　学校法人の主要な財源である学生生徒等納付金収入は，学生生徒等の数と授業料等の単価との積として算出されますが，教育の1サイクル（修業年限）の期間において，授業料等学費の単価はそのサイクルの途中でたやすく変更できない場合が多く，学生生徒等の数もサイクルのはじめに確定した人数が卒業までにほとんど増減しないのが通常です。このため，収入についてはもとより，支出についても，その教育プログラムの1サイクルが終了するまでは，これに必要な支出として当初計画した額を自由に変更することは実際上困難です。

(ウ) 資金運用上の特性

　学校法人の資産に対しては，何びとの所有権も持分関係も成立しないので，学校法人の運用上その資産に損失が生じても，それが「善良な管理者の注意」の明らかな欠如によるものでない限り何びともその損失を負担できる関係にはなりません。このことは元入資本出資者が損失をすべて負担する営利事業の場合とは異なるところです。ただし，寄附行為や資産運用規程などに反する投機的運用は理事会に責任があるといえます。

　また，学校法人の収入・支出の関係は，営利事業のように収益をもって費用を回収するという過程をもたず，学校法人の収入は一方的に消費されるにすぎません。

② 予算の役割

　予算が教育研究活動の計画であるなら，教育研究活動の実施は予算の実行であると位置付けられます。なぜなら教育研究活動の実施は，資金の収支または財産の増減としてとらえられるからです。また，実行された予算は，当初の予算と常に対比され，教育研究活動が計画どおりに進行されているかどうかが検討されます。さらに，予算は積極的な役割を果たすものです。すなわち，計画（Planning），調整（Coordinating），管理（Controlling）の3つの機能です。

予算の機能 ─┬─〔計画機能〕…諸活動に必要な支出を計画し，それに充当する収入を決定すること
　　　　　　├─〔調整機能〕…各部門間の調整と支出超過に対する措置を講ずること
　　　　　　└─〔管理機能〕…予算執行の状況を把握して，予算差異の原因を分析すること

③ 予算に関する法令

収支予算書に関する様式や作成要領は，法令で特に定められていませんが，本章では予算に関する内容について著者の見解を述べていますので参考にしてください。

（2） 予算の原則

予算の執行にあっては，守らなければならない，いくつかの原則があります。このうち，特に重要な原則は以下のとおりです。

① 事前決定の原則

予算の制度とは，諸活動を計画に基づいて行うものですから，新年度開始以前に計画ができていなければなりません。

② 支出超過禁止の原則

支出超過禁止の原則は，予算を超えた支出を行うことを禁止するものです。なぜなら，支出超過は計画外の活動を意味するからです。しかし，状況の変化に対応するために，例外も認められます。支出超過には，(a)予算外支出（予算にない項目の支出）と(b)超過支出（予算項目の金額を超えた支出）の２つがありますが，これらに対して次のような方策を講ずる必要があります。

(ア) 予備費の使用…所定の承認を要す。

(イ) 科目間の流用…所定の承認を経て，通常は同一大科目内の小科目間の流用を認める。

(ウ) 予算の補正…評議員会の意見を聞いたうえで理事会の決議を要す。

③ 限定性の原則

限定性の原則とは，科目間流用禁止の原則ともいいますが，無制限に科目間の流用を認めるとすれば，収支総額のみの計画となり，そもそも予算が無意味になります。また，部門間の流用も同じで，高等学校の予算項目を幼稚園の予算項目に流用することは計画を乱すことになります。反面，すべての流用を禁止すれば運営が硬直的になり，業務を円滑にすすめることができなくなるおそれもあります。このため，所定の承認手続により，同一部門における同一大科目内の範囲で流用を認める措置を講じる必要があります。たとえば，教育研究経費のなかの印刷製本費の予算を，必要により消耗品費の予算に流用する場合などが考えられます。

④ 総額表示の原則

一般の会計の原則と同様に，収入と支出とを相殺したり，資産と負債とを相殺して純額で表示することは認められません。ただし，会計基準で認められている経過的収支（預り金など）や補助活動事業の収支については純額によることができます。

⑤ 積算正確性の原則

予算は，過去の実績を参考にして将来の計画を立てるものです。単に，前年度の実績に適当に積み上げるものではありません。計画のため，正確に金額を測定することは困難ですが，各項目にわたり，できるだけ緻密に積算基礎を求め作成することが必要です。

⑥ 収入金支弁の原則

支出超過禁止または限定性の原則の例外として「収入金支弁の原則」というものがあります。たとえば，売店の売上高予算を5,000万円，仕入高予算を4,000万円と計画していたところ，予想以上に売上が伸びて6,000万円の売上，仕入は4,800万円になったとした場合，仕入予算の支出超過800万円は，収入の伸び高1,000万円で充当できるため，他の計画に何ら支障をきたしません。このように収入と支出の間に相関関係があると思われる補助活動事業，受託事業などの収入増加に伴い，予算超過支出があらかじめ承認されている場合は，所定の手続を経て支出を行うことができるものとされています。これを予算の弾力的運用といいます（「学校法人の予算制度に関する報告（中間報告第4号）について」（通知），雑管第51号，昭和47年11月14日）。

⑦ その他の原則

その他の原則としては，明瞭性の原則，安全性の原則，単一性の原則などがあり，一般の会計原則と変わりありません。

2．予算の種類と提出

(1) 作成すべき予算書と提出時期
① 資金収支予算書と事業活動収支予算書

学校法人の予算書とは収支予算書のことをいい，資金収支予算書と事業活動収支予算書の2つがあります。平成25年会計基準では，資金収支予算書と事業活動収支予算書は，予算と決算を対比する様式となっているため，この2つの予算書を作成します。

なお，資金収支予算書と事業活動収支予算書の内訳として，(ア)資金収支内訳表，(イ)人件費支出内訳表，(ウ)活動区分資金収支計算書，(エ)事業活動収支内訳表

の予算書を作成することも考えられますが，これらの予算書の作成義務については，所轄庁によって対応が異なりますので，所轄庁の様式に従ってください（「学校法人会計基準の改正に関する説明会」への質問回答集Q&A12参照，平成26年2月）。

② **様　式**

収支予算書の様式は，特に法令で定められていませんが，通常，次のような形式が標準的です。

(ア) 当初予算

資金収支予算書

　　　　　年　月　日から　年　月　日まで　　　　　（単位：円）

収　入　の　部			
科　　　　目	本年度予算額	前年度予算額	増　　減

(注) 事業活動収支予算書も同様の様式とします。

(イ) 補正予算

第　　回資金収支補正予算書

　　　　　年　月　日から　年　月　日まで　　　　　（単位：円）

収　入　の　部			
科　　　　目	既定予算額	補正予算額	合　計　額
学生生徒等納付金収入 　授業料収入	(××××) 250,000	(××××) 100,000	(××××) 350,000

(注) 1．事業活動収支予算書についても同様に取り扱います。
　　　 2．補正予算額は，補正による増減額を示します。

(ウ) 決算と対比する予算額

決算に際して計算書類上，〔予算・決算・差異〕欄の予算の額は，「最終補正後の予算額」を記入します。差異の額は，すべての収入，支出について，予算

額から決算額と控除し，左より右の金額が多ければ「△」と付します。

③ 提出時期

予算書は計算書類とは別に作成し，当初予算は当会計年度の6月30日まで，また補正予算は，予算の補正があったら速やかに提出するものとされています（文管振第215号，昭和51年7月28日）。資金収支，事業活動収支各予算書類は必要ですが，2部門以上であれば部門別内訳書も作成することが望ましいです。内訳表は資金収支内訳表，事業活動収支内訳表，人件費支出内訳表を添付し，知事所轄学校法人で単一校の場合は人件費支出内訳表のみ添付します。

④ 平成25年会計基準移行時の様式

旧会計基準から平成25年会計基準の適用に伴い，収支予算書の様式が変更になるため，平成25年会計基準が適用になる平成27年度（都道府県知事所轄法人は平成28年度）からの予算書をどのように作成するのか問題となります。

この点，収支予算書の様式を前年度対比とするかについては，省令などで定めがないため，所轄庁から収支予算書様式について指示がない限り，前年度対比である必要はありません。

そのため，平成27年度予算書については，新しい会計基準による単年度だけの予算として作成することも可能であり，また，旧会計基準の様式で作成された平成26年度予算を組み替えて注記して対比する様式でもよいと考えます（「学校法人会計基準の改正に関する説明会」への質問回答集Q&A11参照，平成26年2月）。

なお，都道府県知事所轄法人については，平成25年会計基準の適用は平成28年度からになりますので，平成28年度の収支予算書は上記の内容に留意して作成してください。

（2） 予算の種類

① 本予算（当初予算）

年度最初の予算のことで，会計年度開始前に作成されます。6月30日までに所轄庁に提出する予算は，原則としてこの本予算を指します。

② 補正予算

補正予算とは，当初予算に対して追加または減額による変更をした予算です。予算の補正は，当初予算に対して1回だけではなく，必要に応じて2回，3回と行われることがあります。補正予算の編成にあっては，本予算と同様に，評議員会の意見を聞いたうえで，理事会の決議を要します。

③ 暫定予算と施行予算

国や地方公共団体では，議会審議の遅れにより，会計年度開始までに予算が成立しない場合があります。予算が成立しなければ，新しい年度の活動を停止せざるを得ません。そこで会計年度の一定期間，たとえば4月1日から5月31日までの期間に限った予算を組むことがあります。これを暫定予算といいます。

また，会計年度開始までに予算が成立しない場合，便宜的に，一定期間前年度の予算を使うことがあります。これを施行予算といいます。

このような暫定予算，施行予算は，私立学校では原則としてあってはならないケースです。

3．予算の編成

予算の編成手続は，学校法人の規模や形態によってさまざまな方法があり，一律に述べられません。下記の編成手続が必要ですが，詳細は省略します。

予算編成方針の検討
年度事業計画の検討 ｝予算編成の基本方針を決めます。
長期事業計画の検討
（担当）　理事長，常務理事，学長または各学校長など，予算責任者等

4．予備費使用と科目間流用

　予算原則で述べたように，予算を超える支出を行ってはならないという「支出超過禁止の原則」が学校法人運営の基本です。しかしながら，この場合にあっても，予備費の使用と一定範囲の科目間流用は予算規程によって行うことができます。
　予算を超えて支出する場合に，予備費から充当するか，他の科目から流用するか，どちらを優先するかは学校法人の予算管理の形態によって違います。たとえば，予備費はすべて法人本部で管理され，理事長決裁という場合，各部門で支出超過が生じたときは各部門予算責任者の承認によって，まず科目間流用から行うというケースもあります。

（1）　予備費の処理

　予備費を使用する場合の会計処理としては，①支出額を予備費の科目で仕訳するのか，②予備費から他の予算科目に振り替えるのか，いずれが正しいかという問題があります。まず簡易に考える①の処理は，次のように仕訳されます。
【設　例】
　　修繕費10万円については，予算を超過したので，予備費を使用し現金で支払う。
　（借）予　　備　　費　　100,000　　（貸）現　　　　　金　　100,000
　この方法は，予算科目たる予備費を費用科目として使用しているため，帳簿上の混乱が生じます。そこで②のように予算科目の振替えを行い，次に支出の仕訳を行うのが適切です。

（借　　方）	〔予算科目〕	（貸　　方）	〔予算科目〕
修　繕　費	100,000	予　備　費	100,000

（注） 予算科目のみの振替えであるから，会計帳簿に記録せず，予算欄のみ記入。

〔実際に支出した場合〕

（借）修 繕 費 支 出　　　100,000　　　（貸）現　　　　　金　　　100,000

（2）科目間流用等の処理

① 科目間流用の原則

　予算管理の事例として，地方公共団体の予算執行においては，地方財政法により予算科目は款，項，目に区分され，「各款の間又は各項の間において相互にこれを流用することができない。ただし，歳出予算の各項の経費の金額は，予算の執行上必要がある場合に限り，予算の定めるところにより，これを流用することができる。」（地方自治法220条2項）と定めており，目相互の流用は可能ですが，款相互の流用は禁止され，項については所定の手続を経て流用できることになっています。

　学校法人では地方公共団体の予算執行と同様に予算科目間の流用ができると考えられますが，あまり大幅に流用を認めることは，予算体系を崩すことになるため，一般的には同一大科目内の中科目相互，小科目相互間と考えるべきでしょう。この場合の予算振替は次のようになります。

【設　例】

　　印刷製本費の予算30,000円を消耗品費に振り替える。いずれも教育研究経費科目である。

（借　　方）	〔予算科目〕	（貸　　方）	〔予算科目〕
消 耗 品 費 支 出	30,000	印 刷 製 本 費 支 出	30,000

② 重要な小科目流用の処理

①では，小科目相互間の流用は所定の手続により流用できるとありますが，「施設関係支出」のうち，土地支出，建物支出，構築物支出，建設仮勘定支出は，経営計画に重要な影響を与えるため単なる小科目流用ではなく，理事会決定となるケースが多いと考えられます。この場合は，「経理規程」などでその流用権限を明記すべきです。

③ 機能別科目の細分科目の表示

会計基準は，形態別科目をとっており，機能別や目的別科目は原則として設けていません。たとえば，創立100周年記念事業を催す場合，小科目に「創立100周年事業科目」○○円とし，さらに段階として細分科目たる「会場費支出」，「式典支出」，「印刷費支出他」などを予算化することが必要です。

（3） 計算書類上の表示

計算書類作成上，予備費の使用については，「予算の欄の予備費の項の（ ）内には，予備費の使用額を記載し，（ ）外には未使用額を記載します。予備費の使用額は該当科目に振り替えて記載し，その振替科目及び金額を注記する」（会計基準第一号様式注3，第五号様式注3）とされています。

具体例を示すと次のとおりです。

資金収支計算書

支　出　の　部			
科　　　　　　目	予　　算	決　　算	差　　異
人　件　費　支　出 　　教員人件費支出 　　職員人件費支出 　　　　⋮	60,000 32,000		
教育研究経費支出 　　消耗品費支出 　　　　⋮	12,000		
予　　備　　費 　　　　⋮	(「4,500」 　500)	－	500
支　出　の　部　合　計	245,000		

(**注**)　予備費4,500円の使用額は下記のとおりである。
　　① 　教員人件費支出　　3,000円
　　② 　職員人件費支出　　1,000円
　　③ 　㈲消耗品費支出　　　500円

(**留意点**)

　科目間流用については，予備費と同様に記載するのが適当ですが，流用科目が多数に上る場合は，注記として記載するのは煩雑であるため，省略することも認められるものと考えられます。

(4) 予備費等流用申請書

予備費を使用したり，科目間の予算流用を行う場合には，経理規程や予算規程により所定の承認手続を経なければなりません。これは通常の稟議書によってもよいし，または次に示すような申請書を用意すると便利です。

予備費使用・科目間流用申請書

平成　年　月　日

　　　　　　　　　　　　　　　　　起案部署　_____
　　　　　　　　　　　　　　　　　起　案　者　_____㊞

　下記のとおり，予算執行上 予備費使用／科目間流用 を行いたいと存じますので，ご承認下さるよう伺います。

	理事長	担当理事	事務局長	所属長	会計

申請事由	金額	振替科目		被振替科目・予備費	
		科目名	予算残	科目名	予算残
		(　　)	(　・　)	(　　)	(　・　)
		(　　)	(　・　)	(　　)	(　・　)
		(　　)	(　・　)	(　　)	(　・　)
		(　　)	(　・　)	(　　)	(　・　)

(注) 1．科目名は大科目　中科目を上部(　)書に記入のこと。
　　　2．予算残は上部(　)書に最近月日を記載し，その残高を記入のこと。

決裁者意見	否決の場合その理由

(注) 筆者私案

第9章

部門別会計のしくみ

1. 部門別会計とは

1つの学校法人のなかに,大学,高等学校,幼稚園など複数の学校がある場合,または大学のなかに複数の学部があるような場合,これらの各部門の諸活動の状況を把握するために,会計基準では資金収支計算と事業活動収支計算について法人全体の計算書類のほか,部門別内訳表の作成を求めています。その内訳表は次の3表です。

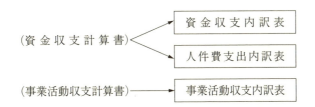

以上のうち,資金収支内訳表と人件費支出内訳表については,学校法人部門のほか,大学は学部別,短期大学は学科別,高等学校は課程別(全日制,定時制,通信制)などに区分しなければなりません(活動区分資金収支計算書の部門別内訳表は作成しない)。

事業活動収支内訳表は，学校法人部門のほか，大学，短期大学，高等専門学校，特別支援学校，中等教育学校，高等学校，中学校，小学校，幼稚園などの学校別に区分表示することとし，学部別，学科別，課程別などの区分は必要としません。

　知事所轄学校法人で，単一の学校のみを設置しているもの（専修学校，各種学校を含み，2以上の課程を置く高等学校を除く）については，部門区分を必要とせず，資金収支計算書および事業活動収支計算書と同様になるので，資金収支内訳表と事業活動収支内訳表の作成を省略することができます。しかし，人件費支出内訳表はいかなる場合でも作成を省略することはできません（「都道府県知事を所轄庁とする学校法人における学校法人会計基準の運用について（通知）」，文管振第53号，昭和48年2月28日）。この場合，知事所轄学校法人で単一校のみの場合は，部門の区分だけは省略できます。人件費支出内訳表は，教員，職員，役員の別に，かつ，本務と兼務の区分，所定福利費等の区分表示の作成を求めています。

　部門別の内訳表の作成事例は，第4章4．（2）「資金収支内訳表のつくり方」，（3）「人件費支出内訳表のつくり方」および第6章2．（2）「事業活動収支内訳表のつくり方」を参考にしてください。

2．部門別区分とは

（1）　部門別区分の方法

　部門別区分の方法は，次のとおりです。

部門別	摘　　要
（会計基準第13条第1項第1号）学校法人	①　「学校法人」部門の業務に係る収支 ②　次の第2号から第5号に該当しないもの（後述の「3．部門別計上および配分の取扱い」を参照）

（第2号）各学校	大学，短大，高専，高校，中学，小学，幼稚園，専修学校，各種学校などの各学校区分をいう。複数の学校がある場合には，学校ごとにそれぞれ1部門とする（たとえば高校が数校あればそれぞれ1部門とする）。大学と区分される専門職大学院大学は学校として独立して記載する。
（第3号）研究所	各学校や各学部に付設されている研究所や研究施設で，組織，施設予算などにおいて相当な規模を有するもの。
（第4号）各病院	前3号に準ずる分院も1単位とする。
（第5号）農場，演習林，その他前2号に掲げる施設に相当する規模を有する各施設	農場，演習林，図書館その他の付属機関で前3号，4号に準じ相当な規模を有し，独立した部門として取扱うことが適当と認められるもの。

 また，部門区分のうち，資金収支内訳表，人件費支出内訳表については，前の区分のほか，次のように学部ごと，学科ごと，課程ごとに区分しなければなりません。

学校別	区分基準	摘　　要
2以上の学部を置く大学	学部ごと	① 学部の専攻に対応する大学院の研究科，専攻科および別科は，それぞれの学部に含まれる。なお，学部内における専門職大学院は，それぞれ1学部とみなして区分する。 ② 通信教育部は学部とみなして区分する。 ③ 夜間部は昼間部と区分する。
2以上の学科を置く短期大学	学科ごと	① 学科の専攻に対応する専攻科および別科はそれぞれの学科に含まれる。 ② 通信教育部は学科とみなし区分する。 ③ 夜間部は昼間部と区分する。
2以上の課程を置く高等学校	課程ごと	① 課程に対する専攻科および別科は，それぞれの課程に含まれる。 ② 課程とは，全日制，定時制，通信制の区別である。

以上の表より，内訳表の区分方法は，資金収支内訳表（人件費支出内訳表も含む）と事業活動収支内訳表の相違点がわかります。たとえば，2学科を置く短期大学，高等学校，幼稚園を有する学校法人では，資金収支内訳表上，左側から，①学校法人，②短期大学のA学科，B学科，計，③高等学校，④幼稚園，⑤総額と区分します。⑤の総額の金額は，資金収支計算書（法人全体）の決算額の金額と一致します。事業活動収支内訳表では，左側から①学校法人，②短期大学，③高等学校，④幼稚園，⑤総額と区分し，⑤の総額の金額は，事業活動収支計算書（法人全体）の決算額と一致します。

　資金収支（人件費支出も含む），事業活動収支の内訳で，部門ごとに区分しなければならない科目は次のとおりです。具体的な作成例は，第4章の「資金収支計算のすすめ方」と第6章の「事業活動収支計算と貸借対照表計算のすすめ方」を参考にしてください。

　(ア)　資金収支内訳表

　　　収入の部……学生生徒等納付金収入から借入金等収入までの科目のみを部門区分

　　　支出の部……人件費支出から設備関係支出までの科目のみを部門区分

　(イ)　人件費支出内訳表

　　　教員人件費支出……本務教員（本俸，期末手当，その他の手当，所定福利費等に細分）と兼務教員（1行にまとめる）とを部門別に区分

　　　職員人件費支出……同上

　　　役員報酬支出……「学校法人」部門のみに記載

　　　退職金支出……教員，職員とを部門別に区分（役員もあれば区分）

　(ウ)　事業活動収支内訳表

　　　事業活動収入の部……すべての科目（基本金組入額合計も含む）を部門別に区分

事業活動支出の部……すべての科目を部門別に区分

なお，内訳表を作成する場合，単に短期大学，高等学校などと記載せず，「○○短期大学」，「○○高等学校」というように具体的な学校名を記載します。また，資金収支内訳表は，すべての科目ではなく，収入の部は学生生徒等納付金収入から借入金等収入までの科目で計を算出します。同様に支出の部は人件費支出から設備関係支出までの科目で計を算出すれば足ります。

(注) 新設された「中等教育学校」は1部門となります。

（2） 専門職大学院の部門計上について

資金収支内訳表の記載方法等については，会計基準第13条第2項に，「……二以上の学部を置く大学にあっては学部（当該学部の専攻に対応する大学院の研究科，専攻科及び別科を含む。）に，……（略）……それぞれ細分して記載するものとする。この場合において，学部の専攻に対応しない大学院の研究科は大学の学部とみなす。」と定められています。

つまり，学部の専攻に対応する大学院の研究科の場合には，独立した部門表示はせず対応する学部に含まれることになりますが，学部の専攻に対応しない大学院の研究科の場合には，学部とは別に独立した部門表示となります。

この場合の学部の専攻に対応しない大学院の研究科とは，基礎となる学部を設置することなく当該研究科を本務とする教員を中心に独自の組織を設けるなど，独立した組織として記載することが適当と認められる研究科であるとされています。

最近設置されている法科大学院（法務研究科）や会計学専門職大学院など専門職大学院については，このような独立した組織として整理されますので，既存の学部と同列に資金収支内訳表に部門表示されることになります。

（記載例）
- 法学部および法学研究科を設置する大学が，別に法科大学院（法務研究科）

を開設した場合

資金収支内訳表（人件費支出内訳表）

○○大学		
法学部	法務研究科 （法科大学院）	計
×××	×××	×××

(注) 法科大学院<u>大学</u>（専門職大学院<u>大学</u>も同様）として設置される場合は，大学とは別に部門表示する。

資金収支内訳表（人件費支出内訳表）

学校法人	○○法科大学院大学	△△大学		
		法学部	経済学部	計
×××	×××	×××	×××	×××

（3） 保育事業について

　従来，認可保育所の設置については，都道府県および市区町村ならびに社会福祉法人に限り認められてきましたが，近年，国として幼稚園と保育所の連携を推進していることから，学校法人においても，保育事業が学校教育の一部に付随して行われる事業として位置づけられ，その設置が認められることになりました（「保育所の設置認可等について」，児発第295号，平成12年3月30日）。

　ただし，経営状況を明らかにする観点から，在学者または教職員および役員が養育する者以外の者を主たる対象者として，保育事業を行う場合には寄附行為への記載が必要です。また，会計に関する表示については，以下のとおり，部門を設けて表示を行うことになります。会計処理については，第3章を参照してください。

資金収支内訳表（人件費支出内訳表）

学校法人	○○短期大学			△△幼稚園	□□保育所
	英文学科	家政学科	計		
×××	×××	×××	×××	×××	×××

3．部門別計上および配分の取扱い

（1） 部門別の計上と配分のポイント

　従来，各部門別収支の計上と配分方法については「資金収支内訳表について（通知）」（文管振第93号，昭和47年4月26日）で示されていましたが，各内訳表の作成基準をより明確にし，できるだけ統一した処理基準によって作成されるようにするため，文部省では「資金収支内訳表等の部門別計上及び配分について（通知）」（文管企第250号，昭和55年11月4日。以下，「250号通知」という）を通知しました。

　250号通知の特色は次の3点に要約されます。

① 　資金収支内訳表等の作成上「学校法人」部門の業務の範囲を定め，「学校法人」部門に直接計上される収入および支出の内容を限定的に列挙したこと
② 　人件費支出について，教職員をいずれかの部門に割り当てる方法によって部門別計上を行うこととしたこと
③ 　各部門間または学部・学科間等に共通する収入額および支出額についての配分方法を具体的に示したこと

　以下，250号通知の概要について述べましょう。

(2)「学校法人」部門の業務の範囲と計上収支
① 「学校法人」部門の業務の範囲

　従来の部門別収支の計上方法についての通知（文管振第93号）では，「学校法人」部門に計上される収支の具体的内容については示さず，特定の項目（寄付金収入，地方公共団体補助金収入，受取利息・配当金収入，施設設備利用料収入，補助活動収入，借入金等収入，借入金等利息支出，借入金等返済支出）については，各部門別に明確に区分できない額は「学校法人」部門に配分することが認められていました。この取扱いが実務上は若干安易に流れ，部門別計上の不統一をもたらしていました。

　250号通知ではこの点を改善し，「学校法人」部門の業務の範囲を次のとおり明確にし，その業務の運営に必要な収入額または支出額だけが「学校法人」部門に計上されることとされました。

＜「学校法人」部門の業務の範囲＞

① 理事会および評議員会等の庶務に関すること

② 役員等の庶務に関すること

③ 登記，認可，届出その他の法令上の諸手続に関すること

④ 法人主催の行事および会議に関すること

⑤ 土地の取得または処分に関すること（他の部門の所掌に属するものを除く）

⑥ 法人運営の基本方針（将来計画，資金計画等）の策定事務に関すること

⑦ 学校，学部・学科（学部の学科を含む）等の新設事務に関すること

⑧ その他「学校法人」部門に直接かかわる庶務，会計・施設管理等に関すること

⑨ 他の部門の業務に属さない事項の処理に関すること

② 学校法人本部と「学校法人」部門の違い

　以上の取扱いにあたっては，内訳表での「学校法人」部門の業務と，実際に学校法人に設置される組織上の法人本部の業務とは必ずしも一致していないことに注意を要します。

　学校法人が法律上存続していく上での基本的な業務や，法人本部という立場で行う業務を遂行する部署について，1つの部門として区分したものが内訳表での「学校法人」部門であると考えると理解しやすくなります。ここが「学校法人」部門の収支を考える場合のポイントです。

（3）　人件費支出の部門別計上の方法
① 従来の取扱いとの違い

　従来，人件費支出については，各部門別に明確に区分できる額は部門別に，不明確な額は教員数もしくは在学者数，または使用時間数等を基礎として配分することとされていました。したがって，大学の一般教養担当教員や，本部職員または大学部門職員の給与額について，担当時間数や在学者数などによって比例配分をしていたケースも多かったようです。

　ところが，250号通知では金額についての配分ということをいっさい認めず，人についてのいわゆる「張り付け」といわれる方法を採用しました。つまり，各部門に共通する業務を行っている教職員については，これらの人そのものを個別に特定の部門に割り当ててしまい，その人の給与はすべて割り当てされた部門に直接計上するという方法です。この「張り付け」の方法について，原則として「発令基準」，そして，これによりがたい場合の方法として「従事基準」が示されています。

② 人件費の「張り付け」の具体的方法
㈦ 発令基準

　教職員の人件費支出については，原則として各部門，学部・学科等のいずれの教職員として発令されているかによって計上されます。これを一般に「発令基準」と呼んでいます。

　たとえば，大学の法学部教授として発令されているA教授が，経済学部の授業を一部担当していたとしても，A教授の人件費支出は法学部に計上されます。

　また，大学の工学部教授として発令されているB教授が，大学と短大の学長を兼務している場合にも，B教授の人件費支出は大学の工学部に計上されることになります。このことは，高校や中学校の教諭などにもあてはまります。

　上の例で，短大の学長としての給与が実際に短大から支給されていたとしますと，その額は当然短大に計上されることになります。しかし，発令基準の原則は，実態を認識するための1つの手段ですから，実態と形式が大きく離れている場合には，会計処理は実態に即して区分経理します。したがって，たとえば，採用時の都合により短大教員として発令されている者が，実際には高校の教員として勤務しているような場合には，その人件費支出は高校に計上されなければなりません。ただし，補助金申請等と一致していることが肝心です。

　非常勤講師についても発令が原則ですが，所属すべき特定の部門がなく，短大と高校の双方に従事しているような場合は，それぞれ授業を行う部門が授業時間数等の負担額に応じて人件費を計上します。

㈥ 従事基準

　実際にはすべての教職員について，発令基準によって所属部門が確定できるわけではなく，たとえば一般教養担当教員にみられるように，発令内容からはどの部門，学部・学科に所属しているのか明らかでない場合があります。

　このような場合には，主たる勤務がいずれであるかによって計上します。これを一般に従事基準と呼んでいます。

「主たる勤務がいずれであるか」の判定は，通常授業時間数，従事時間数，事務量，学生数等が基準となりますが，勤務の実態，給料の高低等も勘案することが必要な場合もあります。

(4) 職員の配属

次に各職員が各学部の共通業務を行っている場合で，勤務の状況が次のような事例を考えます。

（担当部門）	A学部	B学部	C学部	計
（受講学生数）	300人	200人	400人	900人

主たる勤務部門とは，ウェイトが50％を超える勤務部門をいうものと考えられますが，上例では50％を超える部門がないため，いずれが主たる勤務部門であるか一概には決めかねます。仮にこのような職員が9名の場合，次のような方法でそれぞれの部門に人員を割り当てることが考えられます。

A学部
$$9人 \times \frac{300}{900} = 3人$$

B学部
$$9人 \times \frac{200}{900} = 2人$$

C学部
$$9人 \times \frac{400}{900} = 4人$$

以上のように，250号通知は第1に発令基準，次に従事基準という基本的な取扱いを示していますが，これに対して，さらに2つの例外的取扱いを設けています。

(ア) 「学校法人」部門に計上される職員人件費支出については，その範囲を非常に狭く限定し，「学校法人」部門の職員として発令されている者のうち，主として「学校法人」部門の業務に従事する職員についてのみ「学校法人」部門に計上することとしています。

(イ) 医学部・歯学部および附属病院の教員人件費支出のうち臨床系教員の人

件費支出については，授業科目を担当する教員人件費支出を学部に計上し，その他の教員の人件費支出を附属病院に計上することとしています。

（5） 部門共通収支の配分方法
① 各部門への配分手順
　特定の部門あるいは学部・学科等に固有の収支は，当該部門，学部・学科等へ直接計上されることは当然ですが，各部門間または各学部・学科間等に共通する収支は次のような手順で各部門，各学部・学科等へ配分されることになります。

(ア)　2以上の部門に共通する収支については「部門共通」の欄を設け，各収支科目ごとに計上し，特定部門の共通収支については「大学共通」，「短大共通」の欄を設けて，各収支科目ごとに計上する。

(イ)　以上の共通収支は，在学者数，教職員数，使用時間数，または使用面積等妥当と考えられる基準により，まず，「部門共通」欄の金額を関係部門に配分する。この場合，複数の学部・学科を置く大学，短大等にあっては配分額を「大学共通」，「短大共通」等の欄に計上する。

(ウ)　次に，「大学共通」，「短大共通」等の欄に計上した金額を，それぞれの学部・学科などに配分する。

(エ)　以上の配分の過程で，上記「在学者数」等の配分基準によることができない「部門共通」収支については，各部門，学部・学科等の収入額または支出額の合計額の比率によって各科目ごとに配分することができる方法もあります。これを「特例配分」と呼んでいます。

(オ)　以上，それぞれの配分の段階で，配分の基準を「配分方法」の欄に注記します。

② 配分に際しての留意点

以上の共通収支の配分計算に際しては，次の諸点に留意しなければなりません。

(ア) 配分の基準として採用する在学者数等は，それを算定する時期が違えば数字が異なる場合が考えられることから，一定の基準日を設定する必要があります。この基準日は，学校法人の事務処理上妥当と考える日を選定することができますが，一度採用した基準日はその後の年度においても継続して同一日を採用すべきでしょう（一般的には5月1日が多いようです）。

(イ) また，配分方法も同一項目について，各年度を通じて同じ方法を採用しなければなりません。たとえば，水道料の配分基準として，ある年度は学生数を基準とし，別の年度では教職員数を基準とするようなことは認められません。

(ウ) 前述の手順で作成した諸表および在学者数等の基礎資料は，資金収支内訳表と一体として保存しなければなりません（東京都では5年間保存）。

在学者数等配分基準の基礎資料としては，当初，次の3種類のものを作成しておくと便利です。

- 配分基準表
- 人員配属一覧表
- 科目別配分表

③ 資金収支内訳表の各部門への配分計算例

250号通知では，配分の例として別表その1～4を公表しています。そのうち，次頁に別表その1を示しましたので参考にしてください。

(別表) 資金収支内訳表の各部門への配分計算例 (250号通知)

その1 (その2以降は省略)

本文のAの1の(1)及び(2)により各部門、学部、学科等に直接計上する金額及び「大学共通」、「短大共通」、「部門共通」等の共通欄に計上すべき金額をそれぞれ該当欄に記載する。

(単位:円)

部門 科目	学校法人	(何) A学部	(何) B学部	大学 計	大学共通 計	大学共通 配分方法	大学 計	(何) 短期大学 C科	(何) 短期大学 D科	短期大学 計	短大共通 計	短大共通 配分方法	短期大学 計	(何) 高等学校	(何) 病院	各部門 合計	部門共通 計	部門共通 配分方法	総額
管理経費支出	×××	×××	×××	×××	34,775,000		×××	×××	×××	×××	3,581,000		×××	2,343,000	211,729,000	252,428,000	18,540,000		270,968,000
光熱水費支出							34,775,000						3,581,000						
借入金等利息支出	×××	×××	×××	×××			×××	×××	×××	×××			×××	×××	×××	×××	×××		×××
借入金利息支出	86,187,000						86,187,000								264,277,000	350,464,000	77,017,000		427,481,000
計	×××	×××	×××	×××	×××		×××	×××	×××	×××	×××		×××	×××	×××	×××	×××		×××

(6) 知事所轄学校法人の簡略化

　知事所轄学校法人については，大学のように，学部，学科別の区分がないため，一般的には「部門共通」のみをあげればよく，「大学共通」などの欄は必要ありません。そこで，筆者は次のように一表のみで表示できる簡易様式を考えましたので参考にしてください。ただし，高等学校で課程（全日制，定時制，通信制）を複数有している場合は，資金収支内訳表と人件費支出内訳表の作成にあたり，大学共通と同じように「高校共通」という収支欄を設けることが必要となってきます。また，高校，中学，幼稚園を設置する学校法人にあっては，共通収支のうち，高校，中学にまたがる共通収支が多いため，実務上，「高中共通」という欄を一旦設けておき，毎月末または年度末などで一括配分してもよいでしょう。

【資金収支内訳表の各部門への配分計算例】

　A学園は，高校，中学校を設置し，その概要は下記のとおりである。なお，在学者数等は5月1日の基本調査日に基づいている。

学校種別	在学者数	教員数	職員数	校舎使用面積
××高等学校	900人	36人	10人	11,600m²
××中学校	600	24		8,400
法人本部	－	－	2	1,000
合　計	1,500	60	12	21,000

＜前提＞
① 体育館，講堂および図書館は高中兼用で，上表の校舎使用面積には含まれていない。職員数についてはそれぞれの部門の配置等，発令形態によって区分する。
② 法人本部の職員は，理事長および専任職員1名をいう。
③ 非常勤教員3人は上表に含まれていない。
④ 校長は，高校，中学校兼任であり，上表の高校教員に含まれている。
⑤ 職員10人は高校，中学兼任の職員で，在学者によって配分すると高校6人，中学4人と区分された。

〔収入の部〕

様式は2表作成するのが原則であるが，次のような収支それぞれ1表で要約することができる。

部門 科　目	学校法人	×× 高等学校	×× 中学校	部門共通 計	部門共通 配分方法	総　額
（×　×　×） ×××× （付随事業・ 収益事業収入）	×××	×××	×××			×××
補助活動収入	0	*300,000 190,000	*200,000 200,000	*-500,000 500,000	在学者数	890,000
×××× （受取利息・ 配当金収入）						
その他の受取利息・配当金収入	*23,027	*483,568 58,000	*345,405 40,000	*-852,000 852,000	特例配分	950,000
（×　×　×） ××××	×××	×××	×××			×××
配分前計	200,000	4,200,000	3,000,000	1,352,000		8,752,000
配分後計	223,027	4,983,568	3,545,405	－		8,752,000

＜計算説明＞

(1) 本表は，大学共通，短大共通するものがないため，部門共通として一括して把握し，資金収支内訳表の様式に準拠し，まず，部門共通を区分計上した。部門区分は「借入金等収入」の科目までであることに留意する。

(2) 次の部門共通に計上した金額を配分基準によって各部門に＊印をもって区分した。このうち，受取利息・配当金収入の部門共通額852,000円は，特例配分によって各部門の固有収入たる学校法人200,000円，高校4,200,000円，中学3,000,000円，計7,400,000円に対する各部門固有収入の割合で配分した。

(3) 補助活動事業収入は，食堂および売店事業の純額経理によるもので，在学者数により配分した。

(4) 合計は，共通収支配分前と配分後の金額を記入し，配分後が資金収支内訳表と一致するよう配慮する。

〔支出の部〕

科目＼部門	学校法人	××高等学校	××中学校	部門共通 計	部門共通 配分方法	総額
（人件費支出）						
×××	××	××××	×××	―		××××
（教育研究経費支出）						
××××	―	××××	×××			××××
修繕費支出 ｛	―	*318,000	*212,000	*-530,000	在学者数	1,230,000
		480,000	220,000	530,000		
（管理経費支出）						
××××	××	××××	×××			××××
福利厚生費支出 ｛	*5,000	*105,000	*70,000	*-180,000	教職員数	460,000
	50,000	150,000	80,000	180,000		
（施設関係支出）	××	××××	×××			××××
建物支出 ｛		*2,100,000	*1,400,000	*-3,500,000	在学者数	5,500,000
	0	2,000,000	0	3,500,000		
××××	××	××××	×××			××××
配分前計	180,000	7,950,000	3,250,000	4,210,000		15,590,000
配分後計	185,000	10,473,000	4,932,000	―		15,590,000

＜計算説明＞
(1) 修繕費のうち530,000円は体育館の修理費であり，在学者数により配分した。
(2) 福利厚生費のうち180,000円は学園全体の慰労費他であり，高校（教員36人，職員6人），中学（教員24人，職員4人），本部2人の計72人の割合により配分した。
(3) 建物支出のうち3,500,000円は図書館建設費であり，在学者数により配分した。

第10章

計算書類の作成例

　前章までで学校会計の基礎を一通り学習したことになります。各章では計算書類ごとに個別に解説していますが，本章では実際に作成する計算書類の作成例を並べて記載しています。計算書類の全体像を把握するとともに復習に役立ててください。

(表紙の作成例)

令和〇〇年度計算書類

自　　令和〇〇年4月1日
至　　令和〇〇年3月31日

〔計算書類の種類〕

資　金　収　支　計　算　書
資　金　収　支　内　訳　表
人　件　費　支　出　内　訳　表
活　動　区　分　資　金　収　支　計　算　書
事　業　活　動　収　支　計　算　書
事　業　活　動　収　支　内　訳　表
貸　借　対　照　表
固　定　資　産　明　細　表
借　入　金　明　細　表
基　本　金　明　細　表

学校法人名　　　学校法人〇〇学園
学校法人所在地　〇〇県〇〇市〇〇町〇〇番地

(注) 1. 表紙の次に会計監査人の監査報告書、監事の監査報告書を加える。
　　　2. 第2号基本金と第3号基本金に係る組入計画がある場合、「第2号基本金に係る組入計画表」、「第3号基本金に係る組入計画表」を添付する。
　　　3. 寄附行為で収益事業を定めている場合、「収益事業に係る貸借対照表」、「収益事業に係る損益計算書」を添付する。

第一号様式（第12条関係）

資 金 収 支 計 算 書

令和○○年4月1日から
令和○○年3月31日まで

(単位：円)

収入の部						
科　目	予	算	決	算	差	異
学生生徒等納付金収入	(	2,180)	(	2,180)	(	0)
授業料収入		1,380		1,350		30
入学金収入		450		460		△ 10
施設設備資金収入		350		370		△ 20
手数料収入	(	44)	(	45)	(	△ 1)
入学検定料収入		44		45		△ 1
寄付金収入	(	85)	(	80)	(	5)
特別寄付金収入		60		57		3
一般寄付金収入		25		23		2
補助金収入	(	235)	(	240)	(	△ 5)
国庫補助金収入		10		10		0
地方公共団体補助金収入		225		230		△ 5
資産売却収入	(	440)	(	430)	(	10)
施設売却収入		440		430		10
付随事業・収益事業収入	(	75)	(	55)	(	20)
補助活動収入		75		55		20
受取利息・配当金収入	(	40)	(	35)	(	5)
第3号基本金引当特定資産運用収入		40		35		5
雑収入	(	60)	(	76)	(	△ 16)
施設設備利用料収入		40		40		0
退職金財団交付金収入		0		16		△ 16
その他雑収入		20		20		0
借入金等収入	(	100)	(	100)	(	0)
長期借入金収入		70		70		0
短期借入金収入		30		30		0
前受金収入	(	450)	(	454)	(	△ 4)
入学金前受金収入		450		454		△ 4
その他の収入	(	505)	(	403)	(	102)
第2号基本金引当特定資産取崩収入		300		200		100
第3号基本金引当特定資産取崩収入		100		100		0
退職給与引当特定資産取崩収入		0		14		△ 14
記念事業引当特定資産取崩収入		50		50		0
前期末未収入金収入		50		35		15
預り金受入収入		5		4		1
資金収入調整勘定	(	△ 500)	(	△ 500)	(	0)
期末未収入金		△ 45		△ 45		0
前期末前受金		△ 455		△ 455		0
前年度繰越支払資金	(	770)	(	770)	(	0)
収入の部合計		4,484		4,368	(	116)

支出の部							
科　　目	予	算	決	算	差		異
人件費支出	(	1,840)	(	1,860)	(	△	20)
教員人件費支出		1,345		1,345			0
職員人件費支出		385		385			0
役員報酬支出		110		100			10
退職金支出		0		30		△	30
教育研究経費支出	(	335)	(	330)	(		5)
消耗品費支出		110		115		△	5
光熱水費支出		90		85			5
旅費交通費支出		60		60			0
修繕費支出		75		70			5
管理経費支出	(	225)	(	220)	(		5)
消耗品費支出		75		70			5
旅費交通費支出		100		98			2
創立記念事業費支出		50		52		△	2
借入金等利息支出	(	46)	(	45)	(		1)
借入金利息支出		46		45			1
借入金等返済支出	(	280)	(	280)	(		0)
借入金返済支出		220		220			0
学校債返済支出		60		60			0
施設関係支出	(	220)	(	210)	(		10)
建物支出		35		30			5
建設仮勘定支出		185		180			5
設備関係支出	(	160)	(	160)	(		0)
教育研究用機器備品支出		100		105		△	5
管理用機器備品支出		40		40			0
図書支出		20		15			5
資産運用支出	(	300)	(	310)	(	△	10)
第3号基本金引当特定資産繰入支出		30		30			0
退職給与引当特定資産繰入支出		80		90		△	10
減価償却引当特定資産繰入支出		90		90			0
奨学費引当特定資産繰入支出		100		100			0
その他の支出	(	35)	(	47)	(	△	12)
前期末未払金支払支出		35		35			0
前払金支払支出		0		12		△	12
【予備費】	(　26) 4						4
資金支出調整勘定	(	△ 100)	(	△ 97)	(	△	3)
期末未払金		△ 50		△ 47		△	3
期末手形債務		△ 50		△ 50			0
翌年度繰越支払資金	(	1,139)	(	1,003)	(		136)
支出の部合計	(	4,484)	(	4,368)	(		116)

（注）　予備費26円の使用額は次のとおりである。　教員人件費支出　4円

第二号様式（第13条関係）

資 金 収 支 内 訳 表

令和○○年４月１日から
令和○○年３月31日まで

収 入 の 部

（単位：円）

部門 科目	学校法人	○○大学			○○ 高等学校	総額
		○○学部	○○学部	計		
学生生徒等納付金収入	(0)	(715)	(585)	(1,300)	(880)	(2,180)
授業料収入	0	445	370	815	535	1,350
入学金収入	0	150	120	270	190	460
施設設備資金収入	0	120	95	215	155	370
手数料収入	(0)	(14)	(9)	(23)	(22)	(45)
入学検定料収入	0	14	9	23	22	45
寄付金収入	(3)	(3)	(5)	(8)	(69)	(80)
特別寄付金収入	0	0	0	0	57	57
一般寄付金収入	3	3	5	8	12	23
補助金収入	(0)	(6)	(4)	(10)	(230)	(240)
国庫補助金収入	0	6	4	10	0	10
地方公共団体補助金収入	0	0	0	0	230	230
資産売却収入	(430)	(0)	(0)	(0)	(0)	(430)
施設売却収入	430	0	0	0	0	430
付随事業・収益事業収入	(0)	(16)	(14)	(30)	(25)	(55)
補助活動収入	0	16	14	30	25	55
受取利息・配当金収入	(22)	(4)	(4)	(8)	(5)	(35)
第３号基本金引当特定資産運用収入	22	4	4	8	5	35
雑収入	(13)	(14)	(11)	(25)	(38)	(76)
施設設備利用料収入	5	10	8	18	17	40
退職金財団交付金収入	0	0	0	0	16	16
その他雑収入	8	4	3	7	5	20
借入金等収入	(30)	(35)	(35)	(70)	(0)	(100)
長期借入金収入	0	35	35	70	0	70
短期借入金収入	30	0	0	0	0	30
計	498	807	667	1,474	1,269	3,241

支 出 の 部

(単位：円)

部門 科目	学校法人	○○大学 ○○学部	○○大学 ○○学部	○○大学 計	○○高等学校	総額
人件費支出	(175)	(492)	(410)	(902)	(783)	(1,860)
教員人件費支出	0	407	335	742	603	1,345
職員人件費支出	75	85	75	160	150	385
役員報酬支出	100	0	0	0	0	100
退職金支出	0	0	0	0	30	30
教育研究経費支出	(0)	(103)	(87)	(190)	(140)	(330)
消耗品費支出	0	33	27	60	55	115
光熱水費支出	0	25	20	45	40	85
旅費交通費支出	0	20	15	35	25	60
修繕費支出	0	25	25	50	20	70
管理経費支出	(90)	(40)	(30)	(70)	(60)	(220)
消耗品費支出	15	17	13	30	25	70
旅費交通費支出	23	23	17	40	35	98
創立記念事業費支出	52	0	0	0	0	52
借入金等利息支出	(8)	(15)	(15)	(30)	(7)	(45)
借入金利息支出	8	15	15	30	7	45
借入金等返済支出	(145)	(60)	(50)	(110)	(25)	(280)
借入金返済支出	140	35	35	70	10	220
学校債返済支出	5	25	15	40	15	60
施設関係支出	(0)	(100)	(80)	(180)	(30)	(210)
建物支出	0	0	0	0	30	30
建設仮勘定支出	0	100	80	180	0	180
設備関係支出	(10)	(34)	(25)	(59)	(91)	(160)
教育研究用機器備品支出	0	17	13	30	75	105
管理用機器備品支出	10	13	9	22	8	40
図書支出	0	4	3	7	8	15
計	428	844	697	1,541	1,136	3,105

第三号様式（第14条関係）

人 件 費 支 出 内 訳 表

令和○○年4月1日から
令和○○年3月31日まで

（単位：円）

部門 科目	学校法人	○○大学			○○ 高等学校	総額
		○○学部	○○学部	計		
教員人件費支出	(0)	(407)	(335)	(742)	(603)	(1,345)
本務教員	〈 0〉	〈 337〉	〈 278〉	〈 615〉	〈 590〉	〈 1,205〉
本俸	0	193	159	352	337	689
期末手当	0	80	66	146	140	286
その他の手当	0	48	40	88	84	172
所定福利費	0	16	13	29	29	58
兼務教員	〈 0〉	〈 70〉	〈 57〉	〈 127〉	〈 13〉	〈 140〉
職員人件費支出	(75)	(85)	(75)	(160)	(150)	(385)
本務職員	〈 62〉	〈 67〉	〈 63〉	〈 130〉	〈 150〉	〈 342〉
本俸	35	38	36	74	86	195
期末手当	15	16	15	31	36	82
その他の手当	9	10	9	19	21	49
所定福利費	3	3	3	6	7	16
兼務職員	〈 13〉	〈 18〉	〈 12〉	〈 30〉	〈 0〉	〈 43〉
役員報酬支出	(100)	(0)	(0)	(0)	(0)	(100)
退職金支出	(0)	(0)	(0)	(0)	(30)	(30)
教員	〈 0〉	〈 0〉	〈 0〉	〈 0〉	〈 30〉	〈 30〉
職員	〈 0〉	〈 0〉	〈 0〉	〈 0〉	〈 0〉	〈 0〉
計	175	492	410	902	783	1,860

第四号様式（第14条の２関係）

活 動 区 分 資 金 収 支 計 算 書

令和○○年４月１日から
令和○○年３月31日まで

（単位：円）

		科目	金額
教育活動による資金収支	収入	学生生徒等納付金収入	2,180
		手数料収入	45
		特別寄付金収入	30
		一般寄付金収入	23
		経常費等補助金収入	210
		付随事業収入	55
		雑収入	76
		教育活動資金収入計(1)	2,619
	支出	人件費支出	1,860
		教育研究経費支出	330
		管理経費支出	220
		教育活動資金支出計(2)	2,410
	差引(3)＝(1)−(2)		209
	調整勘定等(4)		△ 11
	教育活動資金収支差額(5)＝(3)＋(4)		198
		科目	金額
施設整備等活動による資金収支	収入	施設設備寄付金収入	27
		施設設備補助金収入	30
		施設設備売却収入	430
		第２号基本金引当特定資産取崩収入	200
		施設整備等活動資金収入計(6)	687
	支出	施設関係支出	210
		設備関係支出	160
		減価償却引当特定資産繰入支出	90
		施設整備等活動資金支出計(7)	460
	差引(8)＝(6)−(7)		227

		科目	金額
		調整勘定等(9)	50
		施設整備等活動資金収支差額(10)=(8)+(9)	277
小計（教育活動資金収支差額＋施設整備等活動資金収支差額）(11)=(5)+(10)			475
		科目	金額
その他の活動による資金収支	収入	借入金等収入	100
		第3号基本金引当特定資産取崩収入	100
		退職給与引当特定資産取崩収入	14
		記念事業引当特定資産取崩収入	50
		預り金受入収入	4
		小計	268
		受取利息・配当金収入	35
		その他の活動資金収入計(12)	303
	支出	借入金等返済支出	280
		第3号基本金引当特定資産繰入支出	30
		退職給与引当特定資産繰入支出	90
		奨学費引当特定資産繰入支出	100
		小計	500
		借入金等利息支出	45
		その他の活動資金支出計(13)	545
	差引(14)=(12)-(13)		△242
	調整勘定等(15)		0
	その他の活動資金収支差額(16)=(14)+(15)		△242
支払資金の増減額（小計＋その他の活動資金収支差額）(17)=(11)+(16)			233
前年度繰越支払資金(18)			770
翌年度繰越支払資金(19)=(17)+(18)			1,003

※　活動区分ごとの調整勘定等の計算過程の注記は172頁参照。

第五号様式（第23条関係）

事 業 活 動 収 支 計 算 書

令和○○年4月1日から
令和○○年3月31日まで

(単位：円)

		科目	予算	決算	差異
教育活動収支	事業活動収入の部	学生生徒等納付金	(2,180)	(2,180)	(0)
		授業料	1,380	1,350	30
		入学金	450	460	△10
		施設設備資金	350	370	△20
		手数料	(44)	(45)	(△1)
		入学検定料	44	45	△1
		寄付金	(55)	(53)	(2)
		特別寄付金	30	30	0
		一般寄付金	25	23	2
		経常費等補助金	(205)	(210)	(△5)
		国庫補助金	10	10	0
		地方公共団体補助金	195	200	△5
		付随事業収入	(80)	(78)	(2)
		補助活動収入	80	78	2
		雑収入	(60)	(76)	(△16)
		施設設備利用料	40	40	0
		退職金財団交付金収入	0	16	△16
		その他雑収入	20	20	0
		教育活動収入計(1)	2,624	2,642	△18
		科目	予算	決算	差異
		人件費	(1,940)	(1,951)	(△11)
		教員人件費	1,345	1,345	0
		職員人件費	385	385	0
		役員報酬	110	100	10
		退職給与引当金繰入額	100	105	△5
		退職金	0	16	△16
		教育研究経費	(500)	(495)	(5)
		消耗品費	110	112	△2

		科目	予算	決算	差異
事業活動支出の部		光熱水費	90	85	5
		旅費交通費	60	60	0
		減価償却額	165	168	△3
		修繕費	75	70	5
		管理経費	(275)	(275)	(0)
		消耗品費	75	70	5
		旅費交通費	100	98	2
		減価償却額	50	55	△5
		創立記念事業費	50	52	△2
		徴収不能額等	(15)	(18)	(△3)
		徴収不能引当金繰入額	15	13	2
		徴収不能額	0	5	△5
		教育活動支出計(2)	2,730	2,739	△9
	教育活動収支差額(3)=(1)-(2)		△106	△97	△9
教育活動外収支		科目	予算	決算	差異
	収入	受取利息・配当金	(40)	(35)	(5)
		第3号基本金引当特定資産運用収入	40	35	5
		その他の教育活動外収入	0	0	0
		教育活動外収入計(4)	40	35	5
		科目	予算	決算	差異
	支出	借入金等利息	(46)	(45)	(1)
		借入金利息	46	45	1
		その他の教育活動外支出	0	0	0
		教育活動外支出計(5)	46	45	1
	教育活動外収支差額(6)=(4)-(5)		△6	△10	4
経常収支差額(7)=(3)+(6)			△112	△107	△5
特別収支		科目	予算	決算	差異
	収入	資産売却差額	(250)	(230)	(20)
		土地売却差額	250	230	20
		その他の特別収入	(115)	(117)	(△2)
		施設設備寄付金	30	27	3
		現物寄付	50	55	△5
		施設設備補助金	30	30	0

	科目	予算	決算	差異
収入	過年度修正額	5	5	0
	特別収入計(8)	365	347	18
	科目	予算	決算	差異
支出	資産処分差額	(100)	(115)	(△ 15)
	建物処分差額	80	80	0
	機器備品除却差額	10	15	△ 5
	図書除却差額	10	8	2
	車両除却差額	0	12	△ 12
	その他の特別支出	(4)	(4)	(0)
	過年度修正額	4	4	0
	特別支出計(9)	104	119	△ 15
	特別収支差額(10)=(8)-(9)	261	228	33
【予備費】(11)		(26) 4		4
基本金組入前当年度収支差額(12)=(7)+(10)-(11)		145	121	24
基本金組入額合計(13)		△ 150	△ 166	16
当年度収支差額(14)=(12)+(13)		△ 5	△ 45	40
前年度繰越収支差額(15)		△ 100	△ 100	0
基本金取崩額(16)		270	170	100
翌年度繰越収支差額(17)=(14)+(15)+(16)		165	25	140

(参考)

	予算	決算	差異
事業活動収入計(18)=(1)+(4)+(8)	3,029	3,024	5
事業活動支出計(19)=(2)+(5)+(9)	2,884	2,903	△ 19

(注)　「事業活動収入の部」,「事業活動支出の部」は一部「収入」,「支出」に省略している。

第六号様式（第24条関係）

事業活動収支内訳表

令和○○年4月1日から
令和○○年3月31日まで

(単位：円)

科目		部門	学校法人	○○大学	○○高等学校	総額
教育活動収支	事業活動収入の部	学生生徒等納付金	(0)	(1,300)	(880)	(2,180)
		授業料	0	815	535	1,350
		入学金	0	270	190	460
		施設設備資金	0	215	155	370
		手数料	(0)	(23)	(22)	(45)
		入学検定料	0	23	22	45
		寄付金	(3)	(8)	(42)	(53)
		特別寄付金	0	0	30	30
		一般寄付金	3	8	12	23
		経常費等補助金	(0)	(10)	(200)	(210)
		国庫補助金	0	10	0	10
		地方公共団体補助金	0	0	200	200
		付随事業収入	(0)	(43)	(35)	(78)
		補助活動収入	0	43	35	78
		雑収入	(13)	(25)	(38)	(76)
		施設設備利用料	5	18	17	40
		退職金財団交付金収入	0	0	16	16
		その他雑収入	8	7	5	20
		教育活動収入計(1)	16	1,409	1,217	2,642
		人件費	(182)	(939)	(830)	(1,951)
		教員人件費	0	742	603	1,345
		職員人件費	75	160	150	385
		役員報酬	100	0	0	100
		退職給与引当金繰入額	7	37	61	105
		退職金	0	0	16	16
		教育研究経費	(0)	(283)	(212)	(495)
		消耗品費	0	58	54	112

事業活動支出の部		光熱水費	0	45	40	85
		旅費交通費	0	35	25	60
		減価償却額	0	95	73	168
		修繕費	0	50	20	70
		管理経費	(100)	(95)	(80)	(275)
		消耗品費	15	30	25	70
		旅費交通費	23	40	35	98
		減価償却額	10	25	20	55
		創立記念事業費	52	0	0	52
		徴収不能額等	(0)	(15)	(3)	(18)
		徴収不能引当金繰入額	0	10	3	13
		徴収不能額	0	5	0	5
		教育活動支出計(2)	282	1,332	1,125	2,739
	教育活動収支差額(3)=(1)-(2)		△ 286	77	92	△ 97
教育活動外収支	収入	受取利息・配当金	(22)	(8)	(5)	(35)
		第3号基本金引当特定資産運用収入	22	8	5	35
		その他の教育活動外収入	0	0	0	0
		教育活動外収入計(4)	22	8	5	35
	支出	借入金等利息	(8)	(30)	(7)	(45)
		借入金利息	8	30	7	45
		その他の教育活動外支出	0	0	0	0
		教育活動外支出計(5)	8	30	7	45
	教育活動外収支差額(6)=(4)-(5)		14	△ 22	△ 2	△ 10
	経常収支差額(7)=(3)+(6)		△ 252	55	90	△ 107
特別収支	収入	資産売却差額	(230)	(0)	(0)	(230)
		土地売却差額	230	0	0	230
		その他の特別収入	(0)	(38)	(79)	(117)
		施設設備寄付金	0	0	27	27
		現物寄付	0	35	20	55
		施設設備補助金	0	0	30	30
		過年度修正額	0	3	2	5
		特別収入計(8)	230	38	79	347
		資産処分差額	(0)	(15)	(100)	(115)

支出	建物処分差額	0	0	80	80
	機器備品除却差額	0	10	5	15
	図書除却差額	0	5	3	8
	車両除却差額	0	0	12	12
	その他の特別支出	(0)	(2)	(2)	(4)
	過年度修正額	0	2	2	4
	特別支出計(9)	0	17	102	119
特別収支差額(10)=(8)-(9)		230	21	△23	228
基本金組入前当年度収支差額(11)=(7)+(10)		△22	76	67	121
基本金組入額合計(12)		△7	△77	△82	△166
当年度収支差額(13)=(11)+(12)		△29	△1	△15	△45
(参考)					
事業活動収入計(14)=(1)+(4)+(8)		268	1,455	1,301	3,204
事業活動支出計(15)=(2)+(5)+(9)		290	1,379	1,234	2,903

(注) 「事業活動収入の部」,「事業活動支出の部」は一部「収入」,「支出」に省略している。

第七号様式（第35条関係）

$$貸\ 借\ 対\ 照\ 表$$

令和〇〇年3月31日

(単位：円)

資産の部						
科目	本年度末		前年度末		増減	
固定資産	(	8,124)	(	8,290)	(	△166)
有形固定資産	〈	6,818〉	〈	6,930〉	〈	△112〉
土地		3,000		3,200		△200
建物		2,430		2,130		300
構築物		240		240		0
教育研究用機器備品		621		580		41
管理用機器備品		145		130		15
図書		178		150		28
車両		24		50		△26
建設仮勘定		180		450		△270
特定資産	〈	1,286〉	〈	1,340〉	〈	△54〉
第2号基本金引当特定資産		300		500		△200
第3号基本金引当特定資産		110		180		△70
退職給与引当特定資産		346		270		76
減価償却引当特定資産		430		340		90
記念事業引当特定資産		0		50		△50
奨学費引当特定資産		100		0		100
その他の固定資産	〈	20〉	〈	20〉	〈	0〉
電話加入権		20		20		0
施設利用権		0		0		0
流動資産	(	1,603)	(	1,340)	(	263)
現金預金		1,003		770		233
未収入金		32		40		△8
貯蔵品		106		80		26

有価証券	450	450	0
前払金	12	0	12
資産の部合計	9,727	9,630	97

負債の部

科目	本年度末	前年度末	増減
固定負債	(1,609)	(1,738)	(△129)
長期借入金	560	720	△160
学校債	430	490	△60
退職給与引当金	619	528	91
流動負債	(867)	(762)	(105)
短期借入金	240	200	40
1年以内償還予定学校債	60	60	0
手形債務	50	0	50
未払金	47	35	12
前受金	454	455	△1
預り金	16	12	4
負債の部合計	2,476	2,500	△24

純資産の部

科目	本年度末	前年度末	増減
基本金	(7,226)	(7,230)	(△4)
第1号基本金	6,680	6,414	266
第2号基本金	300	500	△200
第3号基本金	110	180	△70
第4号基本金	136	136	0
繰越収支差額	(25)	(△100)	(125)
翌年度繰越収支差額	25	△100	125
純資産の部合計	7,251	7,130	121
負債及び純資産の部合計	9,727	9,630	97

※　注記事項は第6章参照。

第八号様式（第36条関係）

固定資産明細表

令和○○年4月1日から
令和○○年3月31日まで

(単位：円)

科目		期首残高	当期増加額	当期減少額	期末残高	減価償却額の累計額	差引期末残高	摘要
有形固定資産	土地	3,200	0	200	3,000		3,000	※1
	建物	2,800	450	200	3,050	620	2,430	※2
	構築物	450	30	0	480	240	240	
	教育研究用機器備品	920	140	90	970	349	621	※3
	管理用機器備品	250	40	25	265	120	145	
	図書	150	36	8	178	0	178	※4
	車両	130	0	60	70	46	24	
	建設仮勘定	450	180	450	180		180	※5
	計	8,350	876	1,033	8,193	1,375	6,818	
特定資産	第2号基本金引当特定資産	500	0	200	300	0	300	
	第3号基本金引当特定資産	180	0	70	110	0	110	
	退職給与引当特定資産	270	76	0	346	0	346	
	減価償却引当特定資産	340	90	0	430	0	430	
	記念事業引当特定資産	50	0	50	0	0	0	
	奨学費引当特定資産	0	100	0	100	0	100	
	計	1,340	266	320	1,286	0	1,286	
その他の固定資産	電話加入権	20	0	0	20		20	
	計	20	0	0	20		20	
合計		9,710	1,142	1,353	9,499	1,375	8,124	

※1 当期減少額は山林売却による。
※2 当期増加額は高校校舎東館建設による。当期減少額は学生寮売却による。
※3 当期増加額は現物寄付35円を含む。
※4 当期増加額は現物寄付20円を含む。当期減少額は建物勘定への振替による。
※5 当期減少額は図書館建設による。

第九号様式（第36条関係）

借入金明細表

令和○○年4月1日から
令和○○年3月31日まで

（単位：円）

借入先		期首残高	当期増加額	当期減少額	期末残高	利率	返済期限	摘要 目的	摘要 担保
長期借入金	公的金融機関 日本私立学校振興共済事業団 A	250	0	※50	200	○○%	○年○月	施設	土地・建物
	〃 B	200	0	※20	180	○○%	○年○月	〃	土地・建物
	小計	450	0	70	380				
	市中金融機関 東洋銀行 A	170	0	※30	140	○○%	○年○月	施設	定期預金
	〃 B	80	0	※80	0	○○%	○年○月	経常費	なし
	〃 C	0	70	※30	40	○○%	○年○月	〃	〃
	小計	250	70	140	180				
	その他 甲財団法人	20	0	※20	0	○○%	繰上償還	経常費	役員保証
	小計	20	0	20	0				
	計	720	70	20 ※210	560				
短期借入金	公的金融機関	0	0	0	0				
	市中金融機関 東洋銀行	120	0	120	0				
	東西銀行	0	※30	0	30	○○%	○年○月	経常費	なし
	小計	120	30	120	30				
	その他	0	0	0	0				
	返済期限が1年以内の長期借入金	80	※210	80	210				
	計	200	30 ※210	200	240				
合計		920	100 ※210	220 ※210	800				

第十号様式（第36条関係）

基 本 金 明 細 表

令和○○年４月１日から
令和○○年３月31日まで

（単位：円）

事　　　　項	要組入高	組入高	未組入高	摘　　要
第１号基本金				
前期繰越高	7,694	6,414	1,280	
当期組入高				
１．建物				
高校校舎建設に伴う組入高				
校舎建築	450			
建設仮勘定振替高	△450			
第２号基本金からの振替高		100		校舎建設引当特定資産取崩高
図書館建設に伴う組入高				
建設仮勘定増加高	180	73	7	
学生寮除却	△200	△200		
小　　計	△20	△27	7	（未払金増７）
２．構築物				
高校校舎周辺工事	30	30		
小　　計	30	30		
３．教育研究用機器備品				
当期取得高	140			
当期除却高	△90			
小　　計	50	50		
４．管理用機器備品				
当期取得高	40			
当期除却高	△25			
小　　計	15	15		
５．図書				
当期取得高	36			
当期除却高	△8			
小　　計	28	28		
６．車両				
当期除却高	△60			高校スクールバス除却高
翌年度基本金組入れの繰延高	60	＊		
小　　計	0	0		

7．過年度未組入高の当期組入高				
建物に係る借入金返済高		80		
建物に係る学校債償還高		60		
機器備品に係る未払金支払高		30		
小　　　計		170	△170	
計	103	266	△163	
当　期　末　残　高	7,797	6,680	1,117	
第 2 号 基 本 金				
前　期　繰　越　高	－	500	－	
当　期　組　入　高				
第 1 号基本金への振替高	－	△100	－	校舎建設引当資産取崩高
計		△100		
当　期　取　崩　高				
○○学部校舎改築計画縮小に伴う取崩し		△100		
計		△100		
当　期　末　残　高	－	300	－	
第 3 号 基 本 金				
前　期　繰　越　高	－	180	－	
当　期　取　崩　高				
○○奨学基金計上高	－	30	－	
□□奨学基金廃止に伴う取崩し	－	△100	－	
計		△70		
当　期　末　残　高	－	110	－	
第 4 号 基 本 金				
前　期　繰　越　高	136	136	0	
当　期　末　残　高	136	136	0	
合　　　計				
前　期　繰　越　高	－	7,230	1,280	
当　期　組　入　高	－	166		
当　期　取　崩　高	－	△170		
当　期　末　残　高	－	7,226	1,180	

（注） 筆者案

　　次年度において，除却分に代わる取替資産を取得する予定であるため，当該金額を繰延べている。

資　　料

　日本私立学校振興・共済事業団の私学経営情報センターより公表された「学校法人会計基準改正に伴う財務比率の変更について」を掲載します（出典：日本私立学校振興・共済事業団ホームページ）。

学校法人会計基準改正に伴う財務比率の変更について

本件は，平成25年12月に文部科学省が開催した学校法人会計基準の改正に関する説明会において当事業団が提示した『学校法人会計基準の改正に対応した新しい財務比率等について（案）』の内容を踏襲し，説明会以降に日本公認会計士協会をはじめとした関係各位からの意見を参考として，比率の趣旨をより適切に表すために必要な変更を加えたものである。

(1) 貸借対照表関係比率

No.	新比率名	算出方法	比率の意味	会計基準改正に伴う変更点等
1	固定資産構成比率	固定資産 / 総資産	固定資産の総資産に占める構成割合で，流動資産構成比率とともに資産構成のバランスを全体的に見るための指標である。 固定資産は施設設備等の有形固定資産と各種引当特定資産を内容とする特定資産を中心に構成されている。学校法人が行う教育研究事業には多額の設備投資が必要となるため，一般的にはこの比率が高くなることが学校法人の財務的な特徴である。 この比率が学校法人全体の平均に比して特に高い場合，資産の固定化が進み流動性が乏しくなっていると評価することができる。 しかし固定資産に占める特定資産の比率が高い学校法人においては必ずしもこの評価は適切ではないため，資産の固定化を測る比率として，有形固定資産に焦点をあてた「有形固定資産構成比率」を利用することも有効である。 なお，固定資産構成比率は，流動資産構成比率と表裏をなす関係にある。	名称及び比率の内容に変更なし 計算式について，「その他の固定資産」から各種引当特定資産を抽出して中科目「特定資産」に区分されたことを反映するため下記とおり変更 現行：「固定資産＝有形固定資産＋その他の固定資産」 ↓ 変更：「固定資産＝有形固定資産＋**特定資産**＋その他の固定資産」
2	有形固定資産構成比率	有形固定資産 / 総資産	有形固定資産の総資産に占める構成割合で，土地・建物等の有形固定資産の構成比が資産構成上バランスがとれているかを評価する指標である。 学校法人では教育研究事業に多額の施設設備投資を必要とするため，この比率が高くなることが財務的な特徴であるが，学校規模に比して設備投資が過剰となる場合は財政を逼迫させる要因ともなるため，注意が必要である。	変更なし

No.	新比率名	算出方法	比率の意味	会計基準改正に伴う変更点等
3	特定資産構成比率	特定資産/総資産	特定資産の総資産に占める構成割合で，各種引当特定資産などの長期にわたって特定の目的のために保有する金融資産の蓄積状況を評価する指標である。 一般的には，この比率が高い場合は中長期的な財政支出に対する備えが充実しており，計画的な学校法人経営に資するといえる。 この比率が低い場合には主に二通りの評価が考えられる。一つは固定・流動を合わせた金融資産が少ないため特定資産の形成が困難な場合であり，資金の目的化以前に財政基盤の脆弱さ，資金の流動性の問題が懸念される。もう一つは金融資産は少なからず保有しているが特定資産を形成していない場合で，この場合は直ちに財政基盤が脆弱であるとはいえない。 しかし近年では中長期的な視点にたった経営計画の策定と，経営計画の下支えとなる特定資産の重要性が高まっており，また保護者をはじめとした利害関係者への説明責任の観点からも計画的な特定資産形成が望ましい。	名称を「その他の固定資産構成比率」から「**特定資産構成比率**」に変更 計算式の分子を「その他の固定資産」から「**特定資産**」に変更
4	流動資産構成比率	流動資産/総資産	流動資産の総資産に占める構成割合で，固定資産構成比率とともに資産構成のバランスを全体的に見るための指標となる。 流動資産は現金預金と短期有価証券のほか，未収入金などで構成されている。 一般的にこの比率が高い場合，現金化が可能な資産の割合が大きく，資金流動性に富んでいると評価できる。逆に著しく低い場合は，資金流動性に欠け，資金繰りが苦しい状況にあると評価できる。 この比率が低い場合であっても，低金利下での有利な運用条件を求めて長期預金や長期有価証券を保有している場合や，将来的な財政基盤の安定化のために金融資産を目的化して特定資産化している場合には，必ずしも流動性に乏しいとはいえないため，特定資産や固定資産の有価証券の保有状況も確認して評価を行う必要がある。 なお，流動資産構成比率は固定資産構成比率と表裏をなす関係にある。	変更なし

No.	新比率名	算出方法	比率の意味	会計基準改正に伴う変更点等
5	固定負債構成比率	$\dfrac{\text{固定負債}}{\text{総負債＋純資産}}$	固定負債の「総負債および純資産の合計額」に占める構成割合で、主に長期的な債務の状況を評価するものであり、流動負債構成比率とともに負債構成のバランスと比重を評価する指標である。 固定負債は主に長期借入金、学校債、退職給与引当金等で構成されており、これらは長期間にわたり償還あるいは支払い義務を負う債務である。 学校の施設設備の拡充や更新の際に、長期借入金を導入した方が財政計画上有利となる場合等もあり、長期借入金が多いことが直ちにネガティブな評価とはならないが、学校法人の施設整備計画や手元資金の状況に比してこの比率が過度に高い場合には、経営上の懸念材料となる点に留意が必要である。	名称及び比率の内容に変更なし。 計算式中の分母の表記を「総資金」から「**総負債＋純資産**」に変更
6	流動負債構成比率	$\dfrac{\text{流動負債}}{\text{総負債＋純資産}}$	流動負債の「総負債および純資産の合計額」に占める構成割合で、主に短期的な債務の比重を評価するものであり、固定負債構成比率とともに負債構成のバランスと比重を評価する指標である。 学校法人の財政の安定性を確保するためには、この比率が低い方が好ましいと評価できる。 しかし流動負債のうち、前受金は主として翌年度入学生の納付金がその内容であり、短期借入金とは性格を異にするものであるため、流動負債を分析する上では前受金の状況にも留意する必要がある。	名称及び比率の内容に変更なし。 計算式中の分母の表記を「総資金」から「**総負債＋純資産**」に変更
7	内部留保資産比率	$\dfrac{\text{運用資産－総負債}}{\text{総資産}}$	特定資産（各種引当資産）と有価証券（固定資産および流動資産）と現金預金を合計した「運用資産」から総負債を引いた金額の総資産に占める割合である。 この比率がプラスとなる場合は運用資産で総負債をすべて充当することができ、結果的に有形固定資産が自己資金で調達されていることを意味しており、プラス幅が大きいほど運用資産の蓄積度が大きいと評価できる。 一方、この比率がマイナスとなる場合、運用資産より総負債が上回っていることを意味しており、財政上の余裕度が少ないことを表すこととなる。	計算式について、経営判断指標における「運用資産」と同定義とするため分子の「運用資産」の定義を下記のとおり変更 現行：「運用資産＝その他の固定資産＋流動資産」 ↓ 変更：「**運用資産＝現金預金＋特定資産＋有価証券**」

No.	新比率名	算出方法	比率の意味	会計基準改正に伴う変更点等
8	運用資産余裕比率	$\dfrac{運用資産-外部負債}{経常支出}$	「運用資産（特定資産・有価証券・現金預金の換金可能なもの）」から「外部負債（借入金・学校債・未払金等の外部に返済を迫られるもの）」を差し引いた金額が、事業活動収支計算書上の経常支出の何倍にあたるかを示す比率であり、学校法人の一年間の経常的な支出規模に対してどの程度の運用資産が蓄積されているかを表す指標である。 この比率が1.0を超えている場合とは、すなわち一年間の学校法人の経常的な支出を賄えるだけの資金を保有していることを示し、一般的にはこの比率が高いほど運用資産の蓄積が良好であるといえる。 なお、この比率の単位は（年）である。	計算式について、分母を「消費支出」から「経常支出」に変更 また、経営判断指標における「運用資産」と同定義とするため分子の「運用資産」の定義を下記のとおり変更 現行：「運用資産＝その他の固定資産＋流動資産」 ↓ 変更：「**運用資産＝現金預金＋特定資産＋有価証券**」 ※平成25年12月の説明会時では「消費支出」を「事業活動支出」に変更するとしていたが、年間の運営費の何年分の運用資産の蓄積があるかを測る上では、分母は事業活動支出ではなく、特別支出を除外した経常支出の方が適切ではないかとの視点から、このたび変更するものである。
9	純資産構成比率	$\dfrac{純資産}{総負債＋純資産}$	純資産の「総負債および純資産の合計額」に占める構成割合で、学校法人の資金の調達源泉を分析する上で、最も概括的で重要な指標である。 この比率が高いほど財政的には安定しており、逆に50％を下回る場合は他人資金が自己資金を上回っていることを示している。	名称変更。比率の内容に変更なし 但し、分子の表記を「自己資金」から「**純資産**」に、分母の表記を「総資金」から「**総負債＋純資産**」に変更

No.	新比率名	算出方法	比率の意味	会計基準改正に伴う変更点等
10	繰越収支差額構成比率	繰越収支差額 / 総負債＋純資産	繰越収支差額の「総負債および純資産の合計額」に占める構成割合である。 繰越収支差額とは、過去の会計年度の事業活動収入超過額又は支出超過額の累計であり、一般的には支出超過（累積赤字）であるよりも収入超過（累積黒字）であることが理想的である。 しかし、単年度の事業活動収支を分析する場合と同様に、事業活動収支額は各年度の基本金への組入れ状況によって左右される場合もあるため、この比率のみで分析した場合、一面的な評価となるおそれがある。 この比率で評価を行う場合は基本金の内訳とその構成比率と併せて検討する必要がある。	分子の表記を「消費収支差額」から「**繰越収支差額**」に変更 分母の表記を「総資金」から「**総負債＋純資産**」に変更
11	固定比率	固定資産 / 純資産	固定資産の純資産に対する割合で、土地・建物・施設等の固定資産に対してどの程度純資産が投下されているか、すなわち資金の調達源泉とその使途とを対比させる比率である。 固定資産は学校法人の教育研究事業にとって必要不可欠であり、永続的にこれを維持・更新していく必要がある。 固定資産に投下した資金の回収は長期間にわたるため、本来投下資金は返済する必要のない自己資金を充てることが望ましい。しかし実際に大規模設備投資を行う際は外部資金を導入する場合もあるため、この比率が100％を超えることは少なくない。 このような場合、固定長期適合率も利用して判断することが有効である。 なお、固定資産に占める有形固定資産と特定資産の構成比にも留意が必要である。	名称及び比率の内容に変更なし 但し、分母の表記を「自己資金」から「**純資産**」に変更

No.	新比率名	算出方法	比率の意味	会計基準改正に伴う変更点等
12	固定長期適合率	$\dfrac{\text{固定資産}}{\text{純資産}＋\text{固定負債}}$	固定資産の，純資産と固定負債の合計値である長期資金に対する割合で，固定比率を補完する役割を担う比率である。 固定資産の取得を行う場合，長期間活用できる安定した資金として自己資金のほか短期的に返済を迫られない長期借入金でこれを賄うべきであるという原則に対してどの程度適合しているかを示している。 この比率は100％以下で低いほど理想的とされる。 100％を超えた場合は，固定資産の調達源泉に短期借入金等の流動負債を導入していると解することができ，財政の安定性に欠け，長期的にみて不安があることを示している。固定比率が100％以上の法人にあっては，この固定長期適合率を併用するとともに固定資産の内容に注意して分析することが望ましい。	名称及び比率の内容に変更なし 但し，分母の表記を「自己資金＋固定負債」から「**純資産＋固定負債**」に変更
13	流動比率	$\dfrac{\text{流動資産}}{\text{流動負債}}$	流動負債に対する流動資産の割合である。一年以内に償還又は支払わなければならない流動負債に対して，現金預金又は一年以内に現金化が可能な流動資産がどの程度用意されているかという，学校法人の資金流動性すなわち短期的な支払い能力を判断する重要な指標の一つである。一般に金融機関等では，200％以上であれば優良とみなしており，100％を切っている場合には，流動負債を固定資産に投下していることが多く，資金繰りに窮していると見られる。ただし，学校法人にあっては，流動負債には外部負債とは性格を異にする前受金の比重が大きいことや，流動資産には企業のように多額の「棚卸資産」がなく，ほとんど当座に必要な現金預金であること，さらに，資金運用の点から，長期有価証券へ運用替えしている場合もあり，また，将来に備えて引当特定資産等に資金を留保している場合もあるため，必ずしもこの比率が低くなると資金繰りに窮しているとは限らないので留意されたい。	変更なし

No.	新比率名	算出方法	比率の意味	会計基準改正に伴う変更点等
14	総負債比率	総負債／総資産	固定負債と流動負債を合計した負債総額の総資産に対する割合で，総資産に対する他人資金の比重を評価する極めて重要な比率である。この比率は一般的に低いほど望ましく，50％を超えると負債総額が純資産を上回ることを示し，さらに100％を超えると負債総額が資産総額を上回る状態，いわゆる債務超過であることを示す。	変更なし
15	負債比率	総負債／純資産	他人資金と自己資金との割合で，他人資金である総負債が自己資金である純資産を上回っていないかを測る比率であり，100％以下で低い方が望ましい。この比率は総負債比率，純資産構成比率と相互に関連しているが，これらの比率よりも顕著に差を把握することができる。	名称及び比率の内容に変更なし 但し，分母の表記を「自己資金」から**「純資産」**に変更
16	前受金保有率	現金預金／前受金	前受金と現金預金との割合で，当該年度に収受している翌年度分の授業料や入学金等が，翌年度繰越支払資金たる現金預金の形で当該年度末に適切に保有されているかを測る比率であり，100％を超えることが一般的とされている。この比率が100％を下回っている場合，主に2つの要因が考えられる。1つには前受金として収受した資金を現金預金以外の形で保有し，短期的な運用を行っている場合であり，この場合は有価証券の状況を確認することで前もって収受している翌年度分の納付金が保有されていることを確認することとなる。もう1つは，翌年度分の納付金として収受した前受金に前年度のうちから手を付けている場合であり，この状況は資金繰りに苦慮している状態を端的に表しているものと見ることができる。なお，入学前に前受金を収受していない学校ではこの値が高くなる場合があるため，入学前年度における授業料等の納付条件等も確認する必要がある。	変更なし

No.	新比率名	算出方法	比率の意味	会計基準改正に伴う変更点等
17	退職給与引当特定資産保有率	$\dfrac{\text{退職給与引当特定資産}}{\text{退職給与引当金}}$	退職給与引当金と特定資産中の退職給与引当特定資産の充足関係を示す比率で，将来的な支払債務である退職給与引当金に見合う資産を特定資産としてどの程度保有しているかを判断するものであり，一般的には高い方が望ましい。 ただし，学校法人によって退職給与引当率に差異がある場合や，特定資産を形成せず現金預金・有価証券等の形で保有している場合もあり，この比率が低い場合は退職給与引当金の財源をどのように確保しているか，学校法人の状況を念頭に置いて評価する必要がある。	名称及び分子の表記変更
18	基本金比率	$\dfrac{\text{基本金}}{\text{基本金要組入額}}$	基本金組入対象資産額である要組入額に対する組入済基本金の割合である。 この比率は100％が上限であり，100％に近いほど未組入額が少ないことを示している。 未組入額があることはすなわち借入金又は未払金をもって基本金組入対象資産を取得していることを意味するため，100％に近いことが望ましい。 しかし，仮に100％である場合でも繰越事業活動収支差額において支出超過となっている場合，累積した支出超過が基本金を毀損していることとなるため，繰越事業活動収支差額の状況も併せて評価する必要がある。	変更なし
19	減価償却比率	$\dfrac{\text{減価償却累計額（図書を除く）}}{\text{減価償却資産取得価額（図書を除く）}}$	減価償却資産の取得価額に対する減価償却累計額の割合である。 建物・設備等の有形固定資産を中心とする減価償却資産は，耐用年数に応じて減価償却されるが，固定資産の取得価額と未償却残高との差額である償却累計額が，取得価額に対してどの程度を占めているかを測る比率である。資産の取得年次が古いほど，又は耐用年数を短期間に設定しているほどこの比率は高くなる。なお，設立から間もない学校法人では固定資産の償却が開始したばかりであるため，特に低い値となる。	変更なし

No.	新比率名	算出方法	比率の意味	会計基準改正に伴う変更点等
20	積立率	運用資産／要積立額	学校法人の経営を持続的かつ安定的に継続するために必要となる運用資産の保有状況を表す。 この比率では，長期的に必要となる資金需要の典型的なものとして，施設設備の取替更新と退職金支払に焦点をあてている。その一方で運用資産の内容は，学校法人ごとに特定資産の使途の指定状況が一様ではないことから，換金可能な金融資産，すなわち現金預金・有価証券（固定資産および流動資産）・特定資産の合計額と幅広く捉えている。 そのため算定式の分子・分母に使途の異なる要素が混在することとなるが，ここでは学校法人全体の財政状況の全体的な把握を主眼に置いており，個別目的に対応した資産の保有状況を測るものではない。 一般的には比率は高い方が望ましいが，例えば学校法人の将来計画において部門の規模縮小や廃止等が予定されている場合にはその分の施設設備の取替更新等が不要となるため，算定式から不要分にかかる要素を除外して試算してみる等，この算定式から得られる結果のみに捉われず各学校法人の状況に応じた試算を併用することも比率の活用の上では重要である。	『今日の私学財政』において，第Ⅱ章「集計結果の概要」の「法人の財政状況」において提示されていた概念を，新たに財務比率として位置付けることとした。 分子の「運用資産」，分母の「要積立額」について，経営判断指標と同定義とするため，下記のとおり定義する **「運用資産＝現金預金＋特定資産＋有価証券」** **「要積立額＝減価償却累計額＋退職給与引当金＋2号基本金＋3号基本金」** ※平成25年12月の説明会以降，「積立率」とは，何に着目したものかがあいまい，との指摘から，このたび定義を明確にするものである。

(**注**) 「経常収入」＝教育活動収入計＋教育活動外収入計　　「経常支出」＝教育活動支出計＋教育活動外支出計

(2) 事業活動収支計算書関係比率

No.	新比率名	算出方法	比率の意味	会計基準改正に伴う変更点等
1	人件費比率	$\dfrac{人件費}{経常収入}$	人件費の経常収入に占める割合を示す。人件費は学校における最大の支出要素であり，この比率が適正水準を超えると経常収支の悪化に繋がる要因ともなる。教職員1人当たり人件費や学生生徒等に対する教職員数等の教育研究条件等にも配慮しながら，各学校の実態に適った水準を維持する必要がある。	経常的な収入を分母とするため，分母を「帰属収入」から「**経常収入**」に変更
2	人件費依存率	$\dfrac{人件費}{学生生徒等納付金}$	人件費の学生生徒等納付金に占める割合を示す。この比率は人件費比率及び学生生徒等納付金比率の状況にも影響される。一般的に人件費は学生生徒等納付金で賄える範囲内に収まっている（比率が100％を超えない）ことが理想的であるが，学校の種類や系力・規模等により，必ずしもこの範囲に収まらない構造となっている場合もある点に留意が必要である。例えば高等学校においては学費軽減の観点から相当規模の補助金が交付されており，相対的に学生生徒納付金が低い水準に抑えられている場合は，分母に補助金を加えて「修正人件費依存率」として評価することも有用である。	変更なし
3	教育研究経費比率	$\dfrac{教育研究経費}{経常収入}$	教育研究経費の経常収入に占める割合である。教育研究経費には修繕費，光熱水費，消耗品費，委託費，旅費交通費，印刷製本費等の各種支出に加え教育研究用固定資産にかかる減価償却額が含まれている。また附属病院については医療経費がある。これらの経費は教育研究活動の維持・充実のため不可欠なものであり，この比率も収支均衡を失しない範囲内で高くなることが望ましい。なお，高等学校法人等では，教育研究経費と管理経費を区分していない場合もあり，この場合は両者を合算した「経費比率」として分析を行うこととなる。	経常的な収入を分母とするため，分母を「帰属収入」から「**経常収入**」に変更

No.	新比率名	算出方法	比率の意味	会計基準改正に伴う変更点等
4	管理経費比率	$\dfrac{\text{管理経費}}{\text{経常収入}}$	経常収入に対する管理経費の占める割合である。 管理経費は教育研究活動以外の目的で支出される経費であり、学校法人の運営のため、ある程度の支出は止むを得ないものの、比率としては低い方が望ましい。 なお、管理経費と教育研究経費の区分、両者を合計した経費の支出状況や減価償却の程度等にも留意が必要である。	経常的な収入を分母とするため、分母を「帰属収入」から「**経常収入**」に変更
5	借入金等利息比率	$\dfrac{\text{借入金等利息}}{\text{経常収入}}$	経常収入に対する借入金等利息の占める割合である。 この比率は、学校法人の借入金等の額及び借入条件等によって影響を受け、貸借対照表の負債状態が事業活動収支計算書にも反映しているため、学校法人の財務を分析する上で重要な財務比率の一つである。 借入金等利息は外部有利子負債がなければ発生しないものであるため、この比率は低い方が望ましいとされる。	経常的な収入を分母とするため、分母を「帰属収入」から「**経常収入**」に変更
6	事業活動収支差額比率	$\dfrac{\text{基本金組入前当年度収支差額}}{\text{事業活動収入}}$	事業活動収入に対する基本金組入前の当期収支差額が占める割合であり、この比率がプラスで大きいほど自己資金が充実し、財政面での将来的な余裕につながるものである。 このプラスの範囲内で基本金組入額が収まっていれば当年度の収支差額は収入超過となり、逆にプラス分を超えた場合は支出超過となる。 この比率がマイナスになる場合は、当年度の事業活動収入で事業活動支出を賄うことができないことを示し、基本金組入前の段階で既に事業活動支出超過の状況にある。 マイナスとなった要因が臨時的なものによる場合は別として、一般的にマイナス幅が大きくなるほど経営が圧迫され、将来的には資金繰りに支障をきたす可能性が否めない。	比率の名称を「帰属収支差額比率」から「**事業活動収支差額比率**」へ変更 計算式について下記のとおり変更 分母：「帰属収入」⇒「**事業活動収入**」 分子：「帰属収入－消費支出」⇒「**基本金組入前当年度収支差額**」

No.	新比率名	算出方法	比率の意味	会計基準改正に伴う変更点等
7	基本金組入後収支比率	$\dfrac{事業活動支出}{事業活動収入－基本金組入額}$	事業活動収入から基本金組入額を控除した額に対する事業活動支出が占める割合を示す比率である。 一般的には，収支が均衡する100％前後が望ましいと考えられるが，臨時的な固定資産の取得等による基本金組入れが著しく大きい年度において一時的に急上昇する場合もある。この比率の評価に際しては，この比率が基本金組入額の影響を受けるため，基本金の組入状況およびその内容を考慮する必要がある。	比率の名称を「消費収支比率」から「**基本金組入後収支比率**」に変更 計算式について下記のとおり変更 分母：「消費収入」⇒「**事業活動収入－基本金組入額**」 分子：「消費支出」⇒「**事業活動支出**」
8	学生生徒等納付金比率	$\dfrac{学生生徒等納付金}{経常収入}$	学生生徒等納付金の経常収入に占める割合である。 学生生徒等納付金は，学生生徒等の増減並びに納付金の水準の高低の影響を受けるが，学校法人の事業活動収入のなかで最大の割合を占めており，補助金や寄付金と比べて外部要因に影響されることの少ない重要な自己財源であることから，この比率が安定的に推移することが望ましい。 この比率の評価に際しては，同時に学生生徒等納付金の内訳や学生生徒等1人当たりの納付金額，奨学費の支出状況も確認することが重要である。	経常的な収入を分母とするため，分母を「帰属収入」から「**経常収入**」に変更
9	寄付金比率	$\dfrac{寄付金}{事業活動収入}$	寄付金の事業活動収入に占める割合である。寄付金は私立学校にとって重要な収入源であり，一定水準の寄付金収入を継続して確保することが経営の安定のためには好ましいことである。 しかし，寄付金は予定された収入ではないため年度による増減幅が大きくなる。周年事業の寄付金募集を行っている場合，事業の終了後に寄付金収入が大きく落ち込む例が典型的である。 今後の学校経営においては，学内の寄付金募集体制を充実させ，一定水準の寄付金の安定的な確保に努めることの重要性が高まっている。	計算式について，分母を「帰属収入」から「**事業活動収入**」に変更 なお，分子の「寄付金」には，特別収支の「施設設備寄付金」及び「現物寄付」を含む
	経常寄付金比率	$\dfrac{教育活動収支の寄付金}{経常収入}$	上記寄付金比率につき経常的な要素に限定した比率である。	上記寄付金比率を，分子・分母ともに経常的な収入に限定

No.	新比率名	算出方法	比率の意味	会計基準改正に伴う変更点等
10	補助金比率	補助金 / 事業活動収入	国又は地方公共団体の補助金の事業活動収入に占める割合である。 学校法人において，補助金は一般的に学生生徒等納付金に次ぐ第二の収入源泉であり，今や必要不可欠なものである。私立学校が公教育の一翼を担う観点からも今後の補助金額の増加が大いに期待されている。 しかしこの比率が高い場合，学校法人独自の自主財源が相対的に小さく，国や地方公共団体の補助金政策の動向に影響を受けやすいこととなるため，場合によっては学校経営の柔軟性が損なわれる可能性も否定できない。	計算式について，分母を「帰属収入」から「**事業活動収入**」に変更 なお，分子の「補助金」には，特別収支の「施設設備補助金」を含む
	経常補助金比率	教育活動収支の補助金 / 経常収入	上記補助金比率につき経常的な要素に限定した比率である。	上記補助金比率を，分子・分母ともに経常的な収入に限定
11	基本金組入率	基本金組入額 / 事業活動収入	事業活動収入の総額から基本金への組入れ状況を示す比率である。 大規模な施設等の取得等を単年度に集中して行った場合は，一時的にこの比率が上昇することとなる。学校法人の諸活動に不可欠な資産の充実のためには，基本金への組入れが安定的に行われることが望ましい。 したがってこの比率の評価に際しては，基本金の組入れ内容が単年度の固定資産の取得によるものか，第2号基本金や第3号基本金にかかる計画的な組入れによるものか等の組入れの実態を確認しておく必要がある。	計算式について，分母を「帰属収入」から「**事業活動収入**」に変更
12	減価償却額比率	減価償却額 / 経常支出	減価償却額の経常支出に占める割合で，当該年度の経常支出のうち減価償却額がどの程度の水準にあるかを測る比率である。 一方で，減価償却額は経費に計上されているが実際の資金支出は伴わないものであるため，別の視点では実質的には費消されずに蓄積される資金の割合を示したものと捉えることも可能である。	経常的な支出を分母とするため，分母を「消費支出」から「<u>経常支出</u>」に変更
13	経常収支差額比率	経常収支差額 / 経常収入	**経常的な収支バランスを表す比率として新設**	新設
14	教育活動収支差額比率	教育活動収支差額 / 教育活動収入計	**本業である教育活動の収支バランスを表す比率として新設**	新設

(注) 「経常収入」＝教育活動収入計＋教育活動外収入計　　「経常支出」＝教育活動支出計＋教育活動外支出計

(3) 活動区分資金収支計算書関係比率

No.	新比率名	算出方法	比率の意味	会計基準改正に伴う変更点等
1	教育活動資金収支差額比率	教育活動資金収支差額 / 教育活動資金収入計	教育活動資金収支差額の教育活動収入に占める割合を示し、学校法人における本業である「教育活動」でキャッシュフローが生み出せているかを測る比率である。 比率はプラスであることが望ましいが、「その他の活動」でキャッシュフローを生み出し、教育研究活動の原資としている場合もあり得るため、「その他の活動」の収支状況を併せて確認する必要がある。	事業団が公表している「経営判断指標」の判断区分に「教育活動資金収支差額」を設けることとなったため、財務比率としても新設。 ※平成25年12月の説明会以降、新設することとしたものである。

(注) 教育活動資金収支差額＝教育活動資金収入計－教育活動資金支出計＋教育活動調整勘定等

＜編著者紹介＞

齋藤　力夫（さいとう　りきお）

　公認会計士，税理士
　東京理科大学講師，東京経営短期大学学長，聖徳大学教授等
　日本公認会計士協会常務理事，日本公認会計士協会公益法人委員会委員長および学校法人委員会委員長，文部科学省学校法人運営調査委員会委員，文部科学省独立行政法人評価委員，総務省公益法人会計基準検討委員，厚生労働省社会福祉法人会計基準検討委員会研究班委員他を歴任。
　文部大臣教育功労章受章。
　現在，（公財）日本高等教育評価機構監事，（一財）短期大学基準協会監事，（一財）職業教育・キャリア教育財団監事，（公財）埼玉県私学振興財団理事，（一財）職業会計人OA協会会長，永和監査法人代表社員・会長，斎藤総合税理士法人会長。

【主な著書】
「学校法人の会計」「学校法人の税務」（学陽書房，共著）
「最新学校法人会計詳解」（高文堂，編著）
「病医院の会計と経営」「病医院の税務」（医歯薬出版，単著）
「公益法人会計」「労働組合会計」（中央経済社，共著）
「非営利法人の消費税」「宗教法人会計の理論と実務」（中央経済社，単著）
「NPO法人のすべて」（税務経理協会，共著）
「社会福祉法人の会計と税務の要点」「学校法人会計のすべて」（税務経理協会，編著）
「学校法人財務諸規程ハンドブック」「私学運営実務のすべて」（学校経理研究会，編著）
「Q&A中間法人の設立・運営の実務」（新日本法規出版，共著）　その他多数

＜著者紹介＞

佐藤　弘章（さとう　ひろあき）

　公認会計士，永和監査法人所属

永和監査法人

2005年4月，齋藤力夫を中心に設立。学校法人監査，金融商品取引法監査，会社法監査，非営利法人監査をはじめ，学校法人会計基準の改正に対応したセミナー開催および導入支援，経営計画の策定，財務分析，鑑定意見書の作成等のコンサルティング業務，ビジネスソフト開発支援等を提供。

〒162-0805　東京都新宿区矢来町114番地　高橋ビル2階
TEL：03-5225-0371　　FAX：03-5225-0372
HP：http://www.eiwa-audit.com

学校会計入門〔改訂第7版〕

1987年7月25日	第1版第1刷発行
1988年9月20日	改訂第1版第1刷発行
1997年12月10日	改訂第1版第10刷発行
1999年6月1日	改訂第2版第1刷発行
2004年2月10日	改訂第2版第7刷発行
2005年12月15日	改訂第3版第1刷発行
2009年11月25日	改訂第4版第1刷発行
2012年6月10日	改訂第5版第1刷発行
2014年11月15日	改訂第6版第1刷発行
2015年2月20日	改訂第6版第2刷発行
2016年7月10日	改訂第7版第1刷発行
2019年8月25日	改訂第7版第2刷発行

編著者	齋藤　力夫
発行者	山本　継
発行所	㈱中央経済社
発売元	㈱中央経済グループ パブリッシング

〒101-0051　東京都千代田区神田神保町1-31-2
電話 03 (3293) 3371 (編集代表)
　　 03 (3293) 3381 (営業代表)
http://www.chuokeizai.co.jp/
印刷／昭和情報プロセス㈱
製本／㈲井上製本所

Ⓒ 2016
Printed in Japan

*頁の「欠落」や「順序違い」などがありましたらお取り替えいたしますので発売元までご送付ください。(送料小社負担)

ISBN978-4-502-19131-2　C2034

本書の全部または一部を無断で複写複製（コピー）することは，著作権法上での例外を除き，禁じられています。

── ■おすすめします■ ──

学生・ビジネスマンに好評
■最新の会計諸法規を収録■

新版 会計法規集

中央経済社編

会計学の学習・受験や経理実務に役立つことを目的に，最新の会計諸法規と企業会計基準委員会等が公表した会計基準を完全収録した法規集です。

《**主要内容**》

会計諸基準編＝企業会計原則／外貨建取引等会計基準／研究開発費等会計基準／税効果会計基準／減損会計基準／自己株式会計基準／１株当たり当期純利益会計基準／役員賞与会計基準／純資産会計基準／株主資本等変動計算書会計基準／事業分離等会計基準／ストック・オプション会計基準／棚卸資産会計基準／金融商品会計基準／関連当事者会計基準／四半期会計基準／リース会計基準／工事契約会計基準／持分法会計基準／セグメント開示会計基準／資産除去債務会計基準／賃貸等不動産会計基準／企業結合会計基準／連結財務諸表会計基準／研究開発費等会計基準の一部改正／変更・誤謬の訂正会計基準／包括利益会計基準／退職給付会計基準／修正国際基準／原価計算基準／監査基準　他

会　社　法　編＝会社法・施行令・施行規則／会社計算規則

金商法規編＝金融商品取引法・施行令／企業内容等開示府令／財務諸表等規則・ガイドライン／連結財務諸表規則・ガイドライン／四半期財務諸表等規則・ガイドライン／四半期連結財務諸表規則・ガイドライン　他

関連法規編＝税理士法／討議資料・財務会計の概念フレームワーク　他

■中央経済社■